Nick Tosches
Hellfire

Nick Tosches

HELLFIRE

Die Jerry Lee Lewis-Story

Mit einem Vorwort
von Greil Marcus
Aus dem Amerikanischen
von Jürgen Behrens

Ullstein

Deutsche Erstausgabe

ein Ullstein Buch Nr. 22251
im Verlag Ullstein GmbH,
Frankfurt/M – Berlin
Titel der amerikanischen
Originalausgabe: Hellfire

Printed in Germany 1989
Gesamtherstellung: Ebner Ulm
ISBN 3 548 22251 7

Oktober 1989

CIP-Titelaufnahme der Deutschen Bibliothek

Tosches, Nick:
Hellfire: die Jerry-Lee-Lewis-Story/Nick Tosches. –
Dt. Erstausg. – Frankfurt/M; Berlin: Ullstein, 1989
(Ullstein-Buch; Nr. 22251)
ISBN 3-548-22251-7
NE: GT

Der guten Blondine
und der bösen Blondine
in ihren unkeuschen Gebeten
Selah, Selah

Es ist angelegt im Wesen des Sterblichen ein Trieb,
Qualen der Hölle zu leiden.
In ihm herrschen zerstörende Mächte,
die da besitzen ihn ganz,
und sie sind Saat höllischer Feuer.

JONATHAN EDWARDS
Sinners in the Hand of an Angry God

Ich zerre das Publikum mit mir zur Hölle.

JERRY LEE LEWIS

Abdruck des Textes von »Another Time, Another Place«, geschrieben von Jerry Chestnut, mit freundlicher Genehmigung der Passkey Inc.,

des Textes von »A Damn Good Country Song«, geschrieben von Donnie Fritts, mit freundlicher Genehmigung von Combine Music,

des Textes von »End of the Road«, geschrieben von Jerry Lee Lewis, mit freundlicher Genehmigung von Knox Music,

des Textes von »Great Balls of Fire«, geschrieben von Jack Hammer und Otis Blackwell, mit freundlicher Genehmigung von Intersong Music.

Das Vorwort von Greil Marcus erschien ursprünglich in leicht veränderter Form in der Zeitschrift *California.* Das Nachwort des Autors wurde aus mehreren Artikeln zusammengestellt, die in *The Village Voice* erschienen.

Fotonachweis:

Wide World Photos (4)
United Press International (4)
London Daily Express (2)
J. R. Brandstader (1)
Malcolm Temple (1)
Art Fein (1)

Vorwort

Eines vorab: Nick Tosches' *Hellfire* ist das schönste Buch, das je über einen Rock 'n' Roll-Musiker geschrieben wurde – nichts kommt ihm gleich. Aber das ist nicht alles. Früher oder später wird man *Hellfire* als amerikanischen Klassiker würdigen.

Die Grundzüge von Jerry Lee Lewis' Lebensgeschichte sind bekannt. Lewis wurde 1935 in Ferriday, Louisiana, geboren, ein junger Wilder mit einer Seele, die hin und her gerissen war zwischen den Drohungen des Heiligen Geistes und den Lockungen des Teufels, der für ihn in Gestalt eines Boogie-Woogie-Klaviers auftrat. Er stahl, er predigte, er ging auf die Bibelschule und wurde dort davongejagt, er machte Musik. 1957 brachte Sun Records in Memphis sein »Whole Lotta Shakin' Goin' On« heraus, eine Platte, die seit mehr als einem Vierteljahrhundert nicht aus den Radiosendungen verschwunden ist und die keiner vergißt, der sie jemals gehört hat. Lewis wurde ein internationaler Star. Fast unmittelbar darauf zerstörte die Nachricht von der Hochzeit mit seiner dreizehnjährigen Cousine Myra Gale Brown (das war seine dritte Ehe und Bigamie im Wiederholungsfall) seine Karriere.

Danach mußte Lewis wieder in schäbigen Honky-tonks auftreten. Er wurde tabletten- und alkoholsüchtig. 1968 traf er mit dem südlichsten, gottesfürchtigsten Teil des weißen Amerika eine Abmachung: Wenn schon nicht auf der Bühne, so wollte er auf Platten der Musik der Sünde – dem Rock 'n' Roll – abschwören und sich der Musik der Schuld – Country – widmen. Zum zweitenmal wurde er ein Star. Nach kurzer Zeit war er wiederum erfolgreich genug, seiner Wege zu gehen, und er nahm wieder Rock 'n' Roll auf. Doch die Jahre der Laster und Ausschweifungen und jener alte Kampf zwischen Himmel und Hölle holten ihn ein, und sein Leben ging ein weiteres Mal in Trümmer. Immer und immer wieder wurde er verhaftet, verklagt, geschieden, in Kliniken zwangseingewiesen, sein Besitz wurde von den Steuerfahndern eingezogen, und der letzte seiner zwei Söhne starb. Als er 1981 in ein Krankenhaus in Memphis eingeliefert wurde, berichteten die Zeitungen im ganzen Land, daß er nicht mehr lange zu leben hätte, einige druckten schon seinen Nachruf. Als er das Krankenhaus verließ, kündigte er an, daß er von diesem Tag an sein gottgegebenes Talent dem Lob des Schöpfers widmen wollte. Das war ein Versprechen, das er zum erstenmal als Halbwüchsiger ausgesprochen hatte, und niemand erwartete, daß er es halten würde.

Aus diesem Material, das alltäglich und zugleich wie geschaffen ist für Legenden, hat Nick Tosches ein Buch gemacht, das man in einem Atemzug nennen kann mit Benjamin Franklins *Autobiography*, Parson Weems *Life of Washington*, William Herndons *Life of Lincoln* und Van Wyck Brooks *The Ordeal of Mark Twain*. Es ist auch ein Buch, das mich bei der Suche nach den Quellen für Tosches' Ton ebenso an Michael Wigglesworths puritanisch geprägtes Gedicht »Das jüngste Gericht« von 1662 denken läßt – »Bekommen ihren Willen nun die Seelen, sie Höllenfeuers Qualen leiden / die wollten lieber ihrer Seel' verlustig gahn, als von der lockeren Begier zu lahn« – wie an Faulkner: an »Barn Burning«, *Absalom, Absalom!*, und besonders an »Compson: 1699 – 1945«, den Nachtrag zu *The Sound and the Fury* (»Der nicht den Gedanken an die Blutschande liebte, die er nicht begehen wollte, sondern seine presbyterianische Vorstellung von ihrer ewigen Strafe.«)

Hellfire schlägt sich nicht heimlich auf die Seite der Ironie, jenem Alibi eines dürftigen Modernismus. *Hellfire* ist eine straffe und elegante Wiedergabe der vielleicht ältesten und wohl dauerhaftesten Version der amerikanischen Legende: Weil Gott Amerika vor allen anderen menschlichen Gemeinwesen überreich gesegnet hat, wird er über seine Mitglieder um so strenger richten. Das ist eine Vorstellung, die vieles vom Besten wie vom Schlimmsten im Leben Amerikas hervorgebracht hat; so sicher, wie sie zu den Hexenprozessen der Puritaner und zur sogenannten Christlichen Rechten unserer Tage geführt hat, so sicher ist sie auch die Wurzel jener Leidenschaftlichkeit und grandiosen Gewaltsamkeit von Lincolns Zweiter Antrittsrede. Auf diesem Boden treffen sich Wigglesworth und Faulkner; dort begegnen sie Jerry Lee Lewis, der sich anfänglich geweigert hatte, »Great Balls of Fire« zu singen, weil er eine obszöne Blasphemie darin sah. Zugleich knüpft Tosches' Buch an einer eigentümlich und erstaunlich unbeachtet gebliebenen Tradition der amerikanischen Biographie an. Wie die Bücher von Franklin, Weems, Herndon und Brooks und wie unsere besten Romane des 19. Jahrhunderts ist es eine poetische, bildhafte Aussage, der weniger daran gelegen ist, das Dilemma der Amerikaner zu erhellen, als über es zu urteilen. *Hellfire* ist nicht so sehr eine »wahre Geschichte« (obwohl schwerlich ein Buch gewissenhafter sein kann hinsichtlich Zeitangaben, Schauplätzen, Plattenlabels, Straftaten – hinsichtlich Korrektheit und Schlüssigkeit der Geschichte) als vielmehr ein unerbittliches Traktat.

Im Gegensatz zu jener Hausiererware, zu der die amerikanische Biographie inzwischen verkommen ist und in der das Leben noch der banalsten Figuren bis ins bedeutungsloseste Detail rekonstruiert wird, ist Tosches' Buch schlank und knapp. Wie die eben erwähnten Biographien ist es gleichermaßen eine Streitschrift über Werte – woher sie stammen, wohin sie führen –, wie auch ein spätes Beispiel des ersten literarischen Genres Amerikas: der Predigt. Was das Buch so zwingend und fremdartig macht, ist, daß die Predigt nicht aus einem festen äußerlichen Kanon religiöser Werte schöpft (wie die Predigten von Lewis' ältestem Cousin, dem TV-Evangelisten Jimmy Lee Swaggart, die häufig Jerry Lee zum Thema hatten), sondern aus einer Umwandlung solcher Werte: Sie kommen aus Lewis' Innerem. Es ist eine Predigt, in welcher sich die Kadenzen von Lewis' Leben und die Kadenzen von Sünde und Erlösung ihren eigenen neuen Rhythmus geschaffen haben. *Hellfire* ist die Jerry Lee Lewis-Story, nicht wie er sie vielleicht erzählt haben möchte (ganz gleich, wie vordergründig ehrlich er sich geben würde, ob er noch jedes letzte moralische wie strafrechtliche Vergehen offenbaren würde), sondern als ein Urteil, das ihn in einem Traum trifft, aus dem er nicht erwachen kann.

So beschreibt Tosches' Sprache einen Bogen über Faulkner und Prediger wie Wigglesworth zurück zu deren Quelle – der Bibel. Tosches flicht die prosaischsten, scheinbar unpassendsten Einzelheiten (Rangplätze von Lewis' Platten in den Charts, Copyright-Datierungen, Vermerke auf Trauscheinen, Termine stürmischer Rock 'n' Roll-Tourneen durch die Provinz) so in diese Sprache ein, daß sich *Hellfire* liest wie die Apokryphen des 20. Jahrhunderts. Tosches beginnt sehr verhalten, rollt die Lewis-Genealogie ohne schmückende Vorahnungen oder böse Vorzeichen auf, beschreibt undramatisch das Aufkommen des Pentecostalismus und den Ausbruch des In-Zungen-Redens in Ferriday, der Heimatstadt des jungen Jerry Lee, läßt hie und da schimmernde, scheinbar klassische Zeilen einfließen (»langsam verfiel er jenem Ort, an dem der Ruhm vom eigenen Namen widerhallt«), bis der Leser bereit ist für einen Abschnitt wie diesen, bereit, ihn so, wie er dasteht, anzunehmen, wobei die gesamte Ironie, die er vielleicht mitbringt, verglüht.

»Der Schnaps und die Pillen rührten die Hölle in ihm auf und machten, daß er ein gräßliches Gelächter anstimmte. Manchmal zog er sich in seinen eigenen Schatten zurück, über alles mögliche brütend – Abscheuliches, Unaussprechliches und noch Schlimmeres. Es gab Zeiten, da stolzierte er einher und geiferte in eitler Allmacht, kommandierte jene, die um ihn waren, wie Belial seine Mietlinge. Er war der Killer, und er war unsterblich – verdammt zu sein, solange es Gut und Böse gab, zwischen beiden hin und her gerissen, Todesqualen leidend. Er wußte darum, wenn er in tausend muffigen Nachtclubs hinter der Bühne saß, und dann schluckte er mehr Pillen und spülte sie mit drei Finger breit Whisky hinunter. Und dann wußte er noch mehr darum. Wie ein Mann ging er auf die Bühne, seine Churchill-Zigarre in der einen und das Wasserglas mit Whisky in der anderen Hand. Und er hieb auf das Klavier ein und sang seine sündhaften Lieder. Und er winkte, die vor ihm standen, heran, Sterbliche wie er, doch nicht geboren gleich ihm aus dem Mutterschoß, um zu zerstören; er winkte sie heran, eine Weile mit ihm am Rand der Hölle zu stehen. Dann ging er, ging in die uralte Nacht, zu mehr Pillen und mehr Whisky, wo das Gebell der schwarzen Hunde nie verstummte und kein Morgen anbrach; dort ging er hin.«

Schwerlich kann diese Art von Prosa im ganzen Buch durchgehalten werden (genauso typisch ist ein Satz wie: »Das ganze Jahr 1970 hindurch produzierte Jerry Lee Hit um Hit, und seine Konzertgage stieg schließlich auf zehntausend Dollar pro Abend«), aber gerade sie macht die eigentliche Wucht von *Hellfire* aus. Die Verwendung des Semikolons; der überwältigende Schlußsatz mit jenem endlos nachhallenden »dort ging er hin«; der Einsatz des biblischen »und er wußte darum«, das auf einen Boden fällt, den wir unter unseren Füßen spüren können, genauso wie das mit sardonischem Lächeln, ohne Hoffnung gesagte »und er wußte noch mehr darum« – das von einem Mann, dessen vorangegangenes Buch *Country* einfach ein bißchen zu »hip« war, ist urwüchsige amerikanische Literatur.

Die Kraft, die Anteilnahme und die Sensibilität für den Rhythmus beim Schreiben vermitteln dem Kontext, den Tosches anlegt, die notwendige Glaubwürdigkeit: ein Kampf zwischen der fundamentalistischen Religion der Alten und einer Berühmtheit unserer Tage, zwischen dem Wunsch, nie von der »geilen, lockeren Begier« abzulassen und dem Wissen darum, daß ein solcher Wunsch die Zerstörung von Körper und Seele verlangt. Der Kontext ergänzt die Geschichte von Jerry Lee und stellt die Verbindung her zu einer Geschichte, die allen Amerikanern gemeinsam ist, wenngleich nur in Teilen.

Die Frage nach der Gewichtigkeit der Geschichte und der Verbindung des Lesers zu ihr läßt sich vielleicht auf besonders aufschlußreiche Weise durch einen Vergleich mit Albert Goldmans sich in Skandalen ergehender Elvis-Presley-Biographie klären. In *Hellfire* finden sich weit schlimmere Vergehen als die, welche Goldman bei Presley aufgespürt hat: Als Halbwüchsiger versucht Jerry Lee seine kleine Schwester umzubringen. Er begeht Bigamie und zahllose Treulosigkeiten. Er stürzt sich in Schnaps und Amphetamine (»Scheiße, was hat Elvis denn andres gemacht, als Drogen in sich reinpumpen, an die ich nicht rankam?« sagt Jerry Lee nach Elvis' Tod zu einem Reporter), er fährt Autos kaputt, vergeudet sein Vermögen, wird von Myra Gale beschuldigt, sie geschlagen und gequält zu haben, er schießt auf seinen Bassisten – zwei Schüsse in die Brust. In Goldmans *Elvis* liest man über menschlichen Müll, das Motto lautet, daß es da nichts zu verstehen gibt, nichts in Presleys Leben und nichts in seiner Musik. *Hellfire* ist getrieben von dem Bedürfnis, zu verstehen: zu verstehen, welche Mächte eine so kraftvolle Musik wie »Whole Lotta Shakin' Goin' On« gestaltet haben, und zu verstehen, welche Gestalt jene Mächte dem Mann, der diese Musik schuf, auferlegt haben, nachdem er damit begonnen hatte. Und *Hellfire* ist getrieben von dem Bedürfnis, jenes Verstehen anderen Menschen zugänglich zu machen. Wir bekommen in Tosches' Buch Sünden zuhauf geboten, aber sie erregen nie so etwas wie einen angenehmen Kitzel. Man mag froh sein, nicht Jerry Lee Lewis zu sein – das Ende von *Hellfire* ist so trostlos und erschreckend, wie man es in einer Biographie über eine noch lebende Person wohl kein zweites Mal finden wird –, aber man kann sich ihm nie überlegen fühlen. Doch Einfühlung ist auch nicht der Prüfstein einer gelungenen Biographie; es geht um Einbeziehung. Jeder, der jemals ja gesagt hat zu »Whole Lotta Shakin' Goin' On«, wird sich von *Hellfire* einbezogen fühlen. *Greil Marcus*

Vorbemerkung

Jerry Lee Lewis faszinierte mich lange schon. Mir schien er ein Wesen von mythischer Abkunft zu sein, unstet, entflammt in einer Welt, aus der nicht nur die Mächte des Mythos, sondern auch die Kraft der Seele geschwunden ist. Unter der Brillanz seiner Musik und den gespenstisch verschlungenen Wechselfällen seines Lebens lauerte ein Geheimnis, so fremdartig wie aufrüttelnd. Der Mann war eine zuckende, schlangengleiche Masse aus Vielschichtigkeiten und Widersprüchen, gleichzeitig sich selbst verherrlichend und sich selbst verdammend, ein *redneck*-Faust, der ein unschuldiges Amerika kopfüber in den bodenlosen Abgrund einer neuen Rock 'n' Roll-Kultur schleuderte, während er selbst verweilte zwischen Phantomen von Licht und Dunkel, so uralt wie der Traum von Gut und Böse.

Als ich vor mehr als einem Jahrzehnt beschloß, ein Buch über Jerry Lee Lewis zu schreiben, dachte ich mir dabei, es wäre ein schneller, müheloser Weg, ein paar Tausender zu machen. Drei Jahre später hatte mich die Vorstellung, ich könnte es schnell und mühelos hinter mich bringen, längst verlassen, und ich war um einige Tausender im Keller. Was ich in Händen hielt, war etwas, das sich um Längen von dem unterschied, was ich mir anfangs vorgestellt hatte.

Jetzt, bei Durchsicht des Buches, habe ich – mit milder Verwunderung, da es mir gar nicht ähnlich sieht – festgestellt, daß es kaum etwas in dem Buch gibt, das ich ändern möchte. Eine Handvoll Korrekturen sind angebracht worden, bei denen es zumeist um Tatsachen geht; doch sie sind so geringfügig und es sind so wenige, daß ich bezweifeln möchte, daß sie irgend jemandem außer mir und dem Schriftsetzer auffallen werden. Sonst bleibt das Buch, wie es war und wie ich überzeugt bin, daß es sein sollte. Die Nachschrift, die ich hinzugefügt habe und die sich mit Ereignissen im Leben von Jerry Lee Lewis und in dem seines Cousins Jimmy Lee Swaggart in jenen Jahren beschäftigt, die inzwischen vergangen sind, seit ich das Buch beendet habe, sollte weder ihrem Inhalt noch ihrem Stil nach als Bestandteil oder gar als Fortsetzung von *Hellfire* gesehen werden, sondern schlicht als etwas, das nachgetragen wurde, etwas, das vielleicht von Interesse sein mag, doch keineswegs ein wesentlicher Bestandteil der Erzählung selbst ist.

Je mehr Zeit vergangen ist, desto bewußter bin ich mir der Schuld all jenen gegenüber geworden, deren ich bei der ersten Veröffentlichung gedacht habe. Ich möchte hier noch einmal diesen Menschen danken, Charakteren, die in dieser Erzählung vorkommen, die mir ihre Zeit und ihre Erinnerungen zur Verfügung gestellt haben: Stella Calhoun, Jack Clement, Carrie Lewis Gilley, Mickey Gilley, Roy Hall, Miss Nellie Jackson, Jerry Kennedy, Eddie Kilroy, B. J. Kirkpatrick, Elmo Kidd Lewis, Jerry Lee Lewis (more suo), Johnny Littlejohn, Kenneth Lovelace, Robert Loyd, Carl McVoy, Rita Mounger, Judd Phillips, Tarp Tarrant, Frankie Jean Terrell, James Van Eaton und Marcus Van Story.

Ich möchte hier Roberta Brandstrader danken, die mit mir die Tiefebenen von Louisiana und Mississippi durchstreift hat; Al Cooley für seine tollen Recherchen in Nashville; Walter Dawson vom *Commercial Appeal* in Memphis; Benny Hickson aus Monroe, der mir viel Legendenstoff über Louisiana mitgeteilt hat, den man in keiner Bibliothek findet; Mike Kerr von Mercury Records in Chicago, der mich, wie Jerry Kennedy und Trish Williams vom Nashviller Büro, mit wertvollem diskografischen Material versorgt hat; den Lloyd-Schwestern, Gwen und Mary, die meinen Aufenthalt in Natchez zu einem denkwürdigen Ereignis gemacht haben; Joe Nick Patoski, der für mich das South Western Assemblies of God College in Waxahachie, Texas, ausfindig gemacht hat; und meinem Bruder, Richard Tosches.

Des weiteren möchte ich dem Personal der Concordia Parish Library in Ferriday danken, der Country Music Foundation Library in Nashville, der Judge George W. Armstrong Library in Natchez, der New York Public Library, der Ouachita Parish Library in Monroe, der Richland Parish Library in Rayville und der Shelby County Public Library in Memphis.

Dann möchte ich meinem Agenten, Mitverschworenen und Freund, Russell Galen von der Scott Meredith Agency danken; Morgan Entrekin, der der Lektor meines Buches gewesen ist; Bob Miller, der diese Neuausgabe besorgt hat; und Greil Marcus, der so freundlich gewesen ist, meinem Buch sein Vorwort voranzustellen. *Nick Tosches*, New York, 1989

Es war drei Uhr früh, und das Schlafzimmer des Hausherren von Graceland ruhte. Elvis in seinem blauen Baumwoll-Pyjama lag da und träumte. Eine kleine Speichelblase zerplatzte sacht in einem Mundwinkel, und schweratmend wälzte er sich im Bett. Es war wieder derselbe alte Traum.

Am Spätnachmittag eines Sommertages schlenderte er durch Tupelo auf das Haus zu, in dem Evangeline, die Jungfer, wohnte. Auf sein Gesicht trat ein Lächeln, als er um die Ecke in eine Straße bog, wo üppige Zürgelbäume das Sonnenlicht verschluckten. Da stand das Haus ihres Vaters, vor dem sie wartete, eingehüllt in jenen zauberhaft zuchtlosen Fummel aus der untersten Schublade der Kommode ihrer Mutter.

Plötzlich fröstelte ihn. Er war nackt. Aus lustvoller Erwartung wurde Schrecken, und er lief rot an. Er würde den ganzen Weg durch die Stadt zurückgehen müssen, dahin, wo seine Mutter war – *sie war nicht tot* –, und seine Sachen holen. Wenn er sich beeilte, blieb noch reichlich Zeit. Er nahm eine Abkürzung über einen Hinterhof, den er wiedererkannte, doch bald darauf verirrte er sich, rannte verängstigt durch eine fremde unwirtliche Gegend, bis er auf eine Wiese kam, wie er sie noch nie gesehen, und aus Nachmittag wurde Nacht, und die Wiese war unendlich, und er schrie auf.

Das Telefon auf seinem Nachttisch schrillte. Es war einer von den Jungs unten, der den Boss anrief, um ihm zu melden, daß es Ärger gab.

Robert Lloyd, einer der Wachmänner von Graceland, hatte nervös beobachtet, wie der Lincoln Continental, Baujahr 1976, die kiesbestreute Auffahrt hinaufgejagt war und das Tor gerammt hatte.

»Ich will Elvis sehen!« hatte der Fahrer mit einer schrillen, gellenden Stimme getönt, ebenso harsch wie der vorherige Aufprall von Chrom auf Schmiedeeisen. »Sag ihm, der Killer ist hier!«

Der Wächter erkannte ihn und sagte, daß Elvis nicht gestört werden wollte. Das mißfiel dem Killer. Er zog einen 38er Derringer, und seine Augen, die schon halb geschlossen gewesen waren, verengten sich vor Wut noch mehr.

»Geh an das verdammte Haustelefon und hol ihn ran! Was glaubt der Dreckskerl denn, wer er ist? *Will nicht gestört werden?!* Der ist auch nichts Besseres als jeder andere.«

Elvis scheiß Presley – sein Herzschlag beschleunigte sich – thront da in einer gottverdammten Villa und spielt Herrgott, wo er doch nichts anderes ist als ein verfetteter alter Süchtiger, der sich die Haare färbt wie ein gottverdammtes Weib. Wie lauten noch die mahnenden Worte im Buch Hiob: »Wenngleich seine Höhe in den Himmel reicht und sein Haupt an die Wolken rührt / So wird er doch zuletzt umkommen wie ein Dreck . . .« Wie ein Dreck, wie ein Dreck, wie ein Dreck. Fast hätte er aufgelacht, doch statt dessen spuckte er angewidert aus; wieder stimmte er sein Geheul an. Er wollte und wollte nicht aufhören, und der Wächter ging ans Telefon.

»Elvis sagt, ich soll die Bullen rufen«, sagte der Junge vom Haus. Der Killer heulte auf und fuchtelte mit seiner Pistole drohend zur Villa hinüber.

Der Wachmann tat, was ihm aufgetragen worden war, und nach einer knappen Minute kam ein Streifenwagen. Officer B. J. Kirkpatrick spähte in den Lincoln und sah, daß der Killer den Derringer zwischen Knie und Türverkleidung geklemmt versteckt hielt. Er zog die Tür auf, und die Pistole fiel zu Boden. Er hob sie auf und stellte fest, daß sie geladen war.

»Das kostet dich deinen Job, *Junge*«, zischte der Killer.

Kirkpatrick zerrte ihn aus dem Wagen, ließ ihn mit gespreizten Armen und Beinen Aufstellung nehmen, durchsuchte ihn und legte ihm Handschellen an. Noch mehr Streifenwagen rollten heran, und der Killer wurde abgeführt.

Während der langsamen Fahrt stierte der Gefangene unwillkürlich hinaus in den träge gleitenden dunklen Fluß der Nacht und fragte sich, was schiefgegangen war. Kurz zuckte ihm der Gedanke durch den Kopf, daß in alttestamentlicher Zeit niemand in eine Tüte hatte blasen müssen. Das mußte etwas zu bedeuten haben . . . Er dachte daran, ein Lied anzustimmen, jenen alten Song, in dem sich am frühen Morgen zwei über den Weg laufen; aber er ließ es sein. Dann überzog schließlich ein Grinsen sein Gesicht, und er schüttelte den Kopf, denn er wußte ganz sicher, daß die kalten, blitzenden Handschellen ihn nicht lange festhalten würden.

DIE SCHATTEN VERSAMMELN SICH

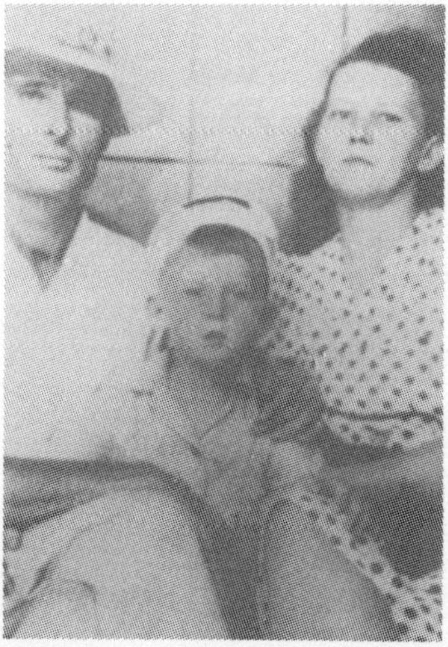

Der Gott der Protestanten hatte sie mit vollen Segeln an der Küste der Kolonie der Schuldner abgesetzt, rauhe Waliser Gesellen mit der Sehnsucht im Herzen, in einem neuen Land ein neues Leben anfangen zu können. Von Savannah aus waren sie westwärts durch die Wildnis getreckt, hatten den Canoochee und den Ohoopee, den Oconee und den Flint und den wilden Chattahooche überquert, bis sie in die von den Choctaw gesäuberte Urlandschaft des Alabama Territory gelangt waren. Einige waren dortgeblieben; die anderen zogen weiter westwärts, sehr weit, in Planwagen, bis zum Mississippi; dann hatten sie auf die andere Seite, nach Louisiana, übergesetzt.

»Teufel noch eins«, sagte Jerry Lee Lewis mitten in der Nacht – und er schien die Fähigkeit zu besitzen, diese Mitternächtlichkeit wie einen Umhang zu jeder Stunde des Tages anlegen zu können –, »Teufel noch eins«, so sagte er, einem dann, schielte dabei auf die hervortretenden Venen in seiner Hand, ganz versunken in Erinnerungen an das, was sein Vater und die Brüder seines Vaters ihm erzählt hatten – »Teufel noch eins«, sagte er, »wir Lewises haben eine große Geschichte gehabt. Wilde Säufer. Wilde Spieler.« Und dann schaute der letzte wilde Sproß von den Adern auf seiner Hand hoch zum Whiskeyglas in seiner anderen Hand und zurück zu der, die die Zigarre hielt. »Hoffnungslose Versager, vermutlich«, meinte er dann, lachte oder murmelte bösartig in sich hinein, je nachdem, welche Tages- oder Nachtzeit es für ihn gerade war, welchen Umhang er gerade trug.

In Louisiana, am Ostufer des Ouachita-River, wo jetzt die Stadt Monroe liegt, gar nicht weit von dort, wo der letzte wilde Sproß geboren wurde, befahl im Herbst 1790 Jean Filhiol, daß ein Fort errichtet würde, damit die Siedler von Ouachita Post vor den Chitimachas sicher wären.

Die Niederlassung umfaßte an die zweihundert Männer und Frauen, von denen nur fünfundsiebzig Waffen trugen. Kommandant Filhiol, der den Vorposten 1785 gegründet hatte, beschrieb seine Mit-Pioniere als »den Abschaum der unterschiedlichsten Nationalitäten«. Er beklagte ihre Abgestumpftheit und wußte zu berichten, daß »sie sich in sämtlichen Lastern auszeichnen« und daß »die Frauen es den Männern an Lasterhaftigkeit gleichtun«. Empört schreibt der Chronist, daß »die Wilden, wiewohl sie Wilde sind, wofern sie Gelegenheit bekommen, ihrer ansichtig zu werden, voll Verachtung Abstand zu ihnen halten«.

Das Fort wurde im Februar 1791 fertiggestellt und zu Ehren Don Estevan de Miros, des Provinzgouverneurs, der die Errichtung von Ouachita Post angeordnet hatte, nach dessen Namen benannt. Bis 1880, als über Louisiana statt der spanischen die französische Flagge wehte, hatte sich Fort Miro zu einer Stadt entwickelt.

Hierhin nach Fort Miro kam Thomas C. Lewis etwa um das Jahr 1803, als Amerika Louisiana von Napoleon kaufte. Er handelte mit Land und wucherte mit seiner Rechtskundigkeit und wurde zu einem der reichsten und mächtigsten Männer im Ouachita Parish. Als Louisiana 1812 der Union beitrat, wurde Thomas C. Lewis Bezirksrichter. Er lebte mit seiner Frau Lucinda und den vier Söhnen und zwei Töchtern in einer Villa auf einem Hang mit Blick über den Fluß. Sie hielten sich Sklaven in großer Zahl und von unterschiedlichster Hautfarbe und tranken aus Kelchen von feinstem Kristall.

Am ersten Maitag des Jahres 1819 kam das Dampfboot *James Monroe* den Ouachita herauf nach Fort Miro. Das Boot war das erste seiner Art, das Fort Miro besuchte, und ihm zu Ehren benannten die Bürger ihre Stadt um. Nun aber mochte Richter Lewis Präsident Monroe nicht, zu dessen Namen seine Stadt auf Umwegen gekommen war, und daher beschloß er, sich von ihr loszusagen. Er und sein Nachbar Patrick Harmonson erwirkten während der vierten Legislaturperiode einen Beschluß, demzufolge aus den angrenzenden Ländereien beider die Stadt Lewiston hervorging. Obwohl das Bestehen von Lewiston verleugnet wurde und schließlich ganz in Vergessenheit geriet, ist der Name nie aus den Urkunden gestrichen worden. Bis auf den heutigen Tag beherbergen etwa fünfhundert Morgen Land in Monroe – von der De Siard Street nach Norden dem Fluß folgend – rechtmäßig jene Stadt-in-der-Stadt, der Richter Lewis zu Ehren seines Geschlechts seinen Namen gegeben hatte.

Im Herbst 1819, nicht lange nach der Gründung von Lewiston, schied Judge Thomas C. Lewis dahin. Seine Frau folgte ihm bereits im Frühjahr des nächsten Jahres nach, und der Besitz der Lewises, dessen Wert mit 8973 Dollar veranschlagt wurde, fiel zu gleichen Teilen an die Kinder.

John Savory Lewis, Urgroßvater des letzten wilden Sohns, heiratete ein Mädchen namens Jane und herrschte wie weiland sein Vater über eine der größten Plantagen von Monroe. Doch es war ihr nicht beschieden fortzubestehen. Louisiana sagte sich 1861 von der Union los und focht den Unabhängigkeitskrieg. Der Säufer Grant nahm Vicksburg, nur siebzig Meilen von Monroe entfernt, im Sommer 1863 ein, und da wußte John Lewis, daß dem, was sein Vater mit beherztem Mut der Erde abgerungen, bestimmt war zu fallen und daß sein wahres Erbteil weder die Nigger noch das feine Kristall noch die kriecherische Willfährigkeit seiner Mitbürger, sondern einzig und zuvörderst die Erde und der Mut waren, die keine Streitmacht aus dem Norden ihm abtrotzten konnte. Wie John Lewis vorausgesehen hatte, fiel Monroe 1865.

»Er hob die Faust, schlug ein Pferd, daß es in die Knie brach. Ein Teufelsbraten, der Old Man Lewis. Dann haben sie alle Sklaven laufenlassen.« Das sagte der letzte wilde Sproß über den Urgroßvater, den er selbst nie gekannt hatte, und er sprach es, als verläse er einen Epitaph, und er sagte es mit Stolz.

1856 noch im Herrenhaus geboren, erlebte John Lewis' Sohn Leroy seinen Niedergang, bevor seine Kindheit zu Ende war. Während der Jahre des Wiederaufbaus zog ein Großteil der Nachkommenschaft von Richter Lewis nach Ruston, einer neuen Stadtgründung etwa zwanzig Meilen westlich von Monroe. Dort legten die Lewises den Grundstein für eine begüterte Aristokratie von Ärzten, Rechtsanwälten und Kongreßmännern, die bis auf den heutigen Tag in Ruston fortbesteht. Doch Leroy M. Lewis blieb in Monroe. Er arbeitete als Verkäufer in einem Drugstore, dann sieben Jahre als Arztgehilfe. Danach wurde er Schullehrer, und es geschah während seiner Unterrichtstätigkeit, daß er seiner fünfzehnjährigen Kusine Arilla Hampton begegnete und sich in sie verliebte. Sie wurden 1886 getraut.

Leroy unterrichtete noch vier weitere Jahre nach seiner Heirat, doch er wurde zunehmend des Stadtlebens überdrüssig und unternahm regelmäßig Ausflüge in die Wildnis von Richland Parish, die östlich von Monroe, jenseits des Lafourche-Sumpflandes gelegen war. Seine Aufenthalte auf dem Land dehnten sich immer länger aus, und schließlich kaufte er dort eine Farm. Aber er war als Stadtkind großgeworden und verstand nichts davon, wie man eine Farm betrieb. Er pflanzte seine Baumwolle zu spät an und wäre fast elendiglich verhungert.

Leroy und seine Familie zogen von einer kleinen Farm zur nächsten um, bis sie sich 1909 an einem Ort namens Snake Ridge entgültig niederließen. Etwa zehn Meilen südwestlich von Mangham nahe Big

Creek gelegen, war die Gemeinde Snake Ridge in den zwanziger Jahren des vorigen Jahrhunderts von armen Bauern besiedelt worden. Ihr Name rührte aus der Zeit der großen Überschwemmung her, als William Tom Hewitt, einer der Mitbegründer der Siedlung, den Landbukkel aus dem schlammigen Schwemmland des Mississippi hatte herausragen sehen und bemerkt hatte, daß er wie eine Schlange gekrümmt war. Obwohl Snake Ridge, gleich seinem Nachbarn Nigger Ridge, auf keiner Landkarte namentlich verzeichnet ist, nennen die Alten, die dort noch leben, den Ort nach wie vor bei dem Namen, den William Tom Hewitt ihm verliehen hatte, bevor ihre Daddies dort geboren worden waren.

Bis zu der Zeit, als Leroy Lewis nach Snake Ridge zog, hatte Arilla ihm vier Söhne und sieben Töchter geboren. Wegen des ständigen Weiterziehens von Farm zu Farm konnten die Kinder nur wenig Buchwissen erwerben, doch wurden sie durchweg bessere Farmer als ihr Vater und hatten alle eine Begabung dafür, Musik zu machen. Leroy spielte die Fiedel, und auch die Söhne spielten sie; und die Mädchen liebten das Gitarrenspiel und den Gesang. Jeden Abend wurde musiziert.

Leroy war ein guter Mann, doch er war ein schlimmer Trinker, und was er nicht durch schlechten Landbau ruinierte, ruinierte er mit Whiskey. Musik war seine Lust, wenn er betrunken, und Vehikel seiner Bußfertigkeit, so er nüchtern war, und irgendwie stellte sie die bewahrende Kraft dar, die verhinderte, daß alles in Stücke ging. Manchmal griff er zur Flasche und fuhr im New Orleans & Northwestern von Mangham nach Rayville, und dann auf jener Vicksburg, Shreveport & Pacific-Linie weiter von Rayville nach Monroe. Er trank dann, bis Geist und Körper weggetreten waren, und dann trank er noch einiges mehr, bis sein Portemonnaie versiegte; dann trank er noch etwas obendrauf, bis endlich alles, was zur Neige gehen konnte, zur Neige gegangen war. Erst dann kehrte er nach Snake Ridge zurück. Lieder auf Jesus oder Frauen ohne Unterwäsche anstimmend, machte sich Leroy M. Lewis auf den Heimweg. Und wenn er das tat, war niemand glücklicher, ihn wiederzusehen, als sein Lieblingssohn Elmo.

Elmo Kidd Lewis, Leroys siebtes Kind und zweitältester Sohn, war am 8. Januar 1902 in Mangham geboren worden. Hübsch, mit feinem schwarzen Haar, kantigem Kinn und einem Grinsen, das seinen Daddy an Old Man Lewis erinnerte, war Elmo der größte Mann in Snake Ridge, noch bevor er zum Rasiermesser greifen mußte. Von allen Söhnen Leroys arbeitete Elmo am härtesten und machte die beste Musik. Er war sanft und freundlich, wie es nur ein wirklich starker Mensch zu sein vermag, doch er trank wie ein Schwächling. Leroy mahnte ihn deswegen, wie der Baptistenprediger in Mangham ihn selbst so viele Male ermahnt hatte. Elmo grinste dann bloß. Und irgendwann grinste sein Daddy zurück. Dann wurde die Flasche hervorgeholt, und Leroy erzählte seinem Sohn all das, was vor ihm gewesen, dessen er Zeuge geworden war: Wie Old Man Lewis mit einem einzigen Fausthieb ein Pferd in die Knie gezwungen; von dem großen Haus auf Ouachita Cliff, genau dort, wo jetzt das neue Bestattungsunternehmen von Mulhearn war; von den einhundertundfünfzig Sklaven und dem ersten Morgen ihrer Freiheit, als jene Sklaven drei Meilen die Straße hinuntergezogen, umgekehrt und noch vor dem Abendessen wieder zurückgewesen waren; und von der Erde und dem Mut.

Der Krebs fraß Leroy Lewis' Magen, und er starb 1937. Zu jener Zeit hatte sein Lieblingssohn bereits selbst schon zwei Jungen. Sie saßen ihrem Daddy auf dem Schoß, und er neigte sein Gesicht zu den Kindergesichtern und erzählte, was vor ihnen gewesen war. Nicht das von der Erde und dem Mut, sondern eher jenen Teil, der sich anhörte wie ein Märchen.

Einer der kleinen Jungen starb frühzeitig. Der andere, auf den das Erbteil der Lewises fiel, sollte höher steigen als selbst der alte Richter Lewis, höher als einer der Männer aus den Geschichten seines Daddy, bevor er tiefer stürzte als sie alle. Er war der letzte wilde Sproß, und er wußte es, genau wie jene Männer aus den Erzählungen es wußten, wenn der Donner grollte und kein Regen fiel.

ERDE

Elmo Kidd Lewis nahm ein sechzehn Jahre altes Mädchen aus der Nachbargemeinde Crowville zur Frau. Ihr Name war Mary Ethel Herron, und sie war am 17. März 1912, im Jahr der großen Überschwemmung, geboren worden. Ihre Mutter, Theresa Lee, war die Tochter wohlhabender Leute, den Foremans, die es ihrem Kind nie verziehen hatten, daß es die Ehe mit John William Herron eingegangen war, einem bescheidenen Bauern mit wenig Geld und noch weniger Ehrgeiz. In der Geschichte der Familie Foreman hatte es Fälle von Verrücktheit gegeben, und auch Theresa Lee war, genau wie ihr unversöhnlicher Vater, am Ende wahnsinnig geworden. Dieser Fluch, der auf den Foremans lag, trieb dunkel und schwer in ihrem Blut, und auch durch die Verbindung mit dem Samen fremden Bluts konnte er nicht gebannt werden. Theresas Kinder und auch deren Kindeskinder wußten darum. Manch eines von ihnen hörte es nahen, ein Etwas, böse und krächzend, zu bestimmten umnachteten Stunden. Andere spürten, wie es sich mit dunklen Schwingen auf sie herabsenkte und nicht wieder davonflog.

Mamie Herron war das hübscheste, aufgeweckteste Mädchen, dem Elmo Lewis je begegnet war. Wie Elmo liebte sie den Gesang. Sie war ein tief religiöses Mädchen, doch auch wieder nicht so religiös, daß Elmo davor zurückgeschreckt wäre. Sie heirateten zu Jahresbeginn 1929. Inzwischen hatten viele ihrer Brüder, Schwestern und Freunde Richland Parish verlassen, wo das Leben jedes Jahr noch beschwerlicher zu werden schien. Die Menschen dort hatten von dem Wohlstand gehört, den Präsident Coolidge Amerika bescheren wollte, doch sie wußten verdammt sicher, daß für Snake Ridge nichts davon abfallen würde. Die Flut von 1927, als Männer in Booten über das hinwegruderten, was einst die Baumwollfelder von Richland Parish gewesen waren, als der Mississippi-Wels durch die Straßen von Mangham schwamm, war die schlimmste Flut gewesen seit Menschengedenken. William Faulkner, der auf der anderen Flußseite lebte, schrieb ein Buch über diese Flut, ein Buch mit dem Titel *The Wild Palms*, und eine Menge Leute oben im Norden glaubten, er hätte das alles nur erfunden. Noch zwei Jahre später schlug sich Richland Parish mit den Folgen der Flut herum.

Elmos Schwestern Carrie, Eva und Irene hatten drei Brüder mit Namen Gilley geheiratet. Carrie und George Gilley blieben in Snake Ridge, doch Eva und Harvey, Irene und Arthur Philmore Gilley zogen südwärts nach Concordia Parish in die Stadt Ferriday. Auch Mamies ältere Schwester Stella war dort hingezogen, wo sie Joseph Lee Calhoun, den mächtigsten Mann im Bezirk, geheiratet hatte. Da schon viele ihrer Sippe und ein reicher angeheirateter Verwandter dort waren, schien Ferriday Elmo und seiner schwangeren jungen Braut kein schlechter Ort zu sein; also packten sie im Frühjahr 1929 ihre wenigen Habseligkeiten und gingen nach Süden, auf der Jagd nach Besserem.

Ferriday liegt etwa achtzig Kilometer weit von Mangham entfernt, und damals konnte man diese Strecke entweder mit der Bahn auf der New Orleans & Northwestern-Linie oder mit dem Automobil auf dem Highway 15 zurücklegen. Bis 1903 war die Gegend um Ferriday ein einziges großes Baumwollfeld gewesen, Teil der Helena-Plantage, die sich im Besitz der Realty Investment Company befand. Der Ort war von der Texas & Pacific und der Memphis-Helena & Louisiana-Eisenbahngesellschaft als Zwischenhalt gewählt worden, und im Herbst 1903 legte die Investmentgesellschaft den Grundstein der Stadt und benannte sie zu Ehren des verstorbenen Judge J. C. Ferriday nach ihm, dessen Familie von 1827 bis zu ihrem Verkauf an die Investmentgesellschaft um die Jahrhundertwende die Helena-Plantage im Besitz gehabt hatte. Im Jahre 1906 wurde Ferriday zur Dorfgemeinde. Als ersten Bürgermeister Ferridays setzte Gouverneur Blanchard einen gewissen Thomas H. Johnston ein, der, so ging das Gerücht, seine erste Woche im Amt zünftig im Saloon des Ortes verbrachte, wo er sich mit Lust über die feineren Punkte der von ihm vorgeschlagenen *poontang tax* ausließ (eine Besteuerung der schwarzen Prostituierten).

Etliche Jahre blieb Ferriday wenig mehr als eine Eisenbahnstation. Doch zu der Zeit, als Elmo und Mamie Lewis dort ankamen, war es auf eine Gemeinde von etwa zweitausendfünfhundert Seelen angewachsen, deren Mehrzahl schwarz war (Concordia Parish war stets mehrheitlich schwarz gewesen. In den ersten Jahren nach dem Ende der Sklaverei hatten in dem Bezirk fast zehntausend Schwarze und nur knapp siebenhundert Weiße gelebt. Bis 1929 hatten die Weißen etwas aufgeholt, doch noch immer waren mehr als drei Viertel der Einwohnerschaft schwarz). Obwohl seine Straßen ungepflastert waren, verfügte Ferriday über eine Bank, ein Schulhaus aus Klinkersteinen, Gas und Elektrizität, vier Kirchen und das glanzvolle King-Hotel, wo Fremde mit glatten, weichen Händen und gestärkten Kragen mit den einheimischen Geschäftsleuten spuckten und über Anaconda Copper schwatzten, über Juden in New York, Vier-Felder-Wirtschaft und die verflixten Ehefrauen. Major P. H. Corbett gefiel sich darin zu betonen, daß kein ehrlicher Mann hier in Ferriday Mühe hätte, Arbeit zu finden. Zusätzlich zu den Baumwollfarmen gab es eine Reifenfabrik, eine Böttcherei, einen Holzplatz und verschiedene andere Industriebetriebe. Die Eisenbahnlinien verliefen quer durch die Stadt: die New Orleans & Northwestern, die Texas & Pacific sowie die Memphis-Helena & Louisiana. In den Wäldern um Ferriday gab es noch reichlich Wild: Wachteln und Schnepfen, Enten und Tauben, Rotwild und Waschbären, ja sogar einige Bären. Es wäre, so sagte Mamie zu Elmo, ganz wie in Zion, ausgenommen die Nigger und die Gürteltiere.

Sie siedelten im Westen der Stadt, draußen beim Turtle Lake, auf einer Farm, die Joseph Lee Calhoun gehörte. Manchmal schien es schwer, irgendwo in Concordia Parish hinzugehen, ohne Calhoun-Boden zu betreten. Wie der alte Judge Lewis, dessen verarmte, landlose Nachkommenschaft er jetzt kennenlernte, hatte Lee Calhoun beim Erwerb von Grund und Boden eine glückliche Hand. Er war ein unscheinbar aussehender Mann, ein Mann der Scholle, mittelgroß, mit einem Schmerbauch, wettergegerbter Haut und ergrauendem Haar; trotzdem flößte er allen, die ihn kannten, Achtung ein. Seine Leute, ursprünglich Siedler in Arkansas, waren später dem Ouachita River südwärts bis hinein nach Louisiana gefolgt, vorbei an Monroe und dem in Vergessenheit geratenen Lewiston, dorthin, wo im Süden der Ouachita in den Black einmündete. Dort im Concordia Parish war er am 20. Februar 1887 in der Stadt Eva zwischen dem Frischwasser des Black und dem Brackwasser des Cocodrie geboren worden. Im Concordia Parish hatte der junge Lee Calhoun einigen Boden aufgekauft. Er hatte ihn weiterverkauft und dann noch mehr Boden erworben. Das hatte er fortgeführt, dabei stets darauf achtend, sein Land zu einem höheren Preis zu verkaufen, als er dafür bezahlt hatte. Mit dem flüssigen neuen Geld hatte er noch mehr Land dazugekauft. Als er kurz vor seinem dreißigsten Geburtstag nach Ferriday zog, besaß er nicht nur Ländereien in Concordia Parish, sondern auch in Catahoula. Auf manche seiner Grundstücke setzte er Häuser und vermietete sie, damit Pächter ihn für die Nutzung seines Bodens bezahlten; er züchtete auf seinem Boden Vieh; und auf manchem Stück Land errichtete er Ölbohrtürme. Seine Macht wurde bald so gewaltig wie sein Reichtum. Selbst bewarb er sich nie um ein politisches Amt, ebensowenig wie er auf seinem eigenen Grund und Boden Baumwolle anbaute; doch töricht waren diejenigen, die sich einbildeten, sie könnten sich hinter seinem Rücken in Concordia um ein Amt bewerben, ohne zuerst seinen Segen einzuholen. Denn Bürgermeister und Kongreßabgeordnete und dergleichen erfüllten für Lee Calhoun eine Funktion nicht unähnlich der, die seine bäuerlichen Pächter für ihn hatten. Man mochte ihnen erlauben, zum Wohle aller seinen Boden zu bestellen, doch durften sie nie vergessen, wem der Boden gehörte. Er reiste selten über die Grenzen Louisianas hinaus, doch es kamen Männer aus so vielen abgelegenen Staaten, wie es in seinem Heimatstaat Gemeinden gab, um mit ihm Geschäfte zu machen; und niemals betrog er jemanden, der zu tumb war, nicht schließlich zu erkennen, daß er übers Ohr gehauen worden war. Ob er Schürfrechte an den texanischen Ölmilliardär H. L. Hunt vergab oder eine Schindmähre von einem Muli an einen abgewirtschafteten Pächter verkaufte, er behandelte jeden Mann mit dem ihm zustehenden Respekt. Reich oder arm, schwarz oder weiß, er wußte sie richtig anzupacken, solange sie sich nicht an seinem Grund und Boden vergingen; und genauso mußte es sein, pflegte Mr. Calhoun zu sagen. Durch seine Heirat mit Stella Herron wurde er zusätzlich noch zum Patriarchen und Wohltäter zweier weiterer Familien. Es waren schon leicht sonderbare Familien, doch sie spurten gut und beanspruchten sein Land nicht zu sehr.

Am 11. November 1929, nicht lange nach dem ersten Frost, wurde Mamie und Elmo Lewis ein Knabe geboren, und sie nannten ihn Elmo Junior. Mamie sagte, wie glücklich sie wäre, die einzige Frau im Landkreis zu sein, die jetzt zwei Elmos hatte. Sie sagte es zehn- oder zwölfmal.

Es war ein glücklicher Winter. Die Baumwollernte war gut gewesen, und sie brachte einen guten Preis, fast sechzehn Cents das Pfund. Mit einem Teil des Erlöses aus den Baumwollverkäufen erwarb Elmo aus zweiter Hand eine Victrola, so ein Ding zum Aufziehen. So saß er dann beim Feuer, schaute seine schmucke siebzehnjährige Frau und sein schmuckes kleines männliches Ebenbild an, und dabei hörte er Jimmie Rogers darüber singen, wie er die arme Thelma erschießen wollte, bloß um sie hochspringen und hinstürzen zu sehen. Das Leben hier, so dachte Elmo, war besser als in Snake Ridge. Das gemietete Holzhaus, in dem er und seine Familie lebten, war roh gezimmert und feuchtkalt. Es gab keine Elektrizität, kein fließend Wasser, kein Gas zum Heizen oder Kochen. Doch dieses neue Heim und die Wälder und die Stadt schienen Elmo ein vielversprechender Ort, weniger düster als vielmehr hell, nicht heimgesucht vom Kreischen von Vögeln, die man nicht zu Gesicht bekam, und dem langen einsamen Anhauch jenes anderen, noch fortdauernden Jahrhunderts.

Das Wetter wurde warm, und Elmo arbeitete, wie er es stets getan hatte, hart auf dem Baumwollfeld. Manchmal kam Lee Calhoun auf seinem großen braunen Zuchthengst angeritten, um nach ihm zu sehen – nach ihm, der größer war als alle anderen, sich mehr abrackerte und ausgiebiger schwitzte als alle anderen. »Was für ein Narr, der sich da abrakkert«, pflegte er dann zu seinem Pferd zu sagen und weiterzureiten. Elmo selbst konnte eigentlich nie so recht herausfinden, was das mit ihm und der Arbeit auf sich hatte, ebensowenig wie er nie so recht herauszufinden vermochte, wie das mit ihm und dem Whiskey war. Sein Reden war, daß, wenn ein Mann arbeiten wollte, er arbeiten sollte, und wenn ein Mann trinken wollte, er eben trinken sollte. Und damit basta. Das sagte er, und die Leute hörten es ihn gern sagen, aber er glaubte es nicht wirklich, spürte nicht wirklich die Wahrheit dessen, was er sagte, wie er es bei anderen Dingen bisweilen tat. Er sagte es, weil die Leute es gern hören wollten und weil es zu einem jener Männer in jenen legendären Geschichten gepaßt hätte. Und mehr hatte es damit nicht auf sich. Es war nicht einmal sein Grund und Boden, das wußte er. Doch vom Morgengrauen bis zur Abenddämmerung schuftete er mehr als die anderen, und dann betrat er seine Hütte und lächelte Mamie und Baby Elmo zu. Ja, Elmo Lewis trat stets mit einem Lächeln auf dem Gesicht durch eine Tür, wie die Leute behaupteten. Und sie bewunderten ihn dafür. Manchmal, nach dem Abendbrot, nach dem Kaffee und dem Maispudding, zu jener Stunde, wenn es im Niedergehölz zu wispern begann und die Sonne am Sinken war und alles vom verseufzenden Hauch aller Traurigkeit seit ewigen Tagen angerührt schien, wanderte Elmo an die Ufer des Turtle Lake. Er liebte es, dazustehen und nicht zu lächeln und nicht zu denken. Manchmal sah er zwischen den Zypressen und den Weiden weiße Silberreiher oder einen einsamen Blaureiher, die friedlich durchs seichte Wasser stolzierten, nicht zu ihm zurücklächelten. Einmal, als er dort so stand, hatte er indianisches Gerät gefunden, eine schmale Klinge aus einem Feuersteinsplitter. Und einmal, als er dort so stand, hatte er zu begreifen angefangen, wie das mit ihm und der Arbeit bestellt war. Doch auch nicht so greifbar, daß er es in Worte zu fassen vermocht hätte.

Die Ernte von 1930 war schlecht, denn die Depression hatte den Baumwollpreis auf knapp neun Cents pro Pfund gedrückt, den niedrigsten seit der Jahrhundertwende. Elmo nahm im Winter Zimmermannsarbeit an, damit er und seine Frau und sein Sprößling genug zu essen hatten. Das darauf folgende Jahr war sogar noch schlechter; Elmos Baumwolle brachte ihm gerade mal fünf Cents pro Pfund ein. Der Preis 1932 war um ein geringes besser, doch noch immer näher an fünf Cents als an zehn. In jenen Jahren war es gut, einen Mann wie Lee Calhoun zu kennen. Wenn der Wind allzu bitterkalt durch die Ritzen fegte, nahmen Elmo und Mamie das Kind mit zu Uncle Lees Haus, das nicht weitab von dem ihren lag und das den Wind nicht hineinließ. Dann setzte sich Mamie und redete mit ihrer Schwester Stella. Auch Elmo Jr. saß am Boden und plapperte mit der kleinen Maudine Calhoun um die Wette. Elmo und Lee saßen dann da und aßen Hähnchen, und stets fragte Lee Elmo, wie es denn seinem Daddy gehe, ob sich sein Zustand gebessert hätte oder nicht, und Elmo antwortete darauf stets, na ja, du weißt ja, es ist bloß noch eine Frage der Zeit. So gingen die Winter vorbei und die Zeiten der Aussaat und die heißen Sommer.

Im Frühjahr 1933 richtete Franklin D. Roosevelt die Agricultural Adjustment Administration ein und redete den Baumwollpflanzern zu, daß die Regierung ihnen Geld geben würde, falls sie wieder unterpflügten, was sie gerade gepflanzt hatten. Lee Calhoun sagte Elmo, er sollte diesem verdammt närrischen New Deal-Krüppel kein Gehör schenken, der über das verdammt dämliche Radio zu den Leuten sprach. Er erzählte ihm, daß Franklin D. Roosevelt uns vom Goldstandard abgekoppelt hätte und daß das schon schlimm genug wäre, doch jetzt wäre dieser dämliche Schwätzer am Kamin endgültig zu weit gegangen mit seinem Versuch, uns auch noch vom Standard der Bodenpunkte abzubringen. Und übrigens, so erzählte ihm Lee Calhoun, hätte er selbst vor nicht ganz fünf Jahren denselben Trick mit dem Unterpflügen im halben Catahoula Parish mit den Leuten dort abgezogen, und damals sei es genau dasselbe gewesen, was es jetzt war – nämlich ein Trick. Elmo ließ seine Baumwolle wachsen, und er erntete sie, und er bekam mehr als zehn Cents das Pfund dafür. Und er ging hin und kaufte so ziemlich jede Platte, die Jimmie Rodgers je gemacht hatte. Und er ließ es sich wohl sein und besoff sich, und er sang zu jeder Platte mit. Außer zu der einen über die Nebenlinie und die Hauptlinie und die Spinne, die es so richtig besorgt bekommen will. Weil nämlich diese eine Mamie ganz verrückt machte und sie sagte, daß sie sie einfach nicht haben wollte; und er sagte, es wäre eine Schande, daß Jimmie Rodgers jetzt tot sei und daß er so jung gestorben wäre – schon mit fünfunddreißig. Nur drei Jähre älter, als Elmo selbst jetzt war. Das beunruhigte Mamie. Doch sie liebte die Stimme ihres Mannes, und sie hörte ihn gern singen.

Auch Junior wurde ein ordentlicher Sänger. Er war jetzt fünf, und er ging jeden Sonntag neben seiner Mutter und seinem Daddy zur Kirche, oder manchmal auch nur neben seiner Mutter. Es war nicht allein mütterliche Liebe, die Mamie dazu verleitete, mit ihrem Jungen zu prahlen. Jeder in der Gemeinde sagte, daß Junior die Stimme eines Engels hätte und auch das passende Gesicht. Alle machten sie ihre Scherze darüber, wie wohl der kleine Elmo Lewis gewiß bald um die kleine Maudine Calhoun anhalten würde, und Junior wurde rot.

Lee Calhoun nahm in jenem Jahr ein neues Schock angeheirateter Verwandter auf. Damals, oben in Snake Ridge, als Elmo noch ein Junge gewesen war, hatte seine ältere Schwester Ada einen Mann namens Willie Harry Swaggart geheiratet. Etwa um die Zeit, als Roosevelt jedem erzählt hatte, er solle seine Baumwolle ausreißen, waren Willie und Ada zusammen mit ihrem halbwüchsigen Sohn Willie Leon nach Ferriday gezogen. Der ältere Swaggart und sein Sohn verdienten sich ihren Lebensunterhalt auf den Feldern, und sie angelten, stellten Fallen und jagten. Der Sohn, Willie Leon, war ein gewandter Fidelspieler, und er verdiente sich damit ein Zubrot – zu dem wenigen, was sie dem Boden abrangen –, indem er wochenends auf dem Land zum Tanz aufspielte. Auf einer dieser Tanzereien begegnete er der jüngsten der Herron-Schwestern, der sechzehnjährigen Minnie Bell, die ebenfalls zusammen mit Ma und Pa Herron und ihrer verheirateten Schwester Viola nicht lange vor den Swaggarts nach Ferriday gezogen war. Anfang des Jahres 1934, als er neunzehn und sie siebzehn Jahre alt war, heirateten Willie Leon und Minnie Bell.

Lee Calhoun, der bereits den Überblick über die angeheiratete Sippschaft zu verlieren begann, die auf seinem Grund und Boden lebte, mußte sich zurückziehen und eine Weile über diese neueste Entwicklung nachdenken. Willie Harry Swaggart hatte Elmos Schwester geheiratet. Jetzt hatte Willie Harrys Sohn, Willie Leon, die Schwester von Elmos Frau geheiratet, die ihrerseits Willie Harrys Schwägerin und Willie Leons Tante war. Beim Feuer, das in der Hölle brennt, dachte Lee Calhoun, waren nicht dadurch Elmos Neffe und Schwager ein und dieselbe Person? Das brachte dann Lee Calhoun darauf, sich zu überlegen, daß, verdammt noch eins, Willie Harry und Willie Leon es irgendwie bewerkstelligt hatten, daß sie füreinander jetzt Schwäger waren oder womöglich Onkel und Neffe anstatt Vater und Sohn; und daß auch noch, falls Willie Leon und Minnie Bell ein Kind hätten, Minnie Bell sowohl die Tante als auch Mutter ihres Kindes würde, und daß sein Großvater, Willie Harry, sich wahrscheinlich als sein Vetter erweisen würde. Am Ende konnte das arme Kind sich glücklich schätzen, wenn es noch einmal davonkam, ohne sein eigener Onkel, seine eigene Großmutter im Kindbett und der längst aufgegebene verlorene Sohn zu werden. Und er, Lee Calhoun, hatte irgendwie diese ganze verquer lebende, atmende, baumwollpflanzende, sich kreuz und quer vermählende und fortpflanzende Bande mit ihren chinesischen Verwandtschaftsbeziehungen geerbt. Er bestieg seinen großen Fuchs und ritt zügig durch den hellen, stillen spätwinterlichen Nachmittag, bis die Gedanken versiegten, und dann ritt er heim, wobei er noch eine ganze Weile einigermaßen tükkisch und verbohrt dreinschaute.

Der Sommer kam und ging, und die Baumwolle erzielte den höchsten Preis der letzten fünf Jahre. Junior wuchs zu einem prächtigen Burschen heran. Mamie sah, wie sichtbar schwanger und glücklich ihre kleine Schwester Minnie Bell war. Es schien eine Zeit voll Leben, und Elmo und Mamie beschlossen, ein weiteres Kind zu haben. In einer kalten dunklen Nacht nach Weihnachten, als der Hekatewind so wild tobte, daß die Hunde ihn anheulten, und das brüllende Pfeifen des eingeschlossenen Iron Mountain darob nicht mehr zu hören war, empfing sie seinen Samen.

Im Januar 1935, nicht lange, bevor Mamie erkannte, daß sie empfangen hatte, geriet Elmo mit dem Gesetz in Schwierigkeiten. Lee Calhoun war zwar selbst kein Mann, der trank, doch er wußte, daß es solche Männer in reicher Zahl gab. Er wußte auch, daß ein Scheffel Korn nur eine Handvoll Pennies wert war, doch daß dieser selbe Scheffel Korn, zu Alkohol gemacht, eine Handvoll Dollar wert war. Und daß nichts daran je etwas ändern konnte, weder die blödsinnige Prohibition noch deren ebenso blödsinnige Aufhebung. Lee Calhoun hatte Whiskey schon vor der Prohibition gebrannt, er hatte während der Prohibition Whiskey gebrannt, und er brannte auch jetzt Whiskey. Das Whiskey-Geschäft handhabte er wie sein Geschäft mit Grund und Boden. Das war es auch, wo Elmo und die Sippschaft mit der chinesischen Arithmetik von Verwandtschaftsgraden ins Spiel kamen.

Es war eine mächtige Brennerei mit einer Kapazität von zweihundertfünfzig Litern, versteckt (wenngleich auch nur so gründlich, daß halb Concordia nicht umhin konnte, sie zu bemerken) im Gehölz nahe dem Turtle Lake auf Calhoun-Boden. Elmo und Willie Leon Swaggart sowie etliche weitere männliche Verwandte betrieben die Brennerei. Sie mischten die Kornmaische und den Zucker, überwachten den Gärbottich, versorgten die Esse mit Feuerholz, schlugen den Hahn in den Spund, setzten das große blecherne Destilliergerät auf und füllten die Krüge ab. Es war guter, fünfzigprozentiger Whiskey, und alle schworen auf ihn, und alle tranken ihn. Manchmal, wenn sie draußen bei der Brennerei waren und während eines neuen Herstellungsganges tranken, kam Lee Calhoun angeritten und fragte, ob sie sich noch an die Zeit erinnerten, als sie diese große alte Natter tot in dem Tank mit gärender Maische treibend gefunden hätten.

An jenem Tag im Januar waren sie alle draußen, warteten auf die ersten starken Tropfen Whiskey, die da aus dem Destillierstutzen kommen sollten, als etwas durch die Büsche kam – und das war nicht Lee Calhoun, um nach einer toten Schlange zu fragen.

Die Bundesfinanzagenten richteten ihre Waffen auf die Männer und fesselten sie mit Handschellen. Einer der Agenten hieb mit einer Axt in die Kupferwandungen der Brennerei. Die Gefangenen wurden auf die Ladefläche eines Lasters der Bundesfinanzpolizei geschafft, und der Laster bog in einen Feldweg, der etwas weiter auf den Highway 84 stieß. Minnie Bell Swaggart ging diesen Feldweg entlang, und als sich ihr der Transporter näherte, erkannte sie ihren Mann, Willie Leon, und etliche der anderen Verwandten, die zu ihr hinunterstarrten und ihr zuwinkten. Sie fing an zu schreien, winkte zurück. Der Beamte, der am Steuer saß, ließ den Laster ausrollen, und Minnie Bell, die zu dieser Zeit im siebten Monat schwanger war, kam aufgeregt auf das Fahrzeug zugewatschelt, hielt inne, starrte nur sekundenlang auf das Bundeswappen an der Autotür, schaute dann hoch zu ihrem Mann und begann zu plärren. Elmo rief ihr zu, sie solle Mamie ausrichten, daß er zum Abendessen nicht zu Hause sein würde. Doch Minnie Bell hörte ihn nicht. Sie plärrte hemmungslos weiter. Einer der Beamten, der mit einem Schrotgewehr bei den Gefangenen saß, fragte, wer diese Frau wäre.

»Das ist meine Frau«, sagte Willie Leon Swaggart.

Der Beamte warf einen langen Blick auf ihren Bauch, wandte sich dann zu Willie Leon und sagte: »Los, du da, schaff sie hier weg! Und wenn ich dich hier nur noch eine Minute länger sehe, gehst du mit den übrigen ins Gefängnis.« Der Beamte schloß Willie Leons Handfesseln auf, und Willie Leon sprang vom Laster herunter und ging mit Minnie Bell den Feldweg entlang, drehte sich dabei nur ein einziges Mal um, um dem Laster nachzuschauen, der mit fünf seiner Schwäger davonfuhr.

Elmo und seine Sippe wurden unter Anklage gestellt und verurteilt.

Lee Calhoun verfügte über keine Machtmittel gegen die Bundesbeamten. Das wußten Elmo und die anderen. Sie wußten auch, daß Uncle Lee sich gut um ihre Frauen und Kinder kümmern würde, während sie fort waren, und daß er es so richten würde, daß ihre Baumwolle ausgesät wurde, falls sie zur Zeit der Saat nicht rechtzeitig zurück wären. Nicht lange, bevor man Elmo wegholte, hatte Mamie letzte Gewißheit bekommen, daß sie schwanger war, und sie sagte es Elmo, und er verließ die Stadt mit einem Lächeln im Gesicht, ihr versichernd, daß er früher als gedacht zurück sein werde.

Das New Orleans Federal Jail war klein, überfüllt und feuchtkalt. Es beherbergte etwas weniger als dreihundert Gefangene, die meisten davon gleich Elmo verurteilt wegen Verstoßes gegen das Alkoholgesetz. An fünf Vormittagen in der Woche gab ein Angestellter der Gefängnisverwaltung Unterricht in Lesen und Schreiben. Jeden Sonntagnachmittag gegen drei Uhr wurde ein protestantischer Gottesdienst abgehalten. Etwa dreißig der glücklicheren Häftlinge erhielten Gelegenheit, durch Arbeit in der Gummimattenfabrik des Gefängnisses bis zu sieben Dollar im Monat zu verdienen, unter der Bedingung, daß fünfundsiebzig Prozent ihres Lohns jeden Monat ihren Angehörigen nach Hause geschickt wurden. Die meisten der Gefangenen saßen nur herum und spuckten oder dachten über die natürliche Neigung dieser oder jener Frau zu ehelicher Untreue nach. Aufsässige Häftlinge kamen nach unten in die Einzelzelle, ein pechschwarzes stinkendes Loch voll Ratten und Eidechsen. Elmo erzählte einigen seiner Mithäftlinge, daß seinem Großvater, Old Man Lewis, einst ein Teil von Monroe gehört hätte, doch niemand schien bereit, ihm zu glauben. Er fluchte über sie und erzählte ihnen nichts mehr, weil sie dumme Tölpel waren.

Als Elmo im Frühjahr heimkehrte, war Minnie Bell Mutter geworden, und bei Mamie zeigte sich schon ein Bauch. Das Swaggart-Kind war am 15. März geboren worden, und Minnie Bell und Willie Leon hatten ihm den Namen Jimmy Lee gegeben. Es war ein hübsches Baby mit feinem rötlich-braunen Haar und den ansprechenden Zügen seiner Mutter. Es gab auch eine neue Brennerei aus Kupfergerät, die Uncle Lee und einige Burschen unweit des Turtle Lake, nur ein paar hundert Meter vom alten Standort, aufgebaut hatten. Es war gut, zur Frühjahrszeit wieder daheim in Ferriday zu sein.

Auch Uncle Lee geriet in diesem Frühjahr selbst in Schwierigkeiten, doch zum Glück für ihn hatte er sich diesmal nicht mit einer Bundesbehörde angelegt. Er war mit einer Wagenladung reinrassiger Stiere erwischt worden, und man verhaftete ihn wegen Viehdiebstahls. Bis zum

Tag der Verhandlung war es ihm irgendwie gelungen, die Beweisstücke an einen Mann in Catahoula zu verkaufen. Über das Verschwinden des Viehs war der junge, forsche Distriktsanwalt ziemlich verdattert. Doch was ihn noch mehr aus der Fassung brachte, waren die Augenzeugen, die Uncle Lee aus der Menge seiner Dauerschuldner aufgeboten hatte und die unter Eid bezeugten, daß es eine Wagenladung Pferde und nicht Rindvieh gewesen war, die Mr. Calhoun transportiert hatte. Der Officer, der die Verhaftung vorgenommen hatte, sagte, ja, wenn er noch einmal darüber nachdächte, ja, tatsächlich, die Ärsche dieser Viecher, so scheine ihm jetzt auch, hätten ziemlich hoch über dem Boden gestanden. Auf seinem Weg aus dem Gerichtssaal sagte Uncle Lee zu dem aufsässigen Burschen, er solle nie wieder versuchen, ihm in Concordia Parish an die Wade zu pinkeln.

In diesem Spätsommer, in der Nacht zum 8. September, versetzte die Nachricht, daß Huey Long im Korridor des Capitolgebäudes in Baton Rouge niedergeschossen worden war, ganz Louisiana in flammende Erregung. Verehrt als ein Erlöser und Freund der Armen, verdammt als ein Diktator, ein Wahnsinniger und Niggerfreund, hatte der *Kingfish* als Gouverneur und dann als Senator Louisiana seit 1928 mit einem großen Revolver und einem lauten deftigen Mundwerk regiert. In jüngster Zeit war Gerede aufgekommen, daß Huey ein Auge auf die Präsidentschaft habe und daß er sie auch bekommen würde. Doch jetzt hatte ein junger Arzt namens Carl Weiss, der Schwiegersohn eines Mannes, der die Kampagne gegen Long anführte, Hueys Leben mit einer billigen Pistole ausgelöscht, nur um seinerseits von Hueys Leibwächtern in rasendem Zorn mit dreißig Kugeln durchlöchert zu werden. Der *Kingfish* überlebte noch anderthalb Tage im »Our Lady of the Lake Hospital« und verschied dann am Morgen des zehnten mit den leise gemurmelten Worten: »Gott, laßt mich nicht sterben. Ich habe noch so viel zu tun.«

Little Elmo wurde in jener Woche auf der Ferriday Elementary eingeschult, und binnen einem Monat hatte er das Grundwissen im Lesen und Schreiben gelernt. Abends saß er mit seiner Schiefertafel und seiner Kreide beim Feuer, und er versuchte Lieder zu machen wie jene, die er jeden Sonntag in der Kirche sang.

Als er am letzten Sonntag jenes Monats nicht mit zur Kirche genommen wurde, wußte Elmo Jr., daß dies ein ganz besonderer und geheimnisvoller Tag sein mußte. Und das war er auch. An jenem Tag, dem 29. September 1935, hörte Mamie Lewis zu einer Stunde, in der das Licht fast dem Dunkel gewichen war, den ersten Schrei ihres neugeborenen Kindes. Ein Hund, den niemand je zuvor gesehen hatte, hatte draußen vor dem Fenster, nahe an ihrem Bett, ein lautes Geheul angestimmt. Ihre Schwester Stella hatte mit Steinen geworfen, um ihn zu verjagen, doch er war wieder zurückgekommen. Jetzt machte er sich endlich durch das Unterholz in Richtung Turtle Lake davon, und Stella Calhoun sah ihn nie wieder.

Mamie und Elmo gaben ihrem Kind den Namen Jerry Lee. »Ich gab ihm den Namen Jerry, und sein Pa gab ihm den Namen Lee«, erklärte sie viele Jahre später, als ihr Sohn zu einem Mann von großer Berühmtheit aufgestiegen war, einem Hollywoodreporter. »Ich hab' ihn Jerry nach einem Stummfilmstar benannt – ich kann mich jetzt an den Zunamen nicht mehr erinnern –, in den ich ganz verschossen gewesen war, bevor ich Elmo geheiratet habe.« Wie der Vater des kleinen Jimmy Lee Swaggart nannte auch Elmo seinen Sohn Lee, zu Ehren des Herrn des Landes.

Die Preise für Baumwolle fielen in jenem Jahr, anstatt weiterhin zu steigen, wie Elmo wohl angenommen hatte. Doch die Calhoun-Brennerei war wieder in Betrieb, und das brachte einiges Geld herein, ebenso die Gelegenheitsjobs als Zimmermann, die Elmo annahm. Es war wie so viele andere ein harter Winter, doch Elmo brachte seine Familie darüber hinweg, wie er es in all den voraufgegangenen Jahren getan hatte. Zu der Zeit, als das Trachten der Männer von Concordia Parish ausschließlich aufs Pflügen gerichtet war und sie voll Hoffnung waren, geboren aus jener starrsinnigen Blindheit gegenüber der Vergangenheit, die Gottes Barmherzigkeit ihnen gewährte und die ihnen ein Segen schien; zu dieser Zeit, am neunten Tag im März, kam es in der Familie zu noch einer weiteren Geburt: Elmos ältere Schwester und seinem Schwager, Irene und Arthur Gilley, wurde ein Knabe geboren, den sie Mickey nannten.

Jimmy Lee Swaggart, Jerry Lee Lewis und Mickey Gilley: Das waren die drei Vettern, geboren innerhalb der Spanne der vier Jahreszeiten, deren Namen die Stadtväter eines Tages voll Stolz auf Hinweisschilder malen sollten, die der Welt oder den Versprengten und Verirrten welcher Weltgegend auch immer, die zufällig diesen verkümmernden Ort am Highway 84 streiften, davon Kunde gaben, daß sie jetzt Ferriday betraten, das sie willkommen hieß, und daß dies die Stadt wäre, in der jene drei Vettern geboren waren. Die Schilder verlauteten nichts von Höllenfeuer oder Erlösung – nur daß dies die Geburtsstadt der berühmten drei Vettern war.

Jerry Lee war das auffälligste der drei Kinder. Er war blond, mit Haselnußaugen, und jeder, ganz besonders Uncle Lee, schwärmte von der leuchtenden, unerklärlichen Macht jener haselnußfarbenen Augen.

»Dieses Kind«, erklärte Uncle Lee, »hat die Augen eines Jagdfalken.« Elmo schaute an vielen Abenden in die Augen dieses seines kleinen sprachlosen Sohns, bevor ihm plötzlich die Erkenntnis kam, warum diese Augen ihm so vertraut erschienen; bevor er plötzlich erkannte, was einen geringeren als ihn vielleicht schaudern gemacht hätte: daß diese haselnußbraunen Augen, gleich dem Saum des Turtle Lake im Dämmer des wispernden Zwielichts, die Farben aller Traurigkeiten jetzt und in alle Ewigkeit spiegelten.

Eines Nachmittags, als der Frühling in voller Blüte stand, erzählte Stella, die bei Mamie saß, von dem fremden Hund, und es verwunderte sie, wie sie sich als kleine Mädchen in Crowville über andere fremdartige Dinge gewundert hatten. Sie wußten, es hatte nichts zu bedeuten.

DER TEUFEL
IN CONCORDIA PARISH

1. Kapitel

In jenem Frühjahr 1936 kamen zwei Mississippi-Frauen, Mother Sumrall und ihre junge Tochter Leone, nach Westen über den Fluß nach Ferriday. Sie fanden eine Freifläche an der Texas Avenue, und auf diesem Grundstück stellten sie alte Stühle und Bänke auf.

Mother Sumrall und ihre monströse Tochter, ein Kind, dem nicht gegeben war zu lächeln, waren Kreuzzüglerinnen der »Assemblies of God«, einer Pfingstler-Sekte, die 1914 in Hot Springs, Arkansas, gegründet worden war. Gleich den älteren Pentecost-Sekten, die um die Jahrhundertwende entstanden waren, glaubten die »Assemblies of God« an die Religion aus alter Zeit und verwarfen Darwinismus und andere Torheiten, die sich in den Protestantismus eingeschlichen hatten. Wie die älteren Pentecost-Sekten glaubten die »Assemblies of God« an die Sündhaftigkeit von Alkohol, Tabak, Kino, Tanzdielen, Glücksspiel, öffentlichen Schwimmbädern und Lebensversicherungen. Den Frauen war untersagt, sich das Haar zu schneiden, das Gesicht anzumalen und Hosen zu tragen, denn ihre Leiber waren Tempel des Heiligen Geistes, und dem Heiligen Geist mußte es unerträglich sein, den Leib einer Hure zur Wohnstätte zu haben.

Die läuternde Kraft des hurenverabscheuenden Heiligen Geistes bildete das Herzstück der Pfingstler-Religion. Sobald die Gläubigen sie in sich aufnahmen, ergriff sie von ihrem Geist Besitz, und sie redeten in fremden Zungen. Das war die echte und einzige Taufe, so sagten sie, und sie wußten, daß sie die wahrhaft errettete Nachkommenschaft der Apostel waren, die an jenem ersten großen Tag zu Pfingsten »angefüllt waren mit dem Heiligen Geist und anfingen, in fremden Zungen zu reden, als der Geist aus ihnen sprach« (in der Bibel heißt es auch, daß die so Erleuchteten »sollen aufnehmen giftige Schlangen; und nehmen sie einen todbringenden Trank zu sich, wird ihnen kein Leids geschehen; und sie werden den Kranken Hände auflegen, und diese werden darob genesen«. Einige Pentecost-Sekten in den entlegeneren Gebieten des Südens verfielen darauf, sich mit Giftschlangen abzugeben und Erlösungscocktails zu trinken, die aus Strychnin und Wasser bereitet waren; andere verboten jegliche medizinische Betreuung mit Ausnahme des Handauflegens, das alle Krankheiten heilen sollte). Die ursprüngliche Pentecost-Lehre besagte, daß die Gaben des Heiligen Geistes den Gläubigen auf unvorhersagbare und geheimnisvolle Weise erfüllten und daß ein Mensch nicht aus eigener Willkür dazu gelangen könne, in Zungen zu reden oder in einen Verzückungstaumel zu geraten. Doch die »Assemblies of God« wichen von dieser Lehre ab und vertraten die Überzeugung, daß der Zustand der Heiligung doch aktiver und mit tiefernstem Eifer herbeigeführt werden müßte.

Viele Pentecost-Sekten wie etwa die »Church of God in Christ« waren schwarz, doch die Mitglieder der »Assemblies of God« waren überwiegend Weiße. Bis zum Frühjahr 1936 hatte sie sich zur größten aller Pentecost-Sekten entwickelt, und es gab ungefähr 150 000 Weiße bei jenen »Assemblies of God«, die auf der Jagd nach dem Heiligen Geist in alle Himmelsrichtungen ausströmten. Bald schon waren es in Ferriday noch einige mehr.

Die Sumrall-Frauen bewegten sich in gebückter Haltung zwischen Stühlen und Bänken und zupften Unkraut aus der Erde, als Lee Calhoun eines Nachmittags mit seinem Laster vorfuhr. Es war nicht sein Grund und Boden, auf dem sich diese beiden absonderlichen Frauen zu schaffen machten, doch trotzdem war er neugierig, und er fragte Mother Sumrall, wer sie denn wäre und was sie denn wohl vorhätte.

»Wir bereiten alles vor, hier eine Kirche zu errichten«, sagte Mother Sumrall, sich mit ihrem schmutzigen Handrücken den Schweiß von der Stirn wischend. Dann lächelte sie ihn so an, als wollte sie ihn dazu auffordern, daß auch er über das lächelte, was sie ihm gerade gesagt hatte. Lee Calhoun dachte, daß sie ihm zuzwinkerte.

»Eine Kirche«, meinte Lee Calhoun.

»Yessir«, sagte sie, »eine Kirche.«

»Wir haben hier vier Stück davon«, sagte Lee Calhoun, und diesmal lächelte er ganz leicht.

»Yessir. Ich schätze, mit dieser hier werden es fünf sein«, sagte sie.

»Und wer soll das Projekt finanzieren?« fragte er, wobei er ganz kurz in jenem Teil seines Gehirns, von dem nie etwas Gutes kam, argwöhnte, daß es sich bei diesen Frauen womöglich um irgendeine Art sonderbarer angeheiratete Verwandtschaft handeln könnte.

»Gott«, erwiderte Mrs. Sumrall, diesmal ohne das kleinste Lächeln. »Gott hat uns hierher gesandt, und wir erfüllen nur seinen Willen. Im Gehorsam allein gegen Gottes Willen errichten wir hier eine Kirche.«

»Verstehe«, sagte Lee Calhoun. Mother Sumrall war es zufrieden, daß er das einsah, und zur Bekräftigung legte sie den Kopf schief.

»In welcher Kirche sind Sie denn?« fragte Mother Sumrall.

»Och, ich geh' eben in jede, zu Baptisten, Methodisten, Papisten, alles, was Sie wollen. Ja, Ma'am, also ich, ich bin wirklich ein ganz versessener Kirchgänger.«

»Na, dann werden Sie ja wohl auch mal in meine kommen wollen«, sagte sie, jetzt ganz auf der Hut.

»Na ja, was für eine ist das denn hier?«

»Assembly of God«, entgegnete sie.

»Ich kann nicht singen«, meinte Lee Calhoun.

»Mister, Sie müssen doch nicht singen, um errettet zu werden!« Mother Sumrall wandte sich um zu der Stelle, wo ihre Tochter aufgehört hatte, Unkraut zu rupfen, und jetzt, mit einem Steinbrocken oder ähnlichem herumspielend, auf einer der Bänke saß. Lee Calhoun betrachtete die beiden, die jetzt kurze Zeit untätig einander anblickten, und drückte dann die Kupplung.

»Lassen Sie sich nicht von den Sandflöhen beißen«, sagte er noch und fuhr die Straße hinunter, darüber rätselnd, wem denn wohl dieses Stück Land gehören mochte.

Als der Sommer einsetzte, hielten die Sumrall-Frauen Gottesdienste unter einem Zeltdach ab. Anfangs war da nur Mother Sumrall, die dastand und ihrer Tochter predigte, die auf einer vorderen Bank saß und aussah, als brauchte sie einen Steinbrocken, mit dem sie spielen konnte. Im Laufe der Wochen fingen die Leute an, bei den Sumralls hereinzuschauen, wenn sie Gottesdienst hielten. Und schließlich saß Mother Sumrall ihrer eigenen kleinen Gemeinde vor, und sie drang in sie, Buße zu tun, und sie sang ihnen vom Blut und dem Kreuz und dem ruhmreichen Zug der Gotteskinder.

Willie Leon Swaggart hatte noch nie an einem Gottesdienst in einer Kirche teilgenommen, doch die Musik, die aus dem Sumrall-Zelt in der Texas Avenue drang, lockte ihn hinein, und bald schon spielte er dort jede Woche auf seiner Fidel. Nur wenig später begleitete ihn seine Frau Minnie Bell auf der Rhythmusgitarre, während der kleine Jimmy Lee ihr zu Füßen oder auf Leona Sumralls Schoß saß. Nicht lange, und Willie

Leon und Minnie Bell erzählten ihrer ganzen Sippschaft von Mother Sumrall und dem Heiligen Geist. Bei der Feier zu Lee Calhouns fünfzigstem Geburtstag schien es gar, als redete man genausoviel vom Heiligen Geist wie von der prachtvollen Torte mit dem Zuckerguß. Uncle Lee bekam Magenbeschwerden und murmelte etwas darüber in sich hinein, wie diejenigen, die nichts hätten, immer ganz schnell dabei wären, an das zu glauben, was sie nicht sehen könnten.

An einem Sonnabend abend – es war noch nicht lange her, daß er seinen Daddy beerdigt hatte – saß Elmo Lewis herum und stimmte die alte Gitarre, die er von Snake Ridge mit herübergebracht hatte. Sonntag morgen nahm er die Gitarre und Mamie und Junior und den kleinen Jerry Lee mit in das Zelt an der Texas Avenue. Nur wenige Sonntage später verließ Elmo die Baptisten, die Kirche seiner Vorfahren, und die Lewises wurden zu einer Familie der »Assembly of God«.

Der Heilige Geist brachte Elmo nicht davon ab, Whiskey zu brennen, ebensowenig wie er seinen Hintern davor rettete, wieder hinter Gitter zu kommen. Im Frühjahr 1938 wurden er sowie einige seiner Schwager und Schwippschwager in der Brennerei am Turtle Lake hochgenommen und in das Bundesgefängnis nach New Orleans verbracht.

Die Dinge im Gefängnis standen noch immer so wie vor drei Jahren, mußte Elmo feststellen. Nur daß die Zelle für die Einzelhaft bald abgeschafft werden sollte und der Lohn in der Gummimattenfabrik auf fast neun Dollar im Monat angehoben worden war. Er mußte diesmal länger einsitzen als damals im Jahre 1935, doch man gestattete ihm, seine Gitarre mitzubringen. Er saß spuckend herum, und er und seine Mitgefangenen tauschten Lieder aus. Er fand nicht, daß die Songs, die er zu hören bekam, besser waren als die, die er bereits kannte. Diese Männer, so mußte er sich eines Abends spät eingestehen, waren dieselben Idioten wie letztesmal; nur daß die häßlichen Gesichter andere waren. Elmos Nachbar in der linken Zelle erzählte Elmo, daß er, wenn er nächstes Jahr herauskäme, mit seiner Familie über die Staatsgrenze nach Texas gehen würde ins Rio Grande Valley, denn es wäre einfacher, dort Pampelmusen als hier Baumwolle anzubauen, und dann auch gestattete das texanische Gesetz einem Mann, seine Frau zu erschießen, wenn sie bei einem anderen Mann lag. Ein Cajun-Mann zeigte Elmo ein Bild, das er gezeichnet hatte, das Bild zweier Männer.

An einem sonnenhellen heißen Sonnabend nachmittag, dem 6. August, als Elmo noch im Gefängnis war, saßen Mamie Lewis und ihre Schwester Stella in der Küche des neuen Calhoun-Hauses an der Louisiana Avenue. Die zwei Frauen und ihre Kinder hatten zu Mittag gegessen, und Elmo Jr. und Maudine Calhoun gingen nach draußen, um zu spielen.

Junior und Maudine liefen am Straßengraben neben dem Jonesville Highway entlang. Junior war noch nicht ganz neun Jahre alt, doch genoß er in seiner Familie und in der Stadt bereits den Ruf, ein bemerkenswertes Talent fürs Singen und Liederschreiben zu haben. Als er an jenem Nachmittag mit seiner älteren Cousine dahinspazierte, sang er gerade ein Lied, das er für die Sonntagsschule am kommenden Tag im Zelt der »Assembly of God« verfaßt hatte. Maudine war mehr zum Spielen aufgelegt, und als sie zu einem Lastwagen mit Hänger kamen, der am Straßenrand geparkt war, und sie sah, daß der Fahrer gerade in seine Kabine geklettert war und den Motor anließ, kletterte sie hinten auf den Hänger und hielt sich an einer herunterhängenden Kette fest.

»Na komm, Junior«, sagte sie, »wir machen 'ne kleine Fahrt.«

»Nein, ich versuch lieber, mein Lied richtig hinzubekommen«, erwiderte er.

Ein Wagen mit Nummernschildern aus Arkansas und einem betrunkenen Fahrer am Steuer bog um eine Kurve und raste auf den Lastzug zu, als dieser gerade auf die Fahrspur schwenkte. Um einen Zusammenstoß mit dem Laster zu vermeiden, trat der betrunkene Fahrer voll auf die Bremse und kam schleudernd rechts von der Fahrbahn ab. Maudine wurde kreidebleich, und ihr Mund öffnete sich zu einem Schrei, als sie sah, wie der Wagen Junior von hinten überfuhr und in einer Staubwolke surrend über seinem zermalmten Körper im Graben neben der Straße zum Halt kam, über die sie noch vor wenigen Augenblicken singend und schwatzend geschlendert waren.

Die Polizei brachte den Todesfahrer vor Mamie Lewis. Er war sturzbetrunken und wußte nicht, was er angerichtet hatte. Die Polizei fragte Mamie, ob sie Anzeige gegen ihn erstatten wolle. Mamie schaute den Saufbold an, und als sie langsam den Kopf schüttelte, hatte sie noch keine Tränen.

»Nein«, sagte sie. »So handeln wir nicht. Gott wird sich dieses Mannes annehmen, wenn die Zeit dafür reif ist.«

Viele Jahre später schrieb der Trinker Mamie einen Brief, in dem er ihr mitteilte, daß er in all den Jahren nicht hätte schlafen können, daß er in psychiatrischer Behandlung wäre und das Trinken aufgegeben hätte. Er bat sie um Vergebung, um ein paar Worte, die ihm Ruhe bringen könnten. Mamie warf den Brief fort und wußte, daß sie in Jesus einen Freund hatte.

Elmo erhielt Kunde davon, daß der Sohn, der seinen Namen trug, tot war. Die Leute vom Gefängnis gestatteten ihm nicht, zu seiner Frau heimzugehen. Am Morgen der Beerdigung seines Kindes fuhren ihn zwei Gefängniswärter mit Handschellen gefesselt zu dem kleinen Friedhof einige Meilen nördlich von Ferriday nahe Clayton, der Lee Calhoun gehörte. Seine Bewacher schlossen die Handfesseln nicht auf, und sie standen mit ihren Waffen neben ihm, als Elmo mit gebundenen Händen eine Blume auf den kleinen Sarg warf. Mamie bat die Wächter, ihren Ehemann freizugeben, damit er die Nacht bei ihr und dem zweijährigen Jerry Lee verbringen könne. Ohne ihr in die Augen zu schauen, sagten die Wächter, daß sie das nicht könnten. Wenn schon nicht über Nacht, dann doch wenigstens diesen Tag, bettelte Mamie. Wieder sagten sie nein. Als sie bat, daß sie Elmo gestatteten, nur bei ihr zu sitzen und eine Tasse Kaffee zu trinken, sagten die Wächter wieder nein. Und Mamie und Elmo wußten beide, daß es nicht so sehr die Frage war, was diese Männer durften oder nicht tun durften, sondern daß vielmehr entscheidend war, was sie waren oder nicht waren. Lee Calhoun fragte die Wachen ganz freundlich nach ihren Namen, und er vergaß diese Namen nicht, und er wartete lange Zeit darauf, daß diese Namen ihm im Concordia Parish wieder begegneten.

Nur kurze Zeit nach Jerry Lees drittem Geburtstag in jenem Herbst wurde Elmo aus dem Gefängnis entlassen. Er sah, daß Mamie sich sehr eng an das ihnen verbliebene Kind klammerte, und er sagte ihr, daß alles gut werden würde.

2. Kapitel

Wie der Bruder, den er nie kannte, war auch Jerry Lee ein singendes Kind. Mamie erschien seine Stimme nie so strahlend wie die ihres verlorenen Sohnes, doch sie spürte, daß da etwas Wundersames war, etwas wie ein Feuer in der Leidenschaft des kleinen Jerry Lee für den Gesang. Sie entstammte einer Familie, die die Musik liebte. Sie war mit einem Mann verheiratet, der die Musik liebte, doch sie war niemals Zeugin einer solchen Liebe zur Musik gewesen, so stark und tief wie die es war, die sie bei Jerry Lee entdeckte. Das Kind sang in der Kirche. Er sang zu den alten Schallplatten seines Daddy, und er sang mit den Kindern der schwarzen Feldarbeiter, die in ihrer Nähe lebten. Und manchmal, wenn er ganz allein für sich sang, wenn er glaubte, daß niemand ihn hören könnte, mischte er alles zusammen. Mamie hörte ihn wohl, und meistens machte es sie lächeln, wenn sie das Kind dabei belauschte, wenn es diese komischen karierten Lieder sang und solcherart mit seiner Stimme spielte; doch dann wieder bekam sie davon eine Gänsehaut, und sie schalt ihn.

Eines Morgens sah sie ihn mit einem kleinen farbigen Jungen unter dem Fenster der Hütte stehen, in der der kleine Farbige lebte. Die beiden Jungen lauschten gebannt der Musik von einer Schallplatte, die der Vater des Jungen immer und immer wieder spielte. Die beiden Jungen verstanden das Lied nicht, das sie da hörten, doch sie waren wie verhext von der Stimme, die es sang. Es war eine sehr schmerzliche, sehr schwarze Stimme, eine, wie der junge Jerry Lee sie noch nie gehört hatte, noch nicht einmal im Traum.

There's a hellhound on my trail,
Hellhound on my trail, hellhound on my trail.

»Der Mann, der da singt, hat seine Seele an den Teufel verkauft«, sagte der farbige Junge. »Diese Stimme hat ihm der Teufel gegeben.«

»Na geh!« sagte Jerry Lee.

»Hat mir mein Daddy aber erzählt! Frag ihn doch! Er hat den Mann gekannt, der da auf dieser Platte singt. Sie sind zusammen in Mi'ssippi aufgewachsen, in Greenwood, wo ich geboren bin. Der Mann, der da singt, heißt Spencer, Robert Spencer. Und der hat seine Seele dem Teufel verkauft, und darum hört er sich auch so an.«

»Na geh!« sagte Jerry Lee, der spürte, wie sein Herz heftiger klopfte.

»Der ist jetzt tot, der Mann, der da singt.«

Jerry Lee sagte nichts, doch er atmete schwer, als diese Stimme von jenseits des Grabens lauter zu werden schien, schwärzer, schmerzvoller.

Hellhound on my trail, hellhound on my trail.

»Tot«, sagte der farbige Junge. »Brennt in der Hölle.«

Von dort, wo Mamie stand, hörte sie die beiden nicht; doch sie sah, wie ihr Sohn sich losriß und plötzlich auf sie zu in ihre Arme rannte. Er weinte und erzählte seiner Mutter von dem toten Mann, der mit der Stimme des Teufels sang, und sie schüttelte dazu den Kopf und betete zum Geist, der die Hurerei haßte.

Lee Calhoun war Mamie sehr zugetan, und er bekam keine Magenbeschwerden, wenn sie zu ihm vom Heiligen Geist sprach. Das Zelt der

»Assembly of God« wurde 1941 abgebaut und an seiner Statt eine schmucke kleine weiße Holzkirche gebaut, für die Uncle Lee das Geld gab. Sieben Glasscheiben in Form eines Kreuzes wurden in die Doppeltüren der Kirche eingesetzt, und nachdem diese Türen gehobelt und eingehängt waren, zogen die Sumrall-Frauen weiter, um anderswo ihren Kreuzzug fortzuführen. Ein junger Prediger namens Tom Holcomb wurde als Pastor geholt, doch die Gemeinde, die kaum dreißig Seelen umfaßte, von denen die meisten arme Ackerbauern waren, konnte es sich nicht leisten, seinen Lebensunterhalt aufzubringen. Dem Geheiß des Heiligen Geistes folgend, nahm Bruder Holcomb einen Werktagsjob in Texas an und pendelte an den Wochenenden, um in Ferriday zu predigen. In einer seiner Arbeitswochen starb sein kleiner Sohn an Lungenentzündung, und Bruder Holcomb tauchte schließlich in der kleinen weißen Kirche nicht mehr auf. Er wurde ersetzt von einem stillen grüblerischen Prediger namens Henry Culbreth, während dessen Zeit der Berufung der Heilige Geist wirklich und mit flammenden Zungen in Ferriday Einzug hielt.

Im Herbst, nachdem die Kirche gebaut worden war, mußte Jerry Lee mit der Schule anfangen. Er fand bald heraus, daß er mit dem Buchwissen auf Kriegsfuß stand. Sein Vater indes setzte unnachgiebig durch, daß er die Schulbildung bekam, die ihm selbst versagt gewesen war. Der Knabe biß die Zähne zusammen und dachte sich eine Lösung aus. Manchmal, ja, würde er zur Schule gehen, womit er seinem Daddy gewiß einen Gefallen tat, und in der übrigen Zeit würde er eben nur so tun, als ginge er zur Schule, wovon sie beide etwas hätten. Es war sozusagen ein prächtiges System.

An jenen Tagen, an denen er zur Schule ging, kam er auf dem Pausenhof an der Virginia Avenue mit seinem Vetter Jimmy Lee Swaggart zusammen, der bereits in der zweiten Klasse war. In Jimmy Lees Elternhaus ging es nicht glücklich zu. Im Winter 1939 war seine Familie von Ferriday nach Rio Hondo, Texas, gezogen, doch nicht lange, nachdem sie in Texas angekommen waren, war Jimmy Lees kleines Brüderchen, Donnie, kaum einen Monat alt, an Lungenentzündung gestorben. Die Familie hatte den Säugling beerdigt und war nach Ferriday zurückgekehrt. Das tote Baby zerrte aus den Tiefen des Grabes an Mutter und Vater, und sie stritten unablässig. Aus diesem Grund freute sich Jimmy Lee immer auf die Kirche am Sonntag, denn in der Kirche stritten seine Eltern nicht. Nachdem im Dezember, als Jerry Lee den dritten Monat in der Schule war, der Zweite Weltkrieg ausbrach, zog Jimmy Lee wieder nach Texas, wo seine Eltern Arbeit in einer Rüstungsfabrik in Temple gefunden hatten. Auch dieser Umzug war nicht von Dauer, und im darauffolgenden Jahr kehrten die Swaggarts nach Ferriday zurück, wobei sie das verdiente Geld dafür anlegten, in ein größeres Haus zu ziehen, ein Haus an der Tyler Road, das außer Strom alles hatte.

Die Kriegsjahre waren gut für die Farmer von Concordia Parish. Die Baumwollpreise waren höher als in all den Jahren, die Elmo jetzt verheiratet war, und bis Kriegsende stiegen sie stetig an bis auf über 20 Cents pro Pfund. Das war nicht ein Krieg wie der, von dem Elmos Daddy ihm erzählt hatte, der Krieg, der einem alles entriß außer der Erde und dem Mut und der Old Man Lewis wie einen Wolf in verbrannten Wäldern zurückgelassen hatte. Das war ein Krieg, um den ein Mann herumkommen konnte. Ein guter Zwanzig-Cent-Baumwoll-Krieg, in dem der Feind anders aussah als man selbst und sich von einem Ort wie Vicksburg fernhielt. Lee Calhoun erzählte Elmo, daß das noch gar nichts wäre, daß die Ernte, die auf das Ende dieser Kriegswirren folgen werde, Preise bringen würde, von denen er noch nie gehört hätte. Genau wie das nach dem Ersten Weltkrieg geschehen war, als Elmo noch ein kleiner Junge war. Er meinte, daß es nach einem Krieg immer einen Ansturm auf Baumwolle und Frauen gäbe. Und dann sagte er noch etwas sehr Unanständiges, und beide Männer lachten, wenn auch Lee Calhoun lauter lachte.

Während der Kriegsjahre zogen massenhaft Wanderevangelisten durch die Südstaaten. Diese Männer waren unter den Predigern der Pfingstbewegung die mächtigsten und glühendsten Eiferer. Sie erzählten Geschichten von unaussprechlichen Sünden und wunderbarer Errettung, vom Zorn Gottes und der Gnade Jesu, von den Ränken Satans und dem ewigen Höllenfeuer. Sie donnerten, daß man entweder erlöst oder verdammt wäre und daß es kein laues Mittelding gäbe. Sie nahmen vom Geld der Erretteten wie der Verdammten und steckten es im Namen des Heiligen Geistes in die eigenen Taschen; dann lobten sie den Herrn und zogen von dannen.

Obwohl die Lewises und die Swaggarts und die Gilleys treue Gemeindemitglieder der »Assembly of God« waren, hatte noch keiner von ihnen je in Zungen geredet, noch hatte sie ihr Prediger dazu ermuntert. Elmos Schwester, Ada Swaggart, hatte an einem Zeltlager der Pfingstbewegung, einer Evangelisationsveranstaltung in Snake Ridge, teilgenommen und war, in fremden Zungen redend, nach Ferriday zurückgekehrt, wo sie der Sippe von ihrer Erfahrung berichtet hatte. Ihr Enkel, Jimmy Lee, der viel Zeit in ihrem Haus an der Mississippi Avenue verbrachte, war von ihrer Geschichte ganz hingerissen, und Tag um Tag bettelte er, daß sie sie ihm noch einmal erzählte. Und sie erzählte sie ihm wieder, und während sie erzählte, überkam es sie, und sie fing an, in Zungen zu reden, und Jimmy Lee saß bei ihr und spürte, wie etwas schauerlich Prickelndes über seine Haut kroch. Ihre übrige Verwandtschaft glaubte, daß die Frau verrückt geworden wäre. Und Jimmy Lees Daddy, Adas eigener Sohn, verbot dem Jungen, sie noch weiter zu besuchen.

Dann, eines Morgens im Sommer 1943, gingen die Lewises und die Swaggarts und die Gilleys zur Kirche der »Assembly of God«, um an einem Erweckungsgottesdienst teilzunehmen, der von einem durchreisenden Evangelisten namens J. M. Cason abgehalten wurde. Ein paar Seitenstraßen weiter spielten Jerry Lee und Jimmy Lee und ihre kleinen Freunde Mack und Huey P. Stone ein Spiel mit einem Stock und einer Blechdose. Plötzlich hörten sie, wie ein lautes, langgezogenes Geheul durch den stillen Vormittag schnitt. Jimmy Lee erkannte den Schrei als den seiner Mutter, und er wurde über und über rot. Die anderen Jungen rannten zur Kirche, um nachzusehen, doch Jimmy Lee weigerte sich und rannte nach Hause, wo er sich versteckte. Als Jerry Lee bei der kleinen weißen Kirche ankam, sah und hörte er Dinge, die er nie wieder vergessen konnte.

Bruder Cason hatte die Anwesenden nach vorn zum Altar gerufen und führte den Gesang der Gemeinde an. Als Mamie Lewis sich vom Altar abwandte und zurückging, sah sie, daß die Menschen um sie her angefangen hatten, in die Luft zu springen und zu schreien. Sie hörte, wie ihre jüngere Schwester Minnie Bell Swaggart aufheulend von ihrem Sitz hochfuhr. Mamie Lewis spürte, daß auch sie selbst in die Luft sprang und zum Altar zurücklief. Ihre Schwägerin, Irene Gilley, kniete vor Bruder Cason, und sie rief und schrie in fremden Zungen. Mamie fiel in der Kirche zu Boden und blieb liegen. Als sie wieder aufstand, redete sie fieberhaft-heftig in einer Sprache, die sie noch nie gehört hatte. Minnie Bell tanzte an ihr vorbei, sang dabei etwas in ihrer eigenen Sprache, ihr Ehemann, Willie Leon, stand wie angenagelt da, grinste und schrie und weinte. Die fremden Zungen wurden lauter, aufgeregter, verzückter, ergossen sich wie eine Sturzflut nach draußen und verscheuchten die Schwalben aus den Bäumen der Nachbarschaft. Vom Heiligen Geist ergriffene Frauen rollten sich im Mittelgang über den Boden, stampften mit den Hacken auf und drehten sich im Kreis, verkehrten mit Gott in Sprachen, die sich anhörten wie ein trockenes Donnern und als hätte sich die Erde aufgetan. Der Wanderprediger fiel auf die Knie und lobpreiste den Herrn, und über sein Gesicht strömten Tränen.

Nachdem die Gemeinde angefangen hatte, in Zungen zu reden, war die kleine weiße Kirche der »Assembly of God« nie mehr dieselbe. Später in diesem Sommer kniete der junge Jimmy Lee vor dem Altar und stammelte etwas in einer fremden Sprache. Noch Tage danach sprach er nur sehr wenig Englisch. Seine Mutter schickte ihn wegen einer Drei-Cent-Briefmarke zur Post. Jimmy Lee legte ein Zehn-Cent-Stück auf das Schalterbrett und versuchte, dem Mann dahinter zu sagen, was er wollte. Doch es kam nicht in Englisch heraus, sondern in dieser fremden Zunge. Und er mußte ohne die Briefmarke umkehren. Natürlich verstand seine Mama und war nicht ärgerlich. Nachdem er angefangen hatte, in Zungen zu reden, konnte Jimmy Lee nicht genug vom Heiligen Geist bekommen. Draußen hinter seinem Haus schichtete er aus Holzscheiten inmitten einer kleinen Baumgruppe einen kleinen Altar auf, und jeden Tag kniete er davor und betete mehrere Stunden.

Jerry Lee baute hinter seinem Haus keinen Altar. Er blieb dabei, seinen alternativen Bildungsplan gewissenhaft einzuhalten. An manchem Morgen stahl er sich ganz allein davon, machte sich auf in die Wälder oder in die Stadt. Er hing vor den teergedeckten Musikschuppen herum, wo finstere Schwarze schon frühmorgens tranken. Und er lauschte der Musik, die aus den Musikautomaten kam. Er hörte die Stimmen von Männern, die ihre Seelen dem Teufel verkauft hatten, und er beobachtete, welche Wirkung jene Stimmen auf die Männer hatten, die da tranken und zuhörten.

»Was willste, Junge? Was wieselste hier rum?« fragte einer der trunkenen schwarzen Männer ihn eines Morgens.

»Ich will nur die Box hören. Das ist alles«, gab Jerry Lee vorsichtig zurück.

»Shit«, meinte der schwarze Mann. »Das is' doch nur 'n Haufen verkommener Nigger, die den Mond anheuln.«

»Ha'm Sie schon mal den Teufel gesehen?« flüsterte Jerry Lee.

»Jedesma' wenn ich trinke, Junge. Jedesma' wenn ich trinke.« Der Mann lachte, wandte sich ab und ging davon.

Abends zu Hause dann versuchte Jerry Lee, auf der Gitarre seines Daddy die Juke-Box-Musik nachzumachen, und er vermischte sie mit all der anderen Musik, die ihm im Kopf herumging. An anderen Tagen stieg er morgens in den gelben Schulbus, nahm sich Zeit und hörte irgendeiner alten Frau zu, die ihn kaum kannte und ihm und den anderen, vertrauteren Gesichtern alles über Eli Whitney erzählte und darüber, wie Christopher Columbus mit einem Ball unter dem Arm herumlief und jemanden zu finden versuchte, der ihm Glauben schenkte. Ein Mädchen namens Rita, die an solch einem gelegentlichen Morgen seiner großen Kompromißbereitschaft mit Jerry Lee im Bus zur Schule fuhr, beklagte sich in einer gezierten, leicht geschmeichelten Weise bei ihrer Mama darüber, wie er sich immer mit diesen Löchern in den Knien seiner Jeans durch den Mittelgang des Busses hangelte und dieses sommersprossige Gesicht direkt vor ihres hielt und dann mit diesem Spitzbubenlächeln sagte: »Ist dieser Sitz wohl noch zu haben?«

Der große Kompromißplan war nicht ganz frei von Problemen. Im Frühjahr 1944, gegen Ende seines dritten Schuljahres, reichte ihm seine Lehrerin, Mrs. West, sein Zeugnis. Er warf einen Blick darauf. Darauf standen eine Menge Zeichen für »durchgefallen«. Er begann sie durchzuzählen, gab bei jedem einzelnen ein kleines Schnalzgeräusch von sich, während er so zählte. Doch als er bei zwanzig angekommen war, hörte er auf. Dann schaute er zu der Stelle, wo es hieß, daß er nicht versetzt worden war und im kommenden Herbst die dritte Klasse noch einmal nachholen müßte. Er trottete aus der Schule und blieb an der Virginia Avenue stehen, wobei ihn ein Gefühl beschlich, wie es Columbus gehabt haben mußte, nachdem er die ganzen Jahre mit diesem verdammten Ball unter dem Arm herumgetrabt war. Nein, es war wohl gar noch schlimmer.

Jimmy Lee Swaggart, der soeben in die fünfte Klasse versetzt worden war, sah ihn da stehen wie einen blinden Jungen, dem gerade der Hund weggelaufen ist, und er fragte ihn, was es denn für Schwierigkeiten gäbe. Jerry Lee reichte ihm das Zeugnis, und Jimmy Lee schaute es sich an. »Wir reden mit der Lehrerin«, sagte er. »Ich kenne sie. Ich hab' sie vergangenes Jahr gehabt.« Sie gingen zurück ins Schulhaus, und Mrs. West setzte Jimmy Lee auseinander, daß sein Vetter zu keiner einzigen der Klassenarbeiten erschienen war. Jimmy Lee sagte, doch, ja, das wüßte er, aber das wäre ja nur, weil Jerry Lees Familie gezwungen gewesen wäre, so oft umzuziehen. »Er hat fleißig zu Hause gebüffelt, und er kennt den ganzen Stoff«, sagte Jimmy Lee, und dann zu Jerry Lee gewandt: »Is' doch wahr, Jerry, nich'?« Und Jerry Lee nickte, dankbar, daß sein Vetter jetzt Englisch sprach, schaute dann die Lehrerin an und sagte: »Mein Vater wird mich umbringen, wenn ich mit diesem Zeugnis nach Hause komme. Er bringt mich um.« Jimmy Lee versicherte der Lehrerin, daß das die reine Wahrheit wäre, daß sie die Eltern seines Vetters eben nicht kannte, daß die ihren Sohn bestimmt so schnell abmurksen würden, wie sie ein Schwein abstachen. Mrs. West nahm das Zeugnis, schaute einen Augenblick darauf und betrachtete dann versonnen die beiden Jungen. Sie nahm einen Tintenlöscher aus der Schublade und begann damit, einige der Zeichen wegzuwischen und zu radieren. Dann griff sie nach ihrem Füllhalter und setzte die Buchstaben für »bestanden« an deren Stelle, und sie versetzte Jerry Lee Lewis in die vierte Klasse, ohne auch nur eine Sekunde etwas von dem zu glauben, was diese Knaben ihr da erzählt hatten, aber die beiden hatten sie trotzdem irgendwie berührt.

Nach Elmos Ansicht standen auf dem Zeugnis noch immer viel zu viele schlechte Buchstaben. Er griff sich seinen Sohn und hielt ihn mit einer großen Hand, und mit der anderen großen Hand machte er seinen Gürtel los und zog ihn durch die Schlaufen seiner Arbeitshose. Er ließ den Gürtel viele Male auf den Sprößling niedersausen, was ein häßliches klatschendes Geräusch gab, und er verfluchte die Unwissenheit, bis schließlich Mamie ihn anschrie: »Elmo, hör auf, du bringst das Kind ja um!« Und da hörte er auf und gab den Jungen frei.

Jerry Lee, Jimmy Lee und Mickey waren in jenem Sommer unzertrennlich. Die beiden Vettern fuhren mit ihren Fahrrädern oft ins benachbarte Vidalia. Manchmal gingen sie über die Laufplanke der Natchez-Vidalia Bridge, die sich gut 2700 Meter über den Mississippi spannte. Jerry Lee kletterte dann über das Geländer, kauerte sich auf einen Sims und winkte vorbeikommenden Autofahrern zu. Manchmal kroch er auch auf eine der Stahlstreben und ließ sich, sich daran festklammernd, über den Rand hinab, bis er hoch über den todbringend schäumenden Wassern baumelte. Da hing er dann, spürte, wie sein Blut mächtig in seinen Ohren dröhnte und schnellrasend in seine Brust pumpte, verspürte die wilde, erschauernde Kälte seine Lungen ganz ausfüllen, als das Licht und das Dunkel in ihm in einem geheimen Widerstreit seine Finger schmerzen und zucken machten. Und dann hörte er Mickey und Jimmy Lee vor Furcht aufschreien und ihm zurufen, daß er sofort zurückkommen sollte.

Einmal hatte er seinen Daddy gefragt, warum die Toten Ferridays nicht in Ferridays Erde zur Ruhe gebettet wurden. Elmo hatte ihm erklärt, daß die Toten auf hochgelegenem Grund beerdigt werden müßten, außer Reichweite der Flutwellen des Mississippi. Denn jene rasenden, tückischen Wasser würden die Särge der Toten aus ihren Gräbern reißen und sie wirbelnd und splitternd und stürzend in ihre schrecklichen schlammigen Wirbel ziehen, und das wäre doch etwas, das weder Lebende noch Tote erleiden sollten. Jerry Lee mußte wohl daran gedacht haben, als er da oben hing, sündhaft und mütterlich liebkost von dem lauen Luftzug des todbringenden, zermalmenden Taufwassers. Doch am meisten muß er wohl daran gedacht oder vielmehr sich gefragt haben, was es mit der Furcht auf sich hatte, die ihn dazu trieb, sich in einem Akt der Selbstreinigung und Läuterung von jenen Stahlträgern herabhängen zu lassen, und ob seine Furcht wohl größer oder geringer war als jene seiner Vettern, die sie davon abhielt oder vielmehr davor bewahrte, der Laufplanke auch nur nahezukommen.

»Komm zurück da, Jerry! Komm sofort zurück!« So riefen seine Cousins.

»Kommt und holt mich doch«, heulte er zurück. »Kommt, los, holt mich!«

Sie fuhren auch nach Clayton. Das war nicht so sehr eine Stadt, sondern eher ein Waldstück mit ein paar Ziegelhäusern, die um einen Baumwollspeicher herum gebaut waren. Außerhalb Claytons, auf Boden, der Uncle Lee Calhoun gehörte, lag inmitten lieblicher Hügel Jerry Lees Bruder Elmo begraben. Manchmal radelte Jerry Lee über den holprigen Feldweg, der zu dem kleinen Friedhof zwischen den Bäumen führte. Dort stand er dann und schaute auf die bescheidene Gedenktafel aus Kalkstein und auf das kleine, aus Stein gemeißelte Lämmchen darüber, und er las die Worte, die Vater und Mutter im Gedenken an den Bruder, den er nie richtig kennengelernt hatte, sich als Inschrift gewählt:

BUDDED ON EARTH
TO BLOOM IN HEAVEN

(Als Keim in die Erde gelegt,
um im Himmel zu erblühen)

Die Stille des Ortes hüllte ihn und das kleine Steinlamm und die liebenden Worte ein und verlieh dem Dunkel, von dem die Prediger sprachen, ein Geheimnis, das tief unter ihm in der noch größeren Stille von Lee Calhouns Erde verschlossen lag.

Nahe dem Taensa River, unweit dem kleinen Friedhof, lagen einige Reihen indianischer Grabhügel, auf denen vor langer Zeit die heiligen Tempel des Taensa-Stammes gestanden hatten. Diese Erdhügel neben dem schnell dahinfließenden klaren Flüßchen waren alles, was von den Taensa übriggeblieben war, und sie umfaßten ein Gebiet, das die Einheimischen Indian Village nannten. Jerry Lee und seine Vettern spielten oft zwischen jenen Hügeln, wo die untergegangen Taensa ihren Zauber wirkten. Hier lernte Jerry Lee Messerwerfen. Das war eine Fertigkeit, die er nie verlernte. Hier erblickten die Jungen in großer Zahl Rehe und Kaninchen und Opossums, und manchmal, in gewissen Dämmerstunden, sahen sie jenen alten schwarzen Mann, der in der Nähe von Clayton lebte und den man den Chief nannte.

Die meisten Tage jedoch verbrachten Jerry Lee und seine Cousins in Ferriday. Sie schwammen im Lake Concordia am Ostzipfel der Stadt, jenseits der Eisenbahnschienen. Sofern sie Geld hatten, gingen sie in die Innenstadt zu Vogt's Drugstore und kauften sich Eiskugeln und Comic-Hefte, das einzige, was sie je lasen. Jerry Lee und Mickey hatten Spaß an den Mittagsvorstellungen im Arcade Theatre an der Louisiana Avenue. Sie sahen fast jeden Western-Film, der gezeigt wurde. Und jedesmal wünschten sie sich hinterher, daß der Krieg bald zu Ende wäre, damit Gene Autry, der ihr erklärter Liebling war, aus der Air Force entlassen wurde und wieder in den Sattel steigen konnte. Jimmy Lee begleitete seine Vettern nie in die Kino-Vorstellungen. Er hatte eines Nachmittags wartend Schlange gestanden, um Mrs. Green, der alten Frau am Kassenschalter, seinen Vierteldollar hinzulegen, als er eine Stimme hörte, die zu ihm sprach: »Halte dich fern von diesem Ort«, so sprach die Stimme, »ich habe dich auserwählt zu meinem Gefäß, und du sollst mir dienen.« Er hatte zu weinen angefangen und der Stimme gehorcht.

Alle drei Cousins liebten Musik, und alle drei warfen sich aufs Klavierspiel. In der Kirche der »Assembly of God« gab es ein altes Klavier, und Bruder Culbreth ermunterte die Jungen, es an Tagen, an denen die Kirche leer war, zu benutzen, wobei er ihnen in Aussicht stellte, daß sie eines Tages so weit sein würden, bei Gottesdiensten aufzuspielen. Auch in Lee Calhouns Haus gab es ein Klavier. Uncle Lee und Aunt Stella hatten das Klavier für ihre Tochter Maudine gekauft, doch sie machte sich nicht viel daraus. Sehr zur Freude der Calhouns kam Jerry Lee zu ihnen ins Haus und saß viele Tage am Klavier. Er beugte sich über die Tasten und versuchte herauszufinden, wo er mit seinen knabenhaften Fingern anschlagen mußte, damit die Klänge dabei herauskamen, die er im Kopf hatte. Dann versuchte er, seine Finger in Bewegung zu setzen und zu erreichen, daß die Töne eng genug zusammenkamen, um ein Lied daraus entstehen zu lassen. Uncle Lee und Aunt Stella, Elmo und Mamie ermunterten ihn dabei. »Das ist gut so«, sagten sie dann. »Das könnte ich nicht.«

Mamie war schwanger in jenen warmen Tagen des Jahres 1944, und schon bald, am 27. Oktober, brachte sie ihre erste Tochter zur Welt, ein entzückendes dunkelhaariges Mädchen, das sie Frankie Jean nannten. Und bald darauf verstand Jerry Lee, an Uncle Lees Klavier sitzend, was er hatte verstehen wollen.

Im selben Moment, in dem er es hörte, genau in dem Moment, als er sich selbst *das* Lied machen hörte, das ihm vorgeschwebt hatte – und er hatte versucht, etwas zu machen, das schön war, nicht bloß etwas, das ganz hübsch schien, weil es von einem achtjährigen Jungen mit Sommersprossen und abstehenden Ohren kam, der er nun einmal war, sondern etwas, das auch schön geklungen hätte vom Plattenteller einer jener Musikbox-Schuppen der Morgentrinker oder von der Victrola seines Daddy oder aus dem Radio; irgendwas, bei dem man geglaubt hätte, es käme von einem dieser drei, was er trotzdem nicht tat, weil es anders war – in dem Augenblick, in dem er es hörte, wirbelte er heftig herum, als wäre in einem leeren Zimmer eine Tür hinter ihm zugeschlagen. Und er schaute geradewegs auf Uncle Lee Calhoun, der mit vorquellendem Schmerbauch in seinem wuchtigen Sessel saß, seinen Blick direkt zurückgab, und so saßen sie, die beiden, beäugten einander von entgegengesetzten Enden eines lebenslangen Eigensinns. Und dann plötzlich grinsten und lachten sie, jeder auf seine Weise.

Das erste Lied, das Jerry Lee von Anfang bis Ende auf die Weise durchspielen konnte, in der er es haben wollte, war ein Weihnachtslied aus dem 19. Jahrhundert, »Stille Nacht«, und er spielte es im Stil eines Boogie Woogie. Elmo war so stolz auf seinen Sohn, daß er seine ganze weltliche Habe verpfändete. Und dann fuhr er nach Monroe, jenem sagenumwobenen Ort, und er kaufte ein gebrauchtes Starck-Wandklavier, und er schaffte es in seinem Kleinlaster zurück nach Ferriday, und er schleppte es in sein Haus und baute es vor Jerry Lee auf.

Das war Anfang 1945. In diesem Jahr trat der Missisippi über die Ufer, und es war die schlimmste Überschwemmung seit 1927. Die Innenstadt von Ferriday stand unter Wasser, und viele der Einwohner mußten evakuiert werden und Zuflucht nehmen in einem Zeltlager auf der Höhe über dem Lake Concordia. In diesem Jahr ging auch der Krieg zu Ende, nur wenige Wochen vor Jerry Lees zehntem Geburtstag. Wie Lee Calhoun vorausgesagt hatte, stiegen die Baumwollpreise während des folgenden Jahres auf mehr als dreißig Cent das Pfund.

Jetzt, da Jerry Lee ein Klavier hatte, besuchte er die Schule sogar noch weniger häufig als in der Vergangenheit, und er hatte wegen schwacher Noten jetzt zu Hause auch weniger zu leiden. Sowohl Elmo als auch Mamie waren zuversichtlich, daß ihr Sohn ein großartiger Musiker werden würde, obwohl Mamie von allem Anfang an hoffte und betete, daß Jerry Lee diese Gabe ganz dem Heiligen Geist weihen würde.

Im Sommer 1945 kamen Mamies ältere Schwester Fannie Sue und ihre Familie aus Pine Bluff, Arkansas, auf Besuch. Im Alter von fünfzehn Jahren hatte Fannie Sue einen neunzehn Jahre alten Mann namens John Glasscock geheiratet, der nicht lange nach ihrer Verheiratung Prediger in der Pfingstlerbewegung wurde. Sie hatten einen vierzehnjährigen Sohn namens Carl, der am 3. Januar 1931 in Epps, Louisiana, geboren worden war. Wie die meisten Söhne von Predigern spielte Carl Klavier, und dieser Umstand erregte gewaltiges Interesse bei seinem jüngeren Cousin Jerry Lee. Carl erzählte Jerry Lee, daß er regelmäßig in der Kirche seines Daddy spielte, doch hin und wieder ließ er sich zu einem Boogie hinreißen, was seinen Daddy höllisch wurmte. Er ließ sich vor Jerry Lees Starck-Wandklavier nieder und schlug ein paar Takte Holy-Ghost-Boogie an, und man darf gewiß sein, daß sein Daddy ihm von der anderen Seite des Zimmers her einen giftigen Blick zuwarf.

»Sie hatten sich gerade ein altes Klavier gekauft«, erinnerte sich Carl viele Jahre später, nachdem er unter einem anderen Namen bekannt geworden war, »und sie waren in diese alte Bruchbude gezogen. Es war ein Klavier von der Sorte, bei dem man Schwierigkeiten gehabt hätte, es zu verschenken. Ich bin reingekommen und hab' aus dem ollen Ding das letzte rausgeholt. Damals konnte Jerry noch nicht besonders gut spielen. Als wir abgefahren sind, kam er mit uns den Sommer über nach Pine Bluff, Arkansas. Er blieb ungefähr anderthalb Monate bei uns, und jeden Tag schleppte er mich ans Klavier und ließ mich spielen. Als er nach Hause zurückfuhr, konnte er alles, was ich auch konnte. Er hatte den Dreh einfach raus. Er hatte noch nicht diese langen Finger – er traf die Oktaven noch nicht –, aber den Boogie konnte er. Es war riesig.«

Stundenlang, ohne Unterbrechung, saß Jerry Lee jeden Tag vor seinem Starck-Wandklavier. Er übte sich in dem, was die einen Boogie-Woogie und die anderen Teufelsmusik nannten. Zwei seiner Lieblingsstücke dieser frühen Jahre waren »Down the Road a Piece«, eine Platte, die 1940 ein Boogie-Woogie-Hit gewesen war, und »House of Blue Lights«, das Jerry Lee von einer Platte des Pianisten Freddie Slack gelernt hatte, gleich nachdem sie 1946 herausgekommen war. Diese Lieder übte er unentwegt, und von ihnen lernte er, mit der linken Hand einen schnellen, stampfenden Rhythmus zu halten, während er mit seiner rechten die Melodie spielte. Je mehr er übte, desto sicherer wurde seine linke Hand und desto wilder die rechte. Jerry Lee übte auch Stücke von Jimmie Rodgers und Al Jolson ein, die er nach den Schallplatten seiner Eltern spielte; doch waren diese nach Jerrys Auffassung mehr fürs Singen als für die Finger geeignet. Von den Jimmie Rodgers-Platten lernte Jerry Lee den »Blue Yodel«, und die Al Jolson-Platten machten ihm Mut, seine Stimme mit großer Kühnheit einzusetzen (seine Lieblingsplatte von Jolson war »Down Among the Sheltering Palms«). Er spielte auch alte Tin Pan Alley-Stücke, wie etwa »In a Shanty in Old Shanty Town«, das eins der beliebtesten Lieder in der Zeit der Depression gewesen war; aber er peitschte diese Stücke durch und trimmte sie auf Boogie-Woogie, wie er das schon mit »Stille Nacht« gemacht hatte. Und immer lernte er die letzten Gene Autry-Songs, so etwa »You're the Only Star (In My Blue Heaven)«, das unter den Händen des jungen Jerry Lee ebenfalls als Boogie-Woogie wiedererstand.

Im Herbst 1946 wurde Mamie Lewis zum letztenmal schwanger. Am 18. Juli gebar sie eine weitere dunkelhaarige Tochter, die sie und Elmo Linda Gail nannten. Inzwischen hatte Elmo in seinem Haus elektrisches Licht installiert (doch zum Wasserholen mußten die Lewises noch immer nach draußen zum Brunnen gehen). Er kaufte ein Radio, aus dem Jerry Lee jede Art Musik in sich aufsog. Er hörte die beliebten Tanzorchester, die von WWL in New Orleans übertragen wurden. Er lauschte den Blues-Sängern vom Mississippi, deren Aufnahmen von WMIS gleich auf der anderen Flußseite in Natchez gespielt wurden. An Samstagabenden hörte er »The Grand Ole Opry«, eine Sendung, die von WSMB in New Orleans aus Nashville übertragen wurde. Was immer er hörte, er sog es in sich ein und spuckte es auf dem alten Starck-Klavier wieder aus.

Am ersten Samstagabend im April 1948 führte KWKH in Shreveport, der stärkste Sender in Louisiana nördlich von New Orleans, ein Country-Musikprogramm unter dem Titel »The Louisiana Hayride« ein, das »The Grand Ole Opry« nachempfunden war und mit ihm konkurrierte. In August desselben Jahres hörte Jerry Lee eines Samstagabends wieder »Hayride«, als ein vierundzwanzigjähriger Mann aus Alabama namens Hank Williams sein Debut hatte. Hanks Stimme packte Jerry Lee und jagte ihm Schauer ein, wie der Heilige Geist seinen Verwandten Schauer eingejagt hatte. Er hatte bei sich bereits entschieden, daß Jimmie Rodgers und Al Jolson die größten Sänger aller Zeiten wären. Jetzt stellte er diesen neuen Burschen, Hank Williams, sogleich mit beiden auf eine Stufe. Hank wurde der gefeiertste Sänger von »The Louisiana Hayride«, und Jerry Lee hörte ihm jeden Samstagabend zu, versuchte sich vorzustellen, wie er wohl aussehen mochte, und beschloß, daß er irgendwann mit ihm zusammentreffen müßte. Gelegentlich betrank sich Hank Williams und war dann nicht mehr zu bändigen. Horace Logan, der für dieses Programm verantwortliche Mann, schmiß ihn dann raus. Jeden

Samstagabend, den Gott werden ließ, hörte Jerry Lee die Sendung und fragte sich, wo Hank wohl abgeblieben sein mochte; und immer wieder kehrte Hank Williams dann eines Abends zurück mit den Worten: »Howdy, Nachbarn, tut mächtig gut, wieder zurück zu sein!« Jerry Lee setzte sich an sein Starck-Klavier und übte jedes Lied ein, das er Hank singen hörte. Das beste von allen, so fand er, war »Lovesick Blues«, das Hank zum erstenmal irgendwann nach Weihnachten in »Hayride« sang. Es war ein alter Song mit einem Copyright aus dem Frühjahr 1922. Der Text war von Irving Mills geschrieben worden, einem jüdischen Emigranten aus Rußland, und die Musik dazu hatte ein Vaudeville-Pianist namens Cliff Friend komponiert. Das Lied war in den 20er Jahren von Emmett Miller aufgenommen worden, einem geheimnisumwitterten Sänger aus dem Süden, der mit Jimmy und Tommy Dorsey Platten gemacht und mit ziemlicher Sicherheit auch Jimmy Rodgers beeinflußt hatte; 1939 erschien eine Aufnahme mit dem in Alabama geborenen Country-Sänger Rex Griffin. Hank hatte das Lied von diesen alten Schallplatten, doch er ließ alle Welt glauben, daß der Song von ihm stammte. Nach Jerry Lees Meinung war es ein vollkommener Song, ein Lied, das sowohl Jimmie Rodgers als auch Al Jolson hätten herausbringen können. Als er es Hank singen hörte, wußte Jerry Lee, daß er Hank gleich am ersten Tag ihrer ersten Begegnung fragen müßte, wie er denn zu Jimmie und Al stand. Schließlich wurde Hanks Ruhm so groß, daß »Hayride« ihn nicht mehr halten konnte, und im Frühjahr 1949 wechselte er über zu »Opry« im Norden. Jerry Lee folgte ihm mit einer Drehung des Suchknopfes.

Jerry Lees Vettern, Jimmy Lee Swaggart und Mickey Gilley, hatten ebenfalls am Klavier gearbeitet. Die drei Jungen spielten jetzt gelegentlich bei Gottesdiensten der »Assembly of God«, wie Bruder Culbreth es ihnen einst vorausgesagt hatte. Von diesen drei Jungen war Jerry Lee mit Abstand der beste, aber auch Jimmy Lee bewies eine reiche Begabung. Doch anders als Jerry Lee war Jimmy Lees Talent hauptsächlich dem Herrn geweiht, der ihn ja als Gefäß erkoren, und er verwandte nicht viel Zeit darauf, sich in weltlicher Musik zu üben (obwohl, wenn man das Adjektiv einmal wegließ, es nicht wenige geistliche Lieder der Pfingstbewegung gab, die gar nicht fremdartig geklungen hätten, wären sie aus der Jukebox des wildesten Bumslokals gekommen). Doch irgendwann nach seinem dreizehnten Geburtstag erlitt Jimmy Lee einen Rückfall, und er und Jerry Lee fingen an, Streifzüge durch den trägen Fluß der dunklen Nacht zu unternehmen.

In der Fourth Street im schwarzen Teil Ferridays gab es einen Holzschuppen, einen Night-Club mit dem Namen »Haney's Big House«. Der Besitzer war Lee Calhoun, und betrieben wurde er von einem Farbigen namens Big Will Haney. In jenen Tagen war die Rassentrennung im tiefen Süden eine zweiseitige Angelegenheit, und Weiße waren in schwarzen Clubs genausowenig willkommen wie Schwarze in weißen Clubs. Die einzigen Weißen, die Einlaß fanden in Haney's Big House, waren die Diskjockeys von WMIS in Natchez, und auch sie saßen separat an einem Tisch am Rand der Bühne.

Die besten Blues-Sänger des Südens kamen zu Haney's Big House. Da waren alte, schon seit langem erfolgreiche Pianisten wie etwa Sunnyland Slim und Big Maceo, dann waren da jüngere Männer, die gerade angefangen hatten, sich einen Namen zu machen, Männer, wie Muddy Waters, der nur wenige Jahre zurück noch auf Baumwollplantagen jenseits des Flusses gearbeitet hatte. Es kamen wilde, neue Tanzkapellen wie beispielsweise Roy Milton and His Solid Senders, Memphis Slim and His House Rockers. Und dann waren da sehr junge Männer, knapp über zwanzig oder sogar darunter, von denen noch nie jemand gehört hatte – Männer wie Ray Charles, Bobby Bland und Blues Boy King. Die späten Vierziger waren die aufregendsten Jahre in der schwarzen Musik, denn es war die Zeit, in der der Rock 'n' Roll geboren wurde. Alte Rhythmen verschmolzen mit neuen, und die alte unbehauene Kraft des Country Blues brachte ein verwegenes neues Wesen in wildem Sharkskin-Outfit hervor, ein Wesen, gezeugt von Männern, alten wie jungen, die Nacht um Nacht in Haney's Big House und in hundert anderen ähnlichen Lokalen in den farbigen Vierteln Hunderter anderer Städte im tiefen Süden sich ihre finstere Musik abrangen. Dieses Wesen wuchs zu großer Herrlichkeit heran, um dann von einem anderen, blasseren neuen Wesen verschlungen zu werden.

Blond und heranwachsend, schlichen sich Jerry Lee und Jimmy Lee zu Haney's. Im *Concordia Sentinel*, der wöchentlich erscheinenden Zeitung von Ferriday, gab es eine Spalte unter dem Titel »Among the Colored« (Was bei den Farbigen los ist), die Jerry Lee jeden Freitag zum Erscheinungsdatum begierig überflog, um herauszufinden, wer in der nächsten Woche in Haney's Big House auftreten würde. Und dann stahlen er und Jimmy sich aus ihren Häusern und radelten in die anrüchige Gegend auf der Fourth Street.

»Da sind wir immer hin«, erinnerte sich Jerry Lee Jahre später, nachdem das Big House eingegangen war. »Da sind wir hin und haben Zeitungen verkauft und Schuhe geputzt und alles mögliche sonst, und das haben wir so lange gemacht, bis niemand mehr so genau hingesehen hat, und dann, verstehen Sie, haben wir uns Einlaß verschafft. Und diese Jungs waren so besoffen, daß sie nicht mehr laufen konnten. Mann, da haben wir uns reingeschlichen, und der alte Haney, der hat uns erwischt. Und dann sagte er: ›Boy, wenn dein Uncle Lee hierherkommt, dann bringt er erst mich um und dann euch beide.‹ Und dann hat er uns rausgeschmissen. Aber mit Sicherheit habe ich da unten verdammt gut Klavierspielen hören. Mann, diese alten schwarzen Burschen, die kamen in so alten Bussen angereist, die Füße aus den Fenstern gestreckt und Ölsardinen mampfend. Aber eins muß ich sagen: Die konnten wirklich Musik machen – soviel ist sicher.«

In anderen Nächten stahlen sich Jerry Lee und Jimmy Lee auch davon, doch dann gingen sie nicht zu Haney's. Sie brachen in Geschäfte in der Innenstadt ein und raubten sie aus. Wann immer sie das taten, machten sie am nächsten Tag eine Stippvisite auf der Polizeiwache und fragten Polizeichef Harrison, ob es etwas Neues über die Diebe gäbe. »Na ja, Jungs«, sagte er dann, »wir haben sie noch nicht geschnappt, aber wir sind ihnen auf der Spur.« Sie fragten den Chief, wie viele Leute seiner Ansicht nach daran beteiligt gewesen wären. »Es ist 'ne ganze Bande«, antwortete er ihnen dann.

Als sie wieder einmal auf einem ihrer nächtlichen Diebeszüge waren, heckten die Jungen einen großen Bruch aus. In einer Vollmondnacht stahlen sie Alteisen von Lee Calhouns Hinterhof. Später verkauften sie es ihm wieder, und das ist vielleicht das einzige Mal gewesen, daß Uncle Lee von ihren Machenschaften in Mitleidenschaft gezogen wurde. In einer anderen Nacht brachen sie ein Lagerhaus am Stadtrand auf, in der Erwartung, alle Arten von weltlichem Schnickschnack vorzufinden. Statt dessen fanden sie mehr Rollen Stacheldraht, als sie sich ausmalen konnten – nur rollenweise Stacheldraht. Jimmy Lee nahm eine Rolle mit, doch auf dem Heimweg ließ er sie irgendwo liegen.

Dann schlich Jerry Lee sich eines Nachts ohne seinen Vetter nach draußen in die Dunkelheit, und er brach in einen Laden ein und ließ etwas Schmuck mitgehen, und er wurde erwischt. Es kostete Elmo und Uncle Lee ein paar hundert Dollar, die Sache wieder geradezubiegen, und es überzeugte Jimmy Lee davon, daß der Heilige Geist ihm noch eine letzte Chance gegeben hatte, zu sühnen und sich als sein Gefäß würdig zu erweisen.

Nicht lange nach diesem Vorfall führte Elmo seine Familie fort aus dem Concordia Parish nach Süden in den West Feliciana Parish, wo man ihm einen gut bezahlten Job bei Bauarbeiten in Angola, dem Staatsgefängnis, angeboten hatte.

Angola war einst eine riesige Baumwollplantage gewesen. Sie war 1869 von Major Samuel Lawrence James erworben worden, der die Plantage in ein brutales und gewinnträchtiges Gefängnis umgewandelt hatte, das er bis zu seinem Tod 1894 auch persönlich leitete. Um die Jahrhundertwende kaufte der Staat Louisiana das Angola-Gefängnis von den Erben des Majors und führte es in ziemlich genau derselben brutalen Weise weiter, wie es der alte Major selbst getan hatte. Die Häftlinge hausten zusammengepfercht, waren unterernährt, wurden ausgepeitscht und zu Sklavenarbeit auf den Baumwollfeldern dieses fruchtbaren Schwemmlands gezwungen. Im Jahre 1946 befürwortete Gouverneur Jimmie H. Davis, der zwei Jahre zuvor – vor allem wohl aufgrund des von ihm kreierten Liedes »You Are My Sunshine« – ins Amt gewählt worden war, ein Langzeitprogramm, um Angola zu modernisieren und zu humanisieren. Eine der Forderungen seines Plans lautete, sämtliche weiblichen Häftlinge aus dem Gefängnis zu entfernen. Ein zweites Teilstück des Plans forderte die Errichtung einer neuen Aufnahmeabteilung, einer Registratur und einer Krankenstation; es war dieser Teil des Programms von Gouverneur Davis, der Elmo Lewis und seine Familie 1948 nach Angola führte.

Die Lewises bezogen Quartier in einer der Holzhütten außerhalb der Mauern der Haftanstalt. Jerry Lee und seine kleine Schwester Frankie Jean besuchten zusammen mit den Kindern der anderen Arbeiter eine alte schindelgedeckte Schule. In dieser Schule lernte Frankie Jean lesen und schreiben. Bei den seltenen Gelegenheiten, zu denen Jerry Lee sich im Unterricht blicken ließ, war er erleichtert, daß Columbus und sein hassenswerter Ball mit keinem Wort erwähnt wurden.

Nun hatte Jerry Lee zu dieser Zeit keinerlei Verwendung noch Neigung für irgendein weibliches Wesen, das noch zu jung war, einen Unterrock zu tragen, und er betrachtete seine Schwester nicht so sehr als Angehörige oder Blutsverwandte, sondern vielmehr als dunkelhaarige, plärrende Nervensäge. Frankie Jean war die größere Nervensäge, denn sie war erwachsener als Baby Linda Gail, und sie plärrte nicht nur, sondern konnte auch sprechen. Eines Nachmittags hatte Jerry Lee eine Idee. Es war die beste Idee, die er seit Erfindung des großen Kompromisses gehabt hatte.

Seine Mutter hatte ihm den ganzen Tag in den Ohren gelegen, Frankie Jean mit nach draußen zu nehmen und mit ihr zu spielen. Schließlich biß er die Zähne zusammen und schleifte die Nervensäge aus dem Haus. Die Fliegengittertür schlug hinter ihnen leise zu. Frankie Jean kletterte in die Sportkarre ihrer kleinen Schwester und kommandierte

Jerry Lee, mit ihr eine Ausfahrt zu machen. Es war dieser Augenblick, in dem ihm *die* Idee kam.

Lange Zeit schob er Frankie Jean über Sand und Gras und Steine, bis zu einem Hügel, den Dynamit und Preßlufthämmer und Bulldozer erst kürzlich in zwei Hälften gerissen hatten, um Platz für eine neue Straße zu schaffen. Er schob sie bis hoch auf den Kamm dieses vom Fortschritt geschändeten Hügels, bis an den Rand der nackten steilen Klippe, die Gott nicht geschaffen hatte. Er spähte in den Abgrund, viele Meter hinunter in den Abraum aus Erde und Gesteintrümmern. Dann gab er dem Sportwägelchen einen letzten Stoß und hörte den Schrei, den die Nervensäge von sich gab.

Die Karre schwankte und kippte dann von der Klippe. Sie krachte gegen einen Felsvorsprung und zerbarst laut in ein Gewirr aus Fleisch und Eisenteilen. Metall, billiges Holz und rosa Stoffetzen flogen in einer Unzahl wilder Flugbahnen in alle Richtungen und vor allem abwärts. Und mittendrin in diesem krachenden splitternden Sturz: die durch die Luft gewirbelte, plärrende Nervensäge. Es war ein prachtvoller Anblick, und er prägte sich Jerry Lee unvergeßlich ein.

Als er allein nach Hause zurückkehrte, fragte ihn seine Mutter, wo denn Frankie Jean wäre. Er antwortete nicht, also fragte sie noch einmal.

»Ein Hühnerhabicht«, brachte er dann vor. Er schraubte den Deckel von einem Glas mit Erdnußbutter und steckte die zwei längsten Finger, die er hatte, hinein. »Der größte, den ich je gesehen hab'. Hat sie wie'n armes kleines Hühnchen am Boden erwischt und sie weggetragen.« Er schaute blinzelnd hoch und erhob die Hand, die mit der Erdnußbutter dran – er hob sie gegen den Himmel und bewegte sie langsam in einem weiten Bogen, wie ein Indianer im Kino: »Mitsamt der Karre und allem.«

Frankie Jean betrat blutend und verschrammt das Haus und plärrte aus tiefster Seele. Mamie schnappte sich einen Besenstiel und fuhr damit auf ihren Sohn los, bis auch er Schrammen und Beulen hatte; nur plärren, das tat er nicht. Frankie Jean lächelte fortan nicht mehr, bis sie zwölf Jahre alt war und sich verheiratete.

Noch lange Zeit danach herrschte Feindschaft zwischen Jerry Lee und Frankie Jean. Eines Tages brachte Jerry Lee eine Heuschrecke mit gebrochenem Beinchen mit nach Hause. Aus einem Streichholz fertigte er eine Schiene an und befestigte sie mit schwarzem Nähfaden am Bein des Insekts. Dann setzte er die Heuschrecke auf den Boden – und angestürzt kam Frankie Jean, trat mit einem kleinen Fuß darauf und machte aus der Kreatur einen ekligen Schmierfleck.

An einem bestimmten Abend gab Jerry Lee vor, Waffenstillstand schließen zu wollen, und bot an, Frankie Jean eine Einschlafgeschichte zu erzählen. Frankie Jean lag schon im Bett, und Jerry Lee ließ sich neben ihr nieder, die Hände hinter dem Kopf gefaltet. Er schloß die Augen.

»Es war einmal ein kleines Mädchen, und es hat mich verfolgt.« Dann verstummte er. Dann hub er wieder an. »Es verfolgt mich.« Wieder war er still. Dann sagte er: »Es verfolgt mich.« Das wiederholte er etliche Male im Dunkeln. Frankie Jean bekam es mit der Angst, und sie flehte ihn an, aufzuhören, die Geschichte richtig zu erzählen. Doch alles, was er sagte, war nur: »Es verfolgt mich.« Frankie Jean wußte, daß Jerry Lee leicht Nasenbluten bekam, also rammte sie ihm ihre kleine Faust auf die Nase, daß sie blutete – so stark, daß das Blut über sein Hemd sprudelte, über das ganze Bett und über den Fußboden des kleinen Holzhauses. Sie fielen übereinander her wie Hunde im Zwinger, und Elmo mußte sie trennen.

Einige Mädchen, ältere Mädchen, waren keine Nervensägen. Bei Angola entdeckte der dreizehnjährige Jerry Lee romantisches Verliebtsein für sich, und die dazugehörigen Namen waren Nell und Ruth. Er vergaß seine allerersten Freundinnen nie, so wenig wie er das Starck-Wandklavier vergaß.

Elmo hatte das Klavier mit nach Angola geschleppt, und Jerry Lee fuhr fort, jeden Tag seinen Boogie darauf zu spielen. Aber Jerry Lee begegnete hier auch ganz neuartigen Formen der Ablenkung: einmal natürlich Nell und Ruth und dann Football. Die Jungen aus der alten Schule mit dem Schieferdach in Angola bildeten eine Mannschaft, und Jerry Lee, der klein, aber schnell und ein guter Fänger war, wurde ihr Running Back und der Star des ganzen Teams. Die Mädchen himmelten ihn an, und auch er schwärmte für sie. Er sah gern zu, wie sie ihre Knie zusammenpreßten, beobachtete, wie ihre Augen verhangen wurden wie Treibhausfrüchte, wenn sie ihn nach dem Spiel ansprachen. Eines Nachmittags rannte Jerry Lee mit dem Ball auf die Dreißig-Meter-Linie zu. Ein riesengroßer Mistkerl kam auf ihn zugelaufen, und Jerry Lee sprang in der winterkalten Luft zur Seite. Als er auf dem Boden landete, stauchte er sich die Hüfte, und sein Oberschenkelknochen war aus der Gelenkpfanne gesprungen.

Der Arzt in Angola legte ihn von der Taille abwärts in Gips, und Jerry Lee verfluchte das Schwein, aus dessen Haut der Ball gemacht worden war. Zwei Monate lang mußte er sich zu seinem Starck-Klavier hin- und wieder wegtragen lassen. Wegen seines eingegipsten rechten Beins war er gezwungen, mit abgestrecktem Bein Klavier zu spielen. Er gewöhnte sich so sehr daran, auf diese Weise zu spielen, also mit ausgestrecktem Bein, daß er es sein Leben lang beibehielt, in dieser merkwürdigen Haltung vor dem Klavier zu sitzen. Frankie Jean fiel die Aufgabe zu, ein Kissen unter Jerry Lees verletztes Bein zu schieben, nachdem Elmo ihn auf dem Klavierschemel abgesetzt hatte. Manchmal hob sie sein Bein höher an, als nötig war, bis er vor Schmerz aufschrie. »Ich bring' dich um, Mädchen, wirklich, ich bring' dich um!« so schrie er dann, bevor er sich voll Zorn mit seinem Boogie abquälte.

Elmo lud seine Familie auf den Wagen und verließ Angola im Sommer 1949, kehrte mit ihr nach Ferriday zurück in ein größeres Haus am Black River. Am Ende jenes Sommers wußte Jerry Lee, daß er Musik machen konnte, so gut und wild wie alles, was er in Haney's Big House gehört hatte. Er war bereit, sich seinen Lebensunterhalt damit zu verdienen, und genau das tat er.

4. Kapitel

Im Juni 1949 eröffneten zwei Geschäftsleute aus Ferriday, G. D. Babin und Lloyd T. Paul, eine Ford-Verkaufsniederlassung an der Fourth Street. Am Samstag morgen, den 19. November, kaum zwei Monate nach Jerry Lees vierzehntem Geburtstag, hielten Babin-Paul Motors eine offene Verkaufsausstellung ab, in der sie die neuen 1950er Ford-Modelle vorstellten. Draußen auf dem Ausstellungsgelände spielte eine Hillbilly-Band, und unter der Zuhörerschaft befanden sich Elmo und Jerry Lee. Elmo erzählte Lloyd Paul, daß dieser Junge hier, Jerry Lee, das alte Klavier da oben besser spielen könnte als der Hillbilly, der jetzt darauf herumklimperte. Lloyd Paul war ein gutmütiger Mensch, und er forderte Jerry Lee auf, raufzugehen und sich dranzusetzen. Jerry Lee näherte sich der Band, und der Mann am Klavier machte ihm grinsend Platz und nickte Mr. Paul zu.

Einige Zeit vorher hatte Jerry Lees Cousine, Maudine Calhoun, ihm eine Platte geschenkt mit dem Titel »Drinkin' Wine, Spo-Dee-O-Dee«, gesungen von einem farbigen Sänger namens Stick McGhee. Die Platte, unterlegt vom kantigen Klavierspiel eines Big Chief Ellis, war unter den Schwarzen ein Hit gewesen und gecovert worden von Lionel Hampton, *jump-blues shouter* Wynonie Harris (der damit auch einen Rhythm-and-Blues-Hit gelandet hatte) und sogar von einer obskuren Country-Band mit Namen Loy Gordon & His Pleasant Valley Boys. Jerry Lee liebte das Stück, und er hatte eine schnelle Fassung davon erarbeitet. Jetzt saß er mit gestrecktem Bein bei dieser Autoverkaufsshow vor der Menge, und er ließ seine rechte Hand wie einen Sturmwind über die Tasten fegen, als wollte er sich selbst damit ankündigen. Und dann hieb er auf das Klavier ein und sag »Drinkin' Wine, Spo-Dee-O-Dee«. Dieser Junge, dieser vierzehnjährige Junge, saß da, rockte, heulte ein Lied heraus, das von nichts anderem handelte als sich besaufen und Mist bauen, und all die vielen Leuten um ihn fingen an, mit ihm zu heulen. Sie waren hingerissen, denn dieser vierzehnjährige Junge da oben machte die Art Musik, die die meisten nur in Verbindung mit dem Heiligen Geist gehört hatten. Doch der Junge sang nicht von irgendeinem heiligen Geist. Er sang etwas, das er von den Schwarzen hatte, den Schwarzen aus den *Juke Joints*, doch was er da übernommen hatte, hatte er verändert, weniger auf die Art und Weise, wie etwa jemand einen gestohlenen Kleinlaster umspritzt, um seinen Diebstahl zu verhehlen, sondern vielmehr auf die Art, wie Uncle Lee damals jene Rinder in Pferde verwandelt hatte: mit schierer, unheiliger Verwegenheit. Und er hatte es in etwas verwandelt, das diese Weißen durchrüttelte, etwas, das seine Vorfahren Leroy Lewis und Old Man Lewis durchgerüttelt hätte. Und das vollbrachte er, dieser Junge, der noch nicht alt genug zum Rasieren war, ganz keck im Freien, am hellichten Tag. Und während er dabei war, ging Lloyd Paul mit einem Hut in der Hand durch die Menge, und die Leute warfen Münzen hinein. Als Jerry Lee zu spielen aufhörte, gab Lloyd Paul ihm, was in seinem Hut war – fast dreizehn Dollar. Jerry Lee und Elmo schafften diesen großen klingenden Haufen von Kupfer und Silber in einem Sack nach Hause und schütteten es auf einem Tisch vor Mamie aus, und sie grinsten und lachten in sich hinein wie Straßenräuber, als sie begeistert darauf niederstarrten: Hosianna.

Nicht lange darauf hörte Jerry Lee ganz mit der Schule auf, um nach eigenem Vermögen ganz selbständig zu sein. Doch etwas aus seinen Schultagen hing ihm weiterhin an, konnte er nie abschütteln, und das war der Spitzname, den er sich erworben hatte: Killer. »So haben mich alle meine Freunde genannt«, erklärte er viele Jahre später, lange nachdem alle Welt sich daran gewöhnt hatte, ihn bei diesem Spitznamen zu nennen. »Ich habe diesen verdammten Namen schon als Kind gehaßt, aber er klebt an mir. Ich glaube, damit war nicht ein wirklicher Killer gemeint, so als würde ich Leute umbringen. Ich glaube, gemeint war meine Musik. Aber doch, ich bin ein gemeiner Saukerl.« Obwohl er diesen Beinamen hassen lernte, klammerte er sich doch manchmal an ihn, wie er sich an der Vorstellung festhielt, daß Old Man Lewis mit einem einzigen Fausthieb dieses Pferd in die Knie gezwungen hatte, genauso wie Old Man Lewis und Leroy Lewis und Elmo Lewis selbst an dergleichen Dingen gehangen hatten – Mut, die Erde, Arbeit, ein untilgbares Grinsen, so als wären der eigene Stolz und der Wille einen Bund eingegangen. Ja, obwohl er in späteren Jahren den Namen hassen lernen sollte, blieb er für alle und immerdar der Killer.

Er hörte mit der Schule auf, doch er verließ nicht die Kirche. In den Monaten, die auf die Ford-Verkaufsausstellung folgten, luden er und Elmo das Starck-Klavier auf die Ladefläche des Lasters und zogen, mal hier, mal da haltmachend, durch den Bezirk. Jerry Lee machte seine Musik und sammelte eine Menge um sich, und Elmo ging mit dem Hut herum, und am Ende des Tages teilten sie sich das Geld. Jerry Lee gefiel, was er tat – er liebte es, zu spielen – doch es zerrte auch an ihm. Teufelsmusik für Geld zu machen, ging gegen alles, was seine Kirche ihn als recht gelehrt, gegen alles, was seine Mutter sich für ihn erwünscht hatte. Doch trotzdem tat er es, und trotzdem litt er deswegen, und je mehr ihn die Musik packte, je mehr sie Teil seiner selbst wurde, desto mehr litt er, bis es manchmal so weit kam, daß er spürte, wie das Gute und das Böse, der Heilige Geist und der Dämon, in ihm im Widerstreit liegend, seine Lungen bis zum Bersten füllten, so daß er kaum zu atmen vermochte. Doch trotzdem tat er es.

In der Zeit zwischen der Ford-Verkaufsschau und seinem fünfzehnten Geburtstag wurde Jerry Lee eine lokale Berühmtheit. Ein Mann namens Lonnie Lewis, der mit Jerry Lees Familie nicht verwandt war, besaß mehrere kleine Supermärkte im nahegelegenen Vidalia und in Natchez. Lonnie Lewis war so sehr von Jerry Lees Talent beeindruckt, daß er für die Lewis-Supermärkte eine zwanzigminütige Rundfunkwerbung beim WNAT in Natchez arrangierte, in der Jerry Lee jeden Samstag mitwirkte.

In der ersten Märzwoche 1950, als der Concordia Parish unter der größten Schlammflut lag, die ihn seit fünf Jahren heimgesucht hatte, reiste Jerry Lee nach Monroe im Norden, der Stadt seiner Vorfahren, um in der Aula der Neville High School an einem Amateurwettbewerb von Ted Mack teilzunehmen, einer Wohltätigkeitsveranstaltung für die ›Heart Association‹. Zwar gewann er den Wettbewerb nicht (die Ted Mack-Shows hatten eher eine Vorliebe für gefällig-harmonische Quartetts und stepptanzende höhere Töchter als für junge Männer, die nachtschwarze Musik in einem Tempo spielten, das wie das Keuchen beim Geschlechtsakt war), doch er fand Erwähnung in der Zeitung seiner Heimatstadt. Unter der Titelzeile »Jerry Lewis im Amateurprogramm« informierte der *Concordia Sentinel* vom 10. März seine Leser über die kürzlich in Monroe veranstaltete Benefiz-Show und über den Umstand, daß »unter den Wettbewerbsteilnehmern sich auch Jerry Lewis aus Ferriday« befunden hatte. All jene, denen Jerry Lee bisher noch nicht aufgefallen war, wurden weitergehend darüber informiert, daß »Jerry ein beliebter Pianist ist, der dringend Auftritte in Rundfunk und in Shows braucht.«

Wenige Wochen später, am 3. April, hatte Elmo einen eigenen öffentlichen Auftritt, und wieder einmal fand ein Mitglied der Lewis-Familie Erwähnung in der Lokalzeitung, diesmal unter der Titelzeile »Mordprozeß in Ferriday für Mai angesetzt«:

> Der Prozeß gegen Elmo Lewis, 40, ›er war dazu übergegangen, sein Alter falsch anzugeben‹, angeklagt wegen versuchten Mordes an seinem Schwager Lee Calhoun, dem bekannten Grundbesitzer von Ferriday und in der Black-River-Gegend, ist auf die erste Maiwoche während der laufenden Sitzungsperiode des Gerichts im Frühjahr an der 7. Strafkammer in Vidalia anberaumt worden.
> Angeblich verfolgte Lewis seinen Schwager mit einer Waffe im Auto durch die Gegend von Ferriday; vorausgegangen sein soll der Jagd ein Streit über angebliche Nichtzahlung nach Übertragung eines Grundstücks in Ferriday von Lewis an Calhoun.
> Wegen der Prominenz der beteiligten Personen wird erwartet, daß der Fall eine große Zuhörerschaft anlocken wird, wenn es zum Prozeß kommt. Anwalt der Verteidigung ist Lloyd Love, während als staatlicher Ankläger Staatsanwalt D. W. Gibson aufgeboten wird.

Die Sache »Bundesstaat von Louisiana versus Elmo K. Lewis« kam nie vor Gericht. Nach einer Vertagung im Mai gelangten Elmo und Uncle Lee zu einer Verständigung über den fraglichen Grund und Boden, und die Anklage wurde fallengelassen.

Wenige Tage, nachdem das Verfahren gegen Elmo eingeleitet worden war, wurde in der Innenstadt Ferridays neben dem Recreation Billard Center ein Plattenladen eröffnet. Mrs. B. F. Ramsey, die Besitzerin des Ladens, hatte die allerneuesten Rhythm-and-Blues-Scheiben auf Lager (»Ob weiß oder schwarz, wir würden uns freuen, wenn Sie uns unterstützen«, lautete ihre Werbung), und Jerry Lee wurde zum Dauerkunden, kaufte Schallplatten in Mengen und verschlang sie, bis sie verwandelt aus seinen Fingern und seinem Mund wieder herauskamen, neuartiger und wilder diesmal durch den Widerstreit in ihm – bis das, was herauskam, so schön und gut und böse war, daß er sich oftmals nicht wie Jerry Lee Lewis, sondern wie der Killer fühlte.

Am Freitagabend des 12. Mai fuhr Elmo Jerry Lee und Jimmy Lee zu einer Talentshow im benachbarten Jonesville. Es gab fünfunddreißig weitere Bewerber, mehrheitlich erwachsene Männer, und Jerry Lee gewann den ersten Preis. Auch Jimmy Lee Swaggart schnitt ganz gut ab, doch das Erlebnis hatte ihn erschüttert, und auf dem Heimweg grübelte er über den Schauder nach, der ihm den Rücken hinabgelaufen war, während er vor jener Menge in Jonesville weltliche Musik gespielt hatte.

»Zum ersten Mal in meinem Leben«, so sagte er dazu, »habe ich eine Ahnung davon bekommen, was das für ein Gefühl ist, vom Teufel besudelt zu werden.«

So fuhren sie durch die Schwärze der Nacht, die beiden Vettern auf dem Rücksitz von Elmos Wagen, und sie spürten zwischen sich die Gegenwart von etwas Fremden. Jimmy Lee strich sein weizenblondes Haar zurück. Das war erst die zweite Maiwoche, doch bereits jetzt waren die Nächte heiß. Elmo, seinen Neffen im Rückspiegel beobachtend, fuhr ruhig dahin.

Am 7. Juni, wenige Wochen später, zeigte das Arcade Theatre einen Film mit dem Titel *Bob und Sally*. Die Ankündigungen in der Zeitung sprachen davon, daß der Film getrennt einem männlichen und weiblichen Publikum vorgeführt werden würde und daß im Falle von Herzattacken Krankenschwestern in Bereitschaft gehalten würden. Und dann hieß es noch:

PERSÖNLICH ANWESEND:
DER BERÜHMTE FACHMANN IN SEXUALHYGIENE!
ROGER T. MILES
DER MANN, DER DIE DINGE BEIM NAMEN NENNT!

Das war ein Ereignis, das nur sehr wenige junge Männer in Ferriday zu versäumen wagten. Jimmy Lee Swaggart war einer dieser wenigen, denn er wußte, daß Roger T. Miles kein Freund sein konnte. Der Junge war diesen Sommer auf der Flucht – und er hörte noch drei weitere Jahre nicht auf wegzurennen, bis er endlich, rennend, sich in die Arme einer blendenden Helle stürzte, und nie gaben ihn diese Arme wieder frei – niemals.

Wie sein Vetter kannte auch Jerry Lee Angst und Beklommenheit.

(Nur Mickey Gilley, so schien es, wurde nicht von der Versuchung und Schuld angefochten. Er lag gemeinsam mit seiner Mutter auf den Knien und redete in Zungen, und die Nacht war nicht Beilager für ihn, wie für seine Vettern.) Je mehr Jerry Lee in die Musik eintauchte, desto größer wurde seine Unruhe. Nicht nur die Sündhaftigkeit der Musik selbst, sondern auch die Sünden, die diese Musik zu zeugen schien, machten ihm zu schaffen. Es gab Nachtclubs, Diebereien und Mädchen, die sich entblößten. Vielleicht konnte der Prediger der »Assembly of God« solche Dinge sehen, wie jemand sehenden Auges ist, der noch im trockenen Himmel den Regen zu sehen vermag.

Mit Hilfe seiner Mutter und seines geistlichen Beistands unternahm Jerry Lee einen Anlauf, sich wieder aufzurichten und den rechten Weg einzuschlagen. Er beschloß, sein Leben Gott zu geben, abzuwaschen, womit er sich befleckt hatte, und einen Neuanfang zu machen.

5. Kapitel

Das Southwestern Bible Institute beanspruchte seit 1943 etwa siebzig Hektar Land an der Nordecke von Waxahachie, dem Gebiet Ellis County, Texas, fruchtbarem Schwarzerdeland mit Pecanobäumen und Baumwolle, geprägt von Abstinenz und Jesus. Laut Informationsbroschüre pries es sich folgendermaßen an:

> Das »Southwestern«, als den »Assemblies of God« angeschlossene Schule, weist sich durch eine Lebenshaltung und -führung aus, die dieselben sind, wie sie allgemein von den Kirchen der Pfingstbewegung in Amerika akzeptiert werden. Sie sind gekennzeichnet durch Sauberkeit in Verhalten und Sprache, Schlichtheit der Kleidung, hohe Anforderungen an eine moralische Lebensweise, und hingebungsvoll einem geistlichen Leben geweiht . . . Die Beziehung zwischen den Geschlechtern vor allem spiegelt gewiß ebenso moralische Lauterkeit wider als auch den Abscheu vor Promiskuität.

Hierher an diesen Ort kam Jerry Lee Lewis etwa achthundert Kilometer mit dem Bus angereist, um am Vorabend seines fünfzehnten Geburtstages ein neues Leben anzufangen. Er schaute sich um, erblickte ochsenblutfarbene Ziegelgebäude, spärliche Bäume und die bleiverglaste Kapelle, aus der kein Laut drang. Er schaute sich um und sah, wie die jungen Männer und Frauen einander in christlichem Ernst anlächelten. Er schaute sich um und sehnte sich nach Haney's Big House.

Die meisten, die das Southwestern besuchten, waren Collegestudenten, die Kurse belegten wie »Einführung in die Missionsarbeit«, »Wahrheit der Pfingstbewegung«, »Alttestamentliche Propheten«, »Grundlagen der Buchhaltung«, »Exegese des Buches Jesaja« und »Kirchliche Geschäftstätigkeit»; doch viele waren auch, gleich Jerry Lee, in der Junior College Division eingeschrieben. Während Jerry Lee auf seine Weise ein begieriger Student der Bibel war, fand er die Klassen hier um nichts erträglicher als die, die er an der Ferriday High besucht hatte.

Schon bald gewöhnte er sich an, sich nachts davonzustehlen, aus dem Fenster des Schlafsaals zu klettern, während seine Mitschüler schliefen. Abends konnte man in Waxahachie absolut nichts unternehmen. Es war eine Stadt von kaum mehr als achttausend Seelen, und die Mehrheit von ihnen waren Errettete. Es gab keine Nachtclubs, keine entblößten Frauen, rein gar nichts, wie Jerry Lee befand. Aber, oho! Nur fünfzig Kilometer auf dem Highway 75 nach Norden lag sie, mit gelüpftem Rock und Alkoholatem, in flackernden Lichtern und Wildheit: Dallas.

Er fuhr als Anhalter nach Dallas und ging in Kinovorstellungen. Er stahl sich heimlich in Nachtclubs und hörte die Bands. Er ging in den Vergnügungspark, stieg in den Tilt-a-Whirl und trug dem Cowboy, der es bediente, auf, das Ding voll aufzudrehen und loszufetzen. Und er drehte sich schneller und immer schneller, endlos, spürte, wie all das, was in ihm war, sich zusammenzog und schwingenschlagend aufstieg und ihm entfloh wie ein plötzlicher gewaltiger Schub Gas, aus seinen Lungen gepreßt – wie Zauberei.

Jerry Lee hing ungefähr drei Monate am Bible Institute herum, schwänzte seine Klassen und schlich sich nach Dallas. Eines Abends wurde er aufgefordert, beim Gottesdienst in der Kapelle Klavier zu spielen, was er auch frohgemut tat. Doch als er die Hymne der Pfingstbewegung, »My God Is Real«, zu spielen begann, warf der Prediger ihm einen mißbilligenden Blick zu, denn er spielte sie im Stil des Boogie-Woogie, und er spielte es schneller und schneller, bis er doppeltes Tempo drauf hatte, und dann stieß ein unsichtbarer Student aus der Gemeinde einen freudigen Juchzer aus, und dann schloß sich ihm ein zweiter an, und Jerry Lee hörte beide aufheulen, und er hämmerte den Boogie mit solcher Macht, daß von der Hymne nichts übrigblieb, nichts als die Klänge, die der Heilige Geist ihm eingegeben, und er schrie die letzte Zeile heraus und hieb schräg in die Tasten.

My God is real, for I can feel Him in my soul!

Er grinste und atmete schwer. Und dann wurde er vom Southwestern Bible Institute relegiert. Bevor er Waxahachie verließ, sagte er allen, die es hören wollten, was er von dieser Anstalt dachte. Er sagte: »Mit all diesen blöden Büchern, die ihr hier habt, kommt ihr an die Bibel nicht ran.« Dann bestieg er den Bus und kehrte nach Ferriday zurück.

6. Kapitel

Mamie Lewis war zwar enttäuscht, doch auch ganz froh, daß sie ihren Sohn wieder daheim hatte. Jeden Morgen brachte sie ihm auf einem alten Tablett, das sie mit Alufolie auslegte, sein Frühstück ans Bett: heiße Schokolade und Jack's Vanillewaffeln. Sie setzte sich mit ihrer eigenen heißen Schokolade und ihren eigenen Vanillewaffeln von Jack zu ihm. Keiner der beiden hätte je eine andere Marke Vanillewaffeln akzeptiert. »Jacks Waffeln lächeln euch immer frisch zu!« erklärte der Mann in der Rundfunkwerbung. Und sowohl Jerry Lee als auch seine Mama wußten, daß er die Wahrheit sprach.

Mamies Eltern lebten jetzt bei ihnen im Haus. Ihre Mutter, Theresa Lee, hatte den Verstand verloren. Sie sprach die Wände an – gab ihnen Namen, grollte mit ihnen, trieb ihnen böse Geister aus und drohte ihnen ewige Verdammnis an. Zu den Menschen um sie her, ihren Kindern und Enkeln, unterhielt sie kaum noch Beziehungen. Alles spielte sich zwischen ihr und den Wänden ab. Ihr Mann, J. W., der jetzt in den Achtzigern war, saß neben ihr und versuchte, sie zu berichtigen, sie zu schelten, als wäre alles bei ihr eine Sache der Ungezogenheit. »Mädel«, so sagte er, »jetzt reicht's aber!« Dann schüttelte er den Kopf und zog sich zurück in jenes andere Jahrhundert, dem er entstammte.

»Es liegt in der Familie«, klärte der Arzt Elmo auf. »Es liegt ihr im Blut.«

Die alte Theresa Lee erschreckte einige ihrer jüngeren Verwandten, doch ihr Schwiegersohn Elmo duldete nicht, daß davon geredet wurde, sie in ein Heim zu schicken, denn so etwas tat man ganz einfach nicht. »Eines Tages könntet ihr alle vielleicht auch verrückt sein«, pflegte er zu sagen. Ihr anderer Schwiegersohn, Lee Calhoun, tätschelte ihr immer den Kopf und fragte sie, wie es ihr denn gehe. Sie schien ihn zu mögen und behandelte ihn fast wie eine ihrer Wände.

Im Sommer 1951 wurde Ferridays Hauptstraße, die Fourth Street, asphaltiert. In demselben Sommer begegnete Jerry Lee einem siebzehnjährigen Mädchen namens Dorothy Barton, einem hübschen Mädchen mit hohen kräftigen Wangenknochen und dickem dunklem welligem Haar. Sie war die Tochter von Reverend Jewell E. Barton, einem Pentecost-Prediger aus der Stadt Sterlington nahe Monroe. Wenige Monate später, im Februar 1952, als Jerry Lee gerade siebzehn Jahre alt geworden war, gingen er und Dorothy zum Amtsgericht, dem Concordia Parish Court House in Vidalia, und kamen um eine Heiratserlaubnis nach. Fast in allen Punkten, zu denen Auskunft verlangt wurde, log Jerry Lee, doch das tat Dorothy nicht.

NAME: Jerry Lewis
STÄNDIGER WOHNORT: Sterlington, Union Parish
GEBURTSDATUM: 29. September 1930
LETZTE KLASSE BEI SCHULABGANG: achte
AUSGEÜBTER BERUF: Farmer

NAME: Dorothy Barton
STÄNDIGER WOHNORT: Sterlington, Union Parish
GEBURTSDATUM: 10. November 1933
LETZTE KLASSE BEI SCHULABGANG: elfte

Sie wurden am 21. Februar von Reverend W. W. Hall in Lee Calhouns Haus an der Louisiana Avenue getraut. Ein Fotograf vom *Concordia Sentinel* kam ins Haus und machte Aufnahmen von dem Paar, und die Bilder wurden im darauffolgenden Monat unter der Spalte »Ferriday Happenings« veröffentlicht. Jerry Lee grinste leicht verschlagen und starrte auf Gott weiß was, das blonde wellige Haar nach hinten gekämmt, noch immer mit Segelohren, wenngleich weniger ausgeprägt als in der Kindheit.

Dorothy zog bei der Lewis-Familie in Black River ein. Jerry Lee redete viel davon, Geistlicher zu werden. Er fing sogar an, Predigten zu verfassen. Elmo hatte einen Kaminsims aus Pinienholz gebaut, doch er war nie dazu gekommen, das Holz mit einem Mittel zu behandeln. Jerry Lee stapfte durch das ganze kleine Haus, sich Predigten ausdenkend. Wann immer ihm etwas wirklich Schönes einfiel – Worte von ewiger Verdammnis, Worte vom Wunder –, dann ging er an den Sims und kritzelte darauf. Im Laufe der Wochen füllte sich der anheimelnde Kaminsims aus Pinienholz mit Ermahnungen, Anspielungen auf den Pentateuch und das Blut Christi. In das gehobelte, von Ästen durchsetzte Holz waren Schlangen und die Sünden der Israeliten eingeritzt.

Jerry Lee sprach mit dem Geistlichen der Church of God an der Mississippi Avenue, und der Geistliche sagte ihm, er wäre höchst willkommen, wenn er predigen wollte. An etlichen Sonntagen während der letzten warmen Tage des Jahres bestieg Jerry Lee die Kanzel der kleinen weißen Church of God mit dem an drei Stellen überhängenden Dach. Er erhob die Stimme und predigte über den reichen Mann in der Hölle – wie dieser Reiche Abraham angefleht hatte um einen Tropfen Wasser, um seine trockene Kehle zu netzen, und wie Abraham ihm nichts gegeben hatte, weil kein Mensch gleichzeitig Gott und dem Mammon dienstbar sein kann. So erzählte es ihnen Jerry Lee, und er erzählte es richtig. Die Leute beglückwünschten ihn, sagten, daß er das Zeug zu einem großartigen Prediger hätte, ja, daß er bereits ein großartiger Prediger wäre.

Doch Jerry Lee hörte auf, den Kaminsims zu bekritzeln, und er hörte auf mit Predigen. Er ließ auch seine Ehe mit Dorothy zu Bruch gehen. Er fing an, nächtliche Ausflüge zu machen, ließ Dorothy zu Haus mit seiner Mutter und seinen Schwestern zurück. Eines Abends saßen alle wortlos draußen im Hof, aßen Wassermelonen und spuckten die Kerne aus. Jerry Lees Freund, Cecil Harrelson, schaute vorbei, und er und Jerry gingen ins Haus. Als sie herauskamen, trug Jerry Lee ein weißes Sportjackett, und im Gehen kämmte er sich sein naßgemachtes Haar.

»Ich und Cecil, wir gehen aus«, verkündete er aus dem Mundwinkel. Dorothys Nacken versteifte sich, und sie spuckte einen Kern auf die Erde.

»Nein«, sagte Mamie. »Du bist jetzt verheiratet, und was du tust, ist nicht recht, jeden Abend auszugehen in die Stadt.« Ihre Augen waren klar und scharf.

»Ich und Cecil gehen aus«, sagte er, wobei er weder seine Frau noch seine Mutter anschaute, sondern geradeaus auf Cecils verbeulten Ford starrte.

»Oh, wirklich?« sagte Mamie.

»Ja, wirklich«, gab Jerry Lee zurück.

Mamie nahm ihr Stück roter safttriefender Wassermelone und schleuderte es nach ihrem Sohn, und es prallte gegen seine Brust, und seine schicke weiße Jacke war überall fleckig. Jerry Lee machte kehrt und ging ins Haus zurück. Als er wiederkam, trug er eine andere Jacke, eine, die Aunt Stella ihm geschenkt hatte. Er stolzierte zu Cecils Wagen und fuhr mit ihm in der warmen Abenddämmerung davon.

Im Frühjahr 1953 verließ Dorothy ihn und kehrte in ihr Elternhaus zurück. Vieles andere hatte sich ebenfalls verändert. Jimmy Swaggart war mit einem wunderbaren Mädchen verheiratet, das in Zungen redete. Sie lebten zusammen in einem kleinen Wohnwagen, der in Irene Gilleys Vorgarten abgestellt war. An Sonnabenden streifte Jimmy Lee von Stadt zu Stadt, predigte an Straßenecken, erlebte da, daß Amerika bis zu den Knien in Sünde watete und das Gottesgericht nicht fern sein konnte. Er schleppte ein Akkordeon mit sich herum, und er sang »There is Power in the Blood«, und er sammelte so viele Münzen ein, wie er nur bekommen konnte. Er predigte sogar in Mangham, wo der Same seiner Vorfahren aufgegangen war. Nachdem er in diesen Provinznestern genug gepredigt hatte, nahm er all seinen Mut zusammen und fing an, in den Straßen von Ferriday zu predigen, wo jeder ihn kannte.

Eines Nachts konnte Jimmy Lee nicht schlafen. Er verließ seinen Wohnwagen und wandelte in der Dunkelheit. Als er kurz vor der Morgendämmerung zurückkehrte, fand er ein gräßliches Wesen vor, das seiner harrte. Diese Kreatur hatte die Gestalt eines großen Bären und das Gesicht eines Menschen. Und ihre Augen waren von dem Gelb des unvorstellbar Bösen.

»Beim Namen von Jeeeesus!« brüllte Jimmy Lee.

Als es den Namen des Herrn hörte, stürzte das Wesen zu Boden, wand sich und wimmerte vor Qual.

»Beim Namen von Jeeesus!« brüllte Jimmy Lee wieder.

Die Kreatur kroch zuckend und stöhnend und sich selbst umklammernd davon. Jimmy Lee erhob die Hände zu Gott und sprach in einer fremden Zunge. Dann stieg er in das Bett, in dem seine Frau Frances schlief, und er umarmte sie, und er verschloß fest und friedvoll die Augen, und er schlief ein.

Auch Mickey Gilley war jetzt verheiratet und lebte in Houston, wo er für die Baufirma seines Schwiegervaters einen Schaufelbagger bediente. Er sprach nicht mehr in Zungen, und nach und nach legte er seine alte Lebensweise ab.

Nachdem seine Ehe zu Ende gegangen war, warf Jerry Lee sich ganz auf die Musik. Obwohl er noch minderjährig war, bemühte er sich um Arbeit in Nachtclubs. Sein Freund Cecil diente ihm als eine Art Manager. Gemeinsam fuhren sie nach New Orleans, dann nach Monroe, wo Jerry Lee einiges Geld machte, indem er in der Hausband des Little Club Klavier spielte, einer kleinen Bruchbude am Stadtrand. Es war eine Country-Band mit einem Steel-Gitarristen und einem, der Geige spielte. Der Gitarrist war verkrüppelt, und manchmal war es schmerzhaft, ihm beim Spiel zuzusehen. Eines Nachts, als die Band gerade spielte, spazierte ein großer Mann mit aufgekrempelten Ärmeln in den Little Club. Er trank sechs Whiskey hintereinander und fragte dann, ob er zwischendrin mal die Geige spielen dürfte. Der Geiger reichte ihm sein Instrument und den Bogen, und der große Mann begann damit, daß er auf dem Instrument eine Folge unrein kratzender Töne strich, wobei er, von der Band im Hintergrund begleitet, mit dem Fuß den Takt stampfte. Später stellte sich heraus, daß der große Mann Otis Brown war, der Sohn von Elmos jüngerer Schwester Jane. Er und Jerry Lee waren also Vettern ersten Grades. Etliche Zeit später sollte dann im Zuge einer verrückten chinesischen Arithmetik aus beiden Onkel und Neffe in Personalunion werden.

Als Solist spielte Jerry Lee auch im Domino Salon des Alvis Hotels an der Ecke DeSiard und North Fifth, ganz in der Nähe des in Vergessenheit geratenen Lewiston. Der Mann, der die Domino Lounge leitete, hatte Einwände, Jerry Lee einzustellen, doch Cecil legte sich für seinen Freund ins Zeug.

»Ich hab' da einen Jungen«, sagte er, »der besser Klavier spielt als alle anderen, die Sie je gehört haben.«

»Macht, daß ihr wegkommt«, sagte der Mann.

»Geben Sie mir 'ne Chance. Geben Sie mir nur eine einzige Chance! Das ist alles, was ich will.«

»Junge, du bekommst eine einzige Chance«, sagte der Mann. »Und wenn du auf dem Klavier da nicht spielen kannst, tret' ich dir den Arsch bis hoch in die Schultern.«

Jerry Lee spielte »Down Yonder«, ein altes Lied, das er von einer 1951er Platte einer Pianistin namens Del Wood gelernt hatte. Der Mann stellte ihn ein. Als Jerry Lee in der Domino Lounge aufhörte, hatte er mehr als zweihundert Dollar an Trinkgeldern gemacht. Als er nach Ferriday zurückkehrte, zeigte er das Geld seiner Mutter.

»Mein Gott, Elmo«, rief sie aus, »er hat einen Einbruch gemacht!«

Während der Sommermonate des Jahres 1953 hatte Jerry Lee angefangen, in den Clubs entlang dem Highway 61 North in den Außenbezirken von Natchez, Mississippi, zu arbeiten: im 61 Club, im Hilltop Club, im Dixie Club. Das waren Saloons, die keine Sperrstunde kannten, gern besucht von Spielern, Nutten und Säufern. Am häufigsten spielte Jerry Lee im Dixie Club. Da in diesem Club mit schöner Regelmäßigkeit Razzien stattfanden und da Jerry Lee noch ein Minderjähriger war, baute der Eigentümer in die Wand hinter dem Podium der Band eine kleine Tür ein. Wenn das Barmädchen vorn das Zeichen gab, daß die Bullen angerollt kamen, zwängte sich Jerry Lee durch seine Tür und wartete draußen in den Büschen, bis die Luft wieder rein war.

In Natchez entdeckte Jerry Lee Jackson's, ein Etablissement, das er lebenslang als den »großartigsten Puff im Süden« pries. Miss Nellie war eine schwarze Frau, Tochter befreiter Sklaven. Sie sprach zu niemandem über ihr Alter, doch es war eine bekannte Tatsache in und um Natchez, daß sie im selben Haus seit 1935 einen Puff betrieb. 416 North Rankin Street machte, von außen gesehen, nicht viel her: Ein paar Steinstufen, die hochführten zu einem hohen, festungsähnlichen Zaun aus ungleich hohen Holzplanken; am oberen Ende der Steintreppe, in den Zaun eingesetzt, eine massive Brettertür; jenseits dieser Tür ein überwachsener Pfad, der zum Hintereingang eines alten Hauses führte; und dann, die Treppe hinauf, im zweiten Stock: Miss Nellie's. Drinnen bei Miss Nellie's brach die Musik niemals ab, und der Schnaps hörte nie auf zu fließen. Und die Mädchen – weiße Mädchen, schwarze Mädchen – wurden es nie müde, die Beine in einer Weise überzuschlagen und so zu spreizen, daß jedermann sehen konnte, daß sie unter ihren kurzen Hemdchen keine Schlüpfer trugen. Es gab dort eine Musikbox, ein Klavier, einen Tisch und eine Bar und über der Tür das Holzbein eines Mannes, noch komplett mit Schuh und Socke, das an armeegrünen Strumpfbändern baumelte. Sein Besitzer hatte versucht, gratis etwas abzustauben, und Miss Nellies Mädchen hatten ihm das Ding samt Gelenk und Stützbändern und allem übrigen vom Knie gerupft. Von diesem Vergnügungsraum gingen etliche Schlafzimmer ab. Eines dieser Schlafzimmer beherbergte das erste Rundbett im Staate Mississippi. Dann war da noch Miss Nellies Zimmer, wo sie schlief und trank und mit ihren Pudeln spielte. In diese Lokalität in der North Rankin Street kam der junge Jerry Lee, um zu lachen und sich in das blasse nachgiebige Fleisch jener Frauen zu versenken, in dem der Heilige Geist nicht hausen mochte. Gelegentlich besuchte Miss Nellie einen jener Clubs am Highway 61 und klatschte dann laut Beifall für Jerry Lee. Sie vergaß ihn nie und erinnerte sich stets an ihn als »diesen Musikermann aus Ferriday«.

Es war ebenfalls in Natchez im Sommer 1953, daß Jerry Lee einem siebzehnjährigen Mädchen namens Jane Mitcham begegnete, das mit seiner Mutter Sallie drüben an der North Pine Street wohnte. Sie trafen einander auf der Rollschuhbahn, und sie lagen beieinander. Etwa einen Monat vor Jerry Lees achtzehntem Geburtstag teilte Jane ihm mit, daß er seinen Samen in sie gelegt habe und sie daher heiraten müsse. Er setzte ihr auseinander, daß er sich nie darum gekümmert hätte, sich von seiner ersten Frau scheiden zu lassen, daß er und Dorothy vor den Augen Gottes und des souveränen Staates von Louisiana noch immer Mann und Frau wären. Ihn hitzig verfluchend und unter heftigen Tränen trennte sich Jane von ihm.

Frankie Jean erinnert sich, daß nur wenige Tage später einige von Janes Brüdern, ausgestattet mit Reitpeitschen und Pistolen, in Ferriday eintrafen. Zwar fanden sie Jerry Lee nicht, doch sie trafen auf Lee Calhoun. Sie erzählten Uncle Lee, daß ihre Schwester entehrt worden wäre und daß Jerry Lee sie jetzt heiraten müßte. Zwei der Mitcham-Brüder wollten gar nicht, daß Jerry Lee ihre Schwester heiratete. Am liebsten wollten sie ihn seiner Seele los und ledig machen. Uncle Lee verhandelte zuerst mit diesen beiden, und dann verhandelte er mit den anderen, und dann brachte er sie alle zusammen mit Elmo und Jerry Lee, und alle fingen sie an, Rechnungen aufzumachen, und obschon es Uncle Lee gelungen sein mochte, das Leben seines Neffen zu retten, sah er sich außerstande, ihn vor der Ehe zu bewahren.

Jerry Lee und Jane betraten das Amtsgericht von Natchez am 10. September nur wenige Minuten vor Dienstschluß. Sein Alter gab er an mit einundzwanzig Jahren, und als Adresse nannte er das Haus von Janes Mutter. Fünf Tage später machten sie sich auf in die Stadt Fayette, etwa dreißig Kilometer nördlich von Natchez. Und dort wurden sie getraut. Im zarten Alter von siebzehn Jahren war er zum Bigamisten geworden.

Jerry Lee und seine junge Braut zogen in die Wohnung über einer Garage an der Louisiana Avenue in der Innenstadt von Ferriday. Von Anbeginn versuchte Jane, Jerry Lee dahin zu bringen, mit den Nachtclubs aufzuhören und seßhaft zu werden. Immerhin, so setzte sie ihm auseinander, würde er ja bald Vater werden. Gegen Ende des Jahres 1953 (nachdem er sich am 8. Oktober in Monroe mit Verspätung von seiner ersten Frau hatte scheiden lassen) nahm er Arbeit beim Bau einer Erdölleitung auf. Sie hielt genau drei Tage vor. Dann wurde er reisender Vertreter für das Atlas Sewing Center of Baton Rouge, eine Nähmaschinenfabrik. Er und ein anderer Junge zogen in einem 1947er Pontiac, den Jerry Lee beschafft hatte, kreuz und quer durch Südlouisiana. Während sie so übers Land kreuzten, kam Jerry Lee eine seiner großartigen Ideen. Er teilte diese Idee seinem Mitarbeiter mit, und dieser Mitarbeiter pflichtete ihm bei, daß es tatsächlich eine großartige Idee wäre; also führten sie sie auch aus.

Sie gingen ihrem Geschäft nach, schleppten ihr Vorführmodell der Nähmaschine von Tür zu Tür. Jerry Lee verkaufte diese Maschine reißend, doch er war manchmal etwas langsam, die Anzahlungen an seine

Firma zu überweisen. So ging das einige Zeit. Dann hielten eines Tages Jerry Lee und sein Mitarbeiter auf eine Coke und ein Spiel Pool vor einem jener alten Läden auf dem Land an, die weitab von jeder Stadt liegen. Unter der gesprungenen Glasscheibe eines Kastens unterhalb der Registrierkasse entdeckte Jerry Lee einen großen stahlblauen 45er-Revolver. Er fragte den alten Kerl nicht einmal, wieviel die Waffe kosten sollte; er bezahlte nur für die Coke und ging. Das war nachmittags. Irgendwann nach Mitternacht kehrten Jerry Lee und sein Kollege zurück zu dem abgedunkelten Laden, schlugen die Tür ein und nahmen den großen stahlblauen 45er aus seinem Kasten. Dann stiegen sie wieder in ihren 1947er Pontiac und brausten davon. Sie lachten, spielten mit der Waffe herum und wurden nicht des Streifenwagens gewahr, der sich an ihre Verfolgung gemacht hatte, bis es zu spät war.

Sie wurden über Nacht ins Gefängnis gesperrt, saßen noch eine weitere Nacht. Danach kamen sie vor den Richter. Der Richter wandte sich an Jerry Lee und seinen Partner, und mit einer Stimme, der große Leidenschaftlichkeit anzuhören war, verurteilte er beide zu zwei Jahren Gefängnis. Die beiden reisenden Vertreter schauten einander an und schnappten hörbar nach Luft. Der junge Anwalt, der die jungen Burschen mit großer Ehrerbietung und Unterwürfigkeit gegenüber dem Richter verteidigt und ihre Sache mit einem Akzent vertreten hatte, der so verwaschen war, daß manchmal sogar seine Mandanten ihn kaum verstehen konnten, bekam es schließlich hin, daß die Strafe der Jungen zur Bewährung ausgesetzt wurde. »We'n dem ihr zaartes Alter.«

Das war der letzte Tagesjob, den Jerry Lee je angenommen hatte. Er kam zurück nach Ferriday, und noch am selben Abend spielte er im Dixie Club Klavier.

7. Kapitel

Es war der Dixie Club, in dem Jerry Lee erstmals Johnny Littlejohn begegnete. Im Jahr 1924 nahe der Staatsgrenze in Tupelo geboren, war Johnny zu dieser Zeit Diskjockey bei WNAT in Natchez. Neben der täglichen Übertragung seiner Show aus dem Eola Hotel war Johnny zugleich Leader einer Band, die in verschiedenen Kaschemmen im Stadtgebiet spielte.

Jerry Lee schloß sich Johnny Littlejohns Band 1954 an, dem Jahr, in dem der Hilltop Club von etwas betroffen wurde, das gewisse Leute in

Natchez als »heißer Abriß« bezeichneten. Nachdem der Hilltop Club eingeäschert war, kaufte sein vormaliger Besitzer, Julius A. May, den Dixie Club und benannte ihn um in Wagon Wheel.

Johnny Littlejohns Band trat fast jede Nacht im Wagon Wheel auf. Johnny spielte Baß, wechselte dann um auf Schlagzeug, nachdem der Drummer der Band wegen nichtgeleisteter Unterhaltszahlungen eingelocht worden war. Joe Jones spielte Steelgitarre. Ein fünzigjähriger blinder Mann namens Paul Whitehead gab sein Bestes auf dem elektrischen Akkordeon, auf der Trompete und am Klavier. Jerry Lee fing in der Band als Drummer an, während Littlejohn erneut den Baß übernahm. Langsam eroberte sich Jerry Lee das Piano zurück, und Littlejohn endete wieder beim Schlagzeug.

Die Band spielte von abends acht Uhr bis zu der ungewissen Stunde, zu der der Schuppen dichtmachte, was irgendwo zwischen zwei und vier Uhr am nächsten Morgen sein mochte. Was sie an Geld einspielten, wurde zu gleichen Teilen umgelegt. Gewöhnlich belief sich die Summe auf zehn Dollar pro Nacht für jeden von ihnen. An Wochenenden, wenn sich Tex Reed mit seinem Tenor-Saxophon zur Band gesellte, machten sie mehr.

Ihre Musik war eine perverse Mischung aus Country, Blues und Popsongs. »Mann, wir haben alles gespielt«, erinnerte sich Johnny Littlejohn ein Vierteljahrhundert später, nachdem auch das Wagon Wheel nur noch eine weitere Ruine war, durch die der Mississippiwind pfiff. »Wir haben alles gespielt, von ›The Wild Side of Life‹ und ›Slippin' Around‹ bis zu ›Big Legged Woman‹ und ›Drinkin' Wine, Spo-Dee-O-Dee‹. Himmel, wir haben sogar ›Stardust‹ gebracht. Wir haben einfach alles gespielt. Was immer wir gemacht haben, es kam im Honkytonk-Stil raus, in echt hartem Kneipenstil. Bei Paul Whitehead hörte sich das elektrische Akkordeon an wie ein ganzer verdammter Bläsersatz. Einmal kam am Silvesterabend ein Kerl in den Club, als wir gespielt haben. Und er dachte, es wäre 'ne Niggerband. Teufel noch eins, Mann, wir haben's eben gemacht – wir haben alles gespielt.

Wann immer Jerry gesungen hat, er konnte sich nie an die Worte erinnern. Ich mußte ihm den Text einfüttern. Er saß dann da am Klavier, und ich hab' direkt neben ihm am Schlagzeug gesessen. Und ich hab' ihn mit dem Text gefüttert, den er singen mußte. Also Himmel, er konnte sich nicht mal an die Worte von ›Slippin' Around‹ erinnern. Und das sind vielleicht grad mal ein Dutzend. Aber man mußte ihn gesehen haben. Er war immer ein Showman, immer.«

Im Sommer 1954 setzte die größte Revolution in der Geschichte des

Musikgeschäfts seit Erfindung der Tonaufnahme ein: der weiße Rock 'n' Roll. Was die Schwarzen seit Mitte der vierziger Jahre gemacht hatten, wurde jetzt von einer Handvoll junger weißer Burschen umgemodelt, die ihre Jugend damit zugebracht hatten, diesen Schwarzen zuzuhören, die ihrem magischen Reiz erlegen waren, gelernt hatten. Jetzt formten sie diese Magie um, vermischten sie mit weißer Magie und brachten etwas heraus, das so bisher ungehört war. Sie nannten es Rock 'n' Roll, dieselbe Bezeichnung, die die Schwarzen vor mehr als einem Jahrzehnt benutzt hatten; doch sie machten die Weißen, die ihnen ihre Sachen abkauften, glauben, daß sie diese Bezeichnung erfunden hätten, genauso wie sie ihnen vormachten, sie selbst hätten diese Musik erst erfunden. Sie hatten auch das von jenen Schwarzen gelernt.

Man sieht die Anfänge dieser Revolution, wenn man einen Blick auf die Ausgabe der Musikhandelswochenzeitschrift *Billboard* vom 7. August 1954 wirft. Dort wurde auf einer ganzen Seite Werbung für die neue Bill Haley-Platte »Shake, Rattle and Roll« (eine gereinigte Fassung des Originals von Joe Turner, das vor wenig mehr als drei Monaten herausgebracht worden war) gemacht. Hier wurden zum erstenmal Bill Haley & His Comets vermarktet als »The Nation's ›Rockingest‹ Rhythm Group«. Wenige Seiten weiter, in der Sparte »Reviews of New C & W Records«, findet sich die Rezension der Platte eines jungen Südstaatlers, eine Aufnahme des Trompeters Lucky Joe Almond auf einem kleinen Mississippi-Label: »Gonna Roll and Rock« (»Er singt es gefällig, jedoch wenig eindrucksvoll«, bemerkte der Rezensent). Doch gleich auf der gegenüberliegenden Seite stand die weitaus freundlichere Rezension einer weiteren neuen Platte, ebenfalls aufgenommen mit einem jungen Südstaatenmann und ebenfalls bei einem kleinen Südstaatenlabel herausgebracht. Es war die Rezension von Elvis Presleys erster Platte, im Vormonat im Sun Studio Memphis aufgenommen, und es war das erste Mal, daß Elvis in einer überregionalen Publikation erwähnt wurde. »Presley ist ein fähiger neuer Sänger«, so schreibt der anonyme Rezensent, »der einen Titel sowohl für den Country- als auch für den r. & b. (Rhythm and Blues)-Markt hintrimmen kann. Auf dieser neuen Scheibe kommt er rüber mit einer gediegenen Aufnahme eines Titels im r. & b.-Stil ›That's All Right‹ und bringt auf der Rückseite eine weitere hübsche Fassung eines Country-Liedchens ›Blue Moon of Kentucky‹. Ein starkes neues Talent.« Von diesem heißen strahlenden Augusttag an war der Rock 'n' Roll nicht mehr aufzuhalten.

Am 2. November, kaum mehr als einen Monat nach seinem neunzehnten Geburtstag (und etwas mehr als dreizehn Monate nach seiner erzwungenen Hochzeit), wurde Jerry Lee Vater. Er nannte den Jungen Jerry Lee Lewis Jr. Auf der Suche nach schnödem Ruhm unternahm Jerry Lee nach der Geburt seines Sohnes zwei Reisen. Die erste dieser Reisen führte ihn nach Shreveport, wo er für »The Louisiana Hayride« vorspielte, der KWKH Rundfunkshow jeden Samstagabend, die Hank Williams den Start ermöglicht hatte und in der erst vor wenigen Wochen, am 16. Oktober, Elvis Presley aufgetreten war.

»Horace Logan hatte damals bei ›Hayride‹ Regie, schleppte immer diese kleinen Kinderpistolen mit sich rum und so'n Scheiß. Dachte wohl, er wäre der Größte«, erinnerte sich Jerry Lee an seinen Abstecher nach Shreveport. »Ich hab' ihn gebeten, mich eine Nummer auf der Bühne bringen zu lassen. Der hat mich hingehalten und hingehalten, und dann schließlich hat er gesagt: ›Ich sag dir mal was, Söhnchen: Du kannst bei Slim Whitman vorspielen.‹ Logan behauptet, er könnte sich nicht mehr erinnern, aber er weiß es noch ganz genau. Er ist ein Lügner.«

Slim Whitman war ein flauer dreißigjähriger Country-Sänger, der seit April 1950 in »The Louisiana Hayride« stets in vorderster Reihe gestanden hatte. Er setzte Jerry Lee im KWKH-Studio ans Klavier und ließ einen Techniker eine Acetatscheibe von ihm aufnehmen. Die beiden Songs, die Jerry Lee zum Vorspielen ausgewählt hatte, waren beides Nummer Eins-Hits: »I Don't Hurt Anymore« von Hank Snow, das gegenwärtig in den Country-Charts plaziert war, und »I Need You Now«, das im vorangegangenen Jahr zum erstenmal von der Pop-Sängerin Joni James aufgenommen worden war und jetzt als Pop-Hit von Eddie Fisher Furore machte. Obwohl die Tonqualität dieser KWKH-Aufnahme primitiv war, sind die Kraft und Reife seiner Stimme darauf unverkennbar. Er trug beide Songs ganz ähnlich vor, spielte zum Gesang die Melodie, füllte dann die Leerstellen zwischen den Zeilen mit harten Honky-tonk-Einschüben. Slim Whitman hörte sich die Scheibe an, reichte sie dann Jerry Lee mit den Worten: »Ruf mich nicht an, ich ruf zurück.«

Jerry Lees zweite Reise ging nach Nashville. Er mietete sich in einem Zimmer für einen Dollar pro Nacht im Bell Hotel, schräg gegenüber vom Continental Bus-Depot, ein. Er lief die Sixteenth und Seventeenth Avenues South mit dieser Acetatscheibe unter dem Arm rauf und runter, fühlte sich dabei vor aller Augen wie Christopher Columbus mit seinem Ball. Während die Samstagabend-»Opry«-Show lief, schlich er sich im Ryman Auditorium hinter die Bühne. Hochaufgeschossene bläßliche Männer in straßbesetzten Anzügen mit weißen Stetsons auf dem Kopf jagten an ihm vorbei auf die Bühne oder kamen von dort zurück. Zwei Frauen, beide fest engagiert bei »Opry«, freundeten sich mit ihm an: Del

Wood, die Frau, die »Down Yonder« aufgenommen hatte, und Goldie Hill, eine hübsche blonde Sängerin, die nur wenige Jahre älter war als er.

Jerry Lee fand für kurze Zeit ein Engagement im »Musician's Hideaway«, einer noch nach der Sperrstunde geöffneten Kaschemme in 55 Commerce Street, in einer oberen Etage, gleich um die Ecke vom Hotel, in dem er wohnte. Roy Hall, der Besitzer des Clubs und Pianist, war ein harter Trinker aus Big Stone Gap, Virginia, etwa zwanzig Meilen nördlich der Grenze zu Tennessee.

»Ich hab' ihn angeheuert für fünfzehn Dollar pro Nacht«, erinnerte sich Hall später. »Er hat von morgens ein Uhr bis fünf gearbeitet, auf das verdammte Klavier eingehämmert, bis es draußen hell wurde. Die Leute haben Jerry Lee immer Armbanduhren und Schmuck gegeben für den Fall, daß Razzia gemacht wurde, weil sie sich gedacht haben, verstehen Sie, daß man ihn wegen seines Alters verschonen würde. Bei uns liefen Siebzehn und Vier, Roulette, einfach alles. In der Nacht, als man uns hochgenommen hat, trug Jerry Lee ungefähr fünfzehn Uhren an seinen Armen. Sie haben alle mit zur Wache genommen, haben sie eingesperrt. Na klar, der einzige, den sie nicht gefilzt haben, war Jerry Lee. Ich hab' 'ne Sammlung veranstaltet und alle wieder rausgeholt, und alle haben ihre Armbanduhren und ihr Zeugs zurückbekommen. Wir sind dann direkt zurück in den Club und haben weitergemacht.«

Nicht lange nach dieser Razzia gab Jerry Lee das »Musician's Hideaway« auf und wandte seine Aufmerksamkeit wieder mehr dem Vorspielen bei Schallplattenfirmen zu. Wenn ihm das Geld ausging, telegraphierte er Uncle Lee und Aunt Stella, und sie schickten ihm fünfundzwanzig Dollar. Er machte so lange damit weiter, bei den Schallplattenfirmen anzuklopfen, bis die fünfundzwanzig Dollar verbraucht waren. Wo er auch hinkam, es war immer dasselbe.

»Die haben gesagt, also paß mal auf, du wechselst mit deiner Nummer auf Gitarre über, und dann schaffst du's vielleicht. Darauf ich: ›Du kannst dir deine Gitarre in den Arsch schieben.‹ Per Anhalter bin ich zurück nach Natchez, Mississippi, und hab' dann wieder im Wagon Wheel zu arbeiten angefangen.«

Wieder daheim, standen die Dinge zwischen ihm und Jane nicht zum Besten. Sie drohte ihn zu verlassen, falls er sein Nachtleben nicht aufgeben würde. Sie verfluchte das Wagon Wheel, und sie verfluchte sein Klavier, und sie verfluchte seine Seele. Er brandmarkte sie wegen ihres Trinkens und Rauchens und wegen anderer Sünden wider den Heiligen Geist; und er bezichtigte sie des Ehebruchs.

Er benutzte seine kleine Schwester, Linda Gail, als Spionin. »So bin ich dann mit Jerrys Frau und meiner Schwester in die Stadt gegangen, und ich hab' sie angeschmiert«, erinnert sich Linda Gail. »Ich war ungefähr sieben oder acht Jahre alt, und ich hab' gesagt, wenn ihr mir eine Zigarette gebt und mich von eurem Bier trinken laßt, erzähl' ich Jerry nichts über euch. Verstehen Sie, Jerry wollte nicht zulassen, was die beiden machten, und das wußte ich. Also haben sie mir alles gegeben, und ich hab' ihnen das Blaue vom Himmel versprochen, und von mir kriegten sie nichts. Sobald ich wieder zu Hause war, bin ich auf Jerrys Schoß geklettert, und dann hat er gesagt: ›Also Linda, nun erzähl mal, was sie gemacht haben.‹ Dann hab' ich ihm brühwarm alles erzählt. Ich bin immer Jerrys Liebling gewesen.«

»Jane war schon ein harter Brocken«, erinnerte sich Frankie Jean Lewis. »Sie hatten eines Abends in Gegenwart von Mutter einen Streit, und Mutter wurde mit hineingezogen. Sie waren noch mittendrin, als Jerry Lee beschloß, einfach abzuhauen. Mutter wollte ihm eine langen, und er hat sich weggeduckt, und sie hat sich an der Wand den Finger gebrochen. Jane hat sich immer auf Mutter gestützt, die ihr helfen sollte, Jerry unter Kontrolle zu halten, was Mutter auch immer getan hat. Aber sie konnte ihn nie davon abbringen auszugehen. Ich glaube auch nicht, daß sie das wirklich gewollt hat.«

Jerry Lee trug nicht jeden Streit nur mit seiner Frau aus. Es gab Kämpfe mit einem Dämon. »Es quälte ihn«, sagte Johnny Littlejohn. »Er war hin und her gerissen zwischen der Musik und dieser ›Assembly of God‹. Er hatte es immer mit dieser Geschichte von Gott und dem Mammon und hatte diesen Flitz, Prediger zu werden. Ich fahr' rüber nach Ferriday, ihn abholen, und er sagt mir, daß er Prediger werden will. ›Ich spiel' nie mehr in irgendwelchen Clubs. Mein Leben gehört dem Herrn‹, sagt er. Ich bitte ihn mitzukommen. Manchmal hat er's gemacht, manchmal auch nicht. Einmal ist er zwei ganze Wochen weggeblieben. Dann hat er mich angerufen und gesagt: ›Na ja, John, du weißt schon, es steht schlecht, und ich brauch' die Kohle.‹«

Im Februar 1955 teilte Jane Jerry Lee mit, daß sie nach Hazlehurst, Mississippi, fahren müßte, wo ihr Großvater im Sterben liege. Nicht lange nach ihrem Weggang entdeckte Jerry Lee sie in einem Laden im nahegelegenen Jonesville. Er sagte, sie solle sich ihre weltliche Habe aus ihrer gemeinsamen Wohnung abholen und ausziehen. Er sagte ihr, daß er sie nicht mehr haben wollte; er nannte sie eine Lügnerin und eine Hure.

Sie ging nach Monroe, fand Aufnahme bei ihrer älteren Schwester. In

Monroe verklagte sie Jerry Lee auf Scheidung, und ein Richter gestand ihr vierzig Dollar Unterhalt im Monat zu. Jerry Lee stimmte mit diesem Richter nicht überein, und er gab ihr die vierzig Dollar nicht – nicht in diesem Monat, nicht im darauffolgenden –, und Jane ließ ihn auf Gerichtsbeschluß festnehmen. Dann, im Juni, ließ sie ihre Klage fallen und kehrte nach Ferriday zurück zu ihrem Mann und ihrem kleinen Kind. Sie war zärtlich zu Jerry Lee und teilte ihm bald mit, daß sie schwanger wäre. Er sagte ihr, daß es nicht sein Same wäre, der sie in diesen Zustand gebracht hätte. Wieder erhoben sie die Hände im Zorn gegeneinander.

»Manchmal bin ich rübergefahren, um ihn abzuholen«, sagte Johnny Littlejohn von jenen Sommerabenden des Jahres 1955, »und er kam die Treppe runter. Hinter ihm her flogen Lampen, Töpfe und Pfannen, alles mögliche andere. Seine Alte, diese Jane, die war ein richtiger Tiger. Eines Abends ist sie zum Club rausgekommen. Sie stand draußen, und er wollte sie nicht sehen. Da nahm sie einen ihrer tückischen hohen Stöckelschuhe und ging auf seinen '47er Pontiac los – sie hat keine einzige Scheibe an dem verdammten Ding heil gelassen.« Doch das schwächere Geschlecht konnte eines nicht aufhalten: die Musik – nein, nur der Heilige Geist vermochte das –, und sie ging weiter. Sie ging weiter, Nacht für Nacht.

Ein so wilder Laden das Wagon Wheel auch war, es gab Kaschemmen in Natchez, die waren noch weitaus wilder. Man fand sie am Flußufer des Mississippi in einer kleinen Senke unterhalb eines Felshangs. Seit der Zeit vor dem Bürgerkrieg kannte man die Gegend unter dem Namen Under-the-Hill. Hier hatten die Leichter und dann später die Dampfboote angelegt, und es war hier, so sagten die Alteingesessenen, an diesem briefmarkengroßen Uferstreifen, wo mehr gesoffen, Glücksspiel betrieben, gebumst und gemordet worden war als irgendwo sonst im ganzen großartigen und gottverdammten Staat von Mississippi.

»Natchez under the Hill – oh, oh! Wo soll ich die geeigneten Worte finden, die Denkwürdigkeiten dieses unheiligen Fleckens zu beschreiben?« ereifert sich der Autor des Buches *Life of Davy Crockett* 1860. »Es ist buchstäblich das Ende der Welt. Satan blickt darauf mit Frohlocken und lacht in sich hinein, während er wohlgefällig die Orgien seiner Knechte mitanschaut. Die Gebäude sind zumeist Bordelle, Tavernen oder Spielhöllen, und häufig findet man alle drei unter demselben Dach. In allen Vierteln singt man in den höchsten Tönen schmutzige Lieder. Wiederholt habe ich mitansehen können, wie die Dirnen einem Mann die Kleider vom Leib gerissen, ihn durchgebleut und, mit allen Farben des Regenbogens geziert, davongejagt haben.«

Fünfundneunzig Jahre später war Under-the-Hill noch immer ein Ort, auf dem Satans Augen mit Wohlgefallen geruht hätten. Bars wie der Canasta Club und Toney Marsella's Blue Cat Club waren Lokalitäten, wo ein Mann oder eine Frau trinken, spielen, töten oder getötet werden konnten. Im Jahre 1955 wurde Johnny Littlejohns Band mit Jerry Lee und dem blinden alten Paul Whitehead zur beliebtesten Band im Blue Cat Club. Anders als das Wagon Wheel schloß der Blue Cat Club manchmal nicht vor jener morgenhellen geschäftigen Stunde, wenn anständige Leute bereits gefrühstückt hatten und auf dem Weg zur Arbeit waren.

Eines Abends fuhren Elmo und Mamie, Frankie Jean und die kleine Linda Gail über die Brücke nach Natchez, um einmal zu sehen, in was für einem Lokal Jerry Lee arbeitete. Elmo parkte den Wagen auf dem Sandweg, der den Blue Cat Club vom Ufer des Mississippi trennte. Sie hörten einen ohrenbetäubenden Lärm, der anschwoll und schwächer wurde, jedoch nie ganz aufhörte.

»Mutter hatte ja solche Angst«, erzählte Frankie Jean von jenem Abend. »Sie sagte immer wieder nur: ›O Gott, die bringen uns alle um, die bringen uns alle um. O mein Gott, mein Sohn, mein Sohn!‹ Es war ein schrecklicher Ort. Und Jerry war mittendrin und hämmerte drauflos. Man konnte ihn bis nach draußen hören, wie er mit seinem Klavier die üble Bande in Fahrt brachte. Daddy ging rein; wir anderen haben bei verriegelten Türen und hochgekurbelten Fenstern im Wagen gewartet.«

Elmo ging an der umlagerten Bar vorbei, vorbei am Roulette, am Blackjack-Tisch und dem Beat-My-Shake – er schob sich nach vorn, bis er seinen Sohn sah, der oben vor dem Piano saß, stampfend hämmerte und davon heulte, daß die langbeinigen Frauen ihre Röckc besser unten halten sollten, denn wenn er erst einmal anfange, auf sie einzubohren, würden sie ihre Nachthemdchen verlieren. Und dieser alte blinde Mann stand da oben neben ihm, nickte dazu mit dem Kopf und quälte aus dieser elektrischen Quetschkommode das letzte heraus, als wäre sie das Instrument seiner Blindheit, von dem er sich nicht mehr lösen konnte. Elmo gefiel es – ihm gefiel alles. Er ließ sich einen Drink kommen, und jetzt gefiel es ihm sogar noch mehr.

Die Band war nie in Verlegenheit, neues Material zu bekommen, da Johnny Littlejohn als Diskjockey bei WNAT sämtliche neuen Platten zur Verfügung gestellt bekam, ob Blues, Country oder Pop. An einer der Neuerscheinungen, die in der ersten Oktoberwoche 1955 mit der Post kamen, fand Jerry Lee besonderen Gefallen: »Whole Lotta Shakin' Goin' On«, eine Decca-Platte von Roy Hall, dem Burschen, der Jerry Lee vor etlichen Monaten angeheuert hatte, in seinem Schuppen in Nashville noch nach der Sperrstunde zu arbeiten.

Roy Hall war dreiunddreißig Jahre alt und spielte Klavier in der Band des Country-Sängers Webb Pierce, als er im September 1955 »Whole Lotta Shakin' Goin' On« pressen ließ. Es war seine erste Platte für Decca. Davor hatte er als Roy Hall and His Cohutta Mountain Boys Aufnahmen für Fortune Records in Detroit und für die Nashville-Firmen Tennessee und Bullet gemacht, und sein Song »The Dirty Boogie« hatte ihn bekannt gemacht. Obwohl Hall ein beachtlicher Pianist war, gab es zu seiner Aufnahme von »Whole Lotta Shakin' Goin' On« keine Klavierbegleitung, und der harte kantige Drive kam hauptsächlich von den schroffen Phrasierungen der elektrischen Gitarre Sugarfoot Garlands. Die Stimme von Roy Hall hatte etwas Verwaschenes, Betrunkenes, wenn er sang:

Twenty-one drums and an ol' bass horn,
Somebody beatin' on a ding-dong.
Come on over, baby, whole lotta shakin' goin' on;
Come on over, baby; baby, you can't go wrong.

There ain't no fakin', whole lotta shakin' goin' on.
Come on over, baby, whole lotta kickin' in the barn;
Come on over, baby, we got the bull by the horns;
Well, there ain't no fakin', whole lotta shakin' goin' on.

Shake, make it shake. Shake, make it shake.
Shake, don't let it break. Shake, an' make it shake.
There ain't no fakin', whole lotta shakin' goin' on.

»Ich und ein schwarzer Bursche namens Dave Williams haben das zusammengezimmert«, sagte Roy Hall. »Wir waren da unten in Pahokee, Florida, draußen am Lake Okeechobee. Wir waren besoffen, haben Texte geschrieben. Wir sind draußen angeln gewesen und haben Schlangen gemolken, Wein getrunken. Dieser Bursche hatte draußen eine große Glocke, und er hat sie geläutet, um uns alle zum Abendessen zu rufen. Und ich ruf' rüber zur anderen Seite der Insel – ich sag': ›Was is'n los?‹ Und der Schwarze ruft zurück: ›Wir ha'm einundzwanzig Trommeln‹ – wissen'se, alle war'n besoffen – ›Wir ha'm 'ne alte Baßtuba, und sie haun sogar mit 'nem Ding-Dong auf'n Putz.‹ Verstehen Sie, das war die große Glocke, die sie geläutet haben, wenn sie wollten, daß wir reinkommen. (»Beatin' on the Ding Dong« lautete auch der Titel einer Platte, die der Country-Sänger Jim Reeves im Mai 1954 herausgebracht hatte.)

Als ich und Curly Williams das Copyright zum Song angemeldet haben, habe ich 'nen Decknamen benutzt, Sunny David. Ich hatte 'ne Menge Decknamen. Shady Walls – das war einer davon. Verstehen Sie, ich hab' versucht, um die Einkommensteuer rumzukommen. Aber schließlich haben sie mich doch am Arsch gehabt. Ich krieg' noch immer ein paar Tantiemen, aber nicht viel. Ich hab' ne Klage gegen meine Frau verloren. Und Paul Cohen, der damals Chef bei Decca gewesen ist, der hat mich, als ich besoffen war, einen Haufen Papier unterschreiben lassen, und auf die Weise hab' ich 'ne Menge verloren. Solche Geschäfte haben die gemacht. Aber ich trink' nicht mehr – hab' '72 damit aufgehört.«

Obwohl Roy Hall der Ko-Autor dieses Songs war, war er nicht der erste, der ihn herausbrachte. Die mächtige R&B-Sängerin Big Maybelle hatte ihn im vorangegangenen März für Okeh Records in New York aufgenommen. Ebenso wie Big Maybelles Platte war auch Roy Halls Aufnahme kein Hit; aber danach tauchte das Lied noch in mehreren Neufassungen auf den Rückseiten einer Reihe von Platten auf. Einen Monat nach Halls Aufnahme wurde der Song von jemandem herausgebracht, der auch bei Decca unter Vertrag war – von der Big Band-Sängerin Dolores Fredericks –, und dann Ende Dezember warfen Dot Records in Nashville eine Fassung der Commodores, einer Gesangsgruppe, auf den Markt.

Aber »Jerry Lee hatte an der verdammten Platte einen Narren gefressen«, erinnert sich Johnny Littlejohn. »Er hat immer wiederholt: ›Laßt mich den singen.‹ Ich hab' gesagt: ›Du kennst doch den Text nicht, Jerry Lee‹, und er meinte dann: ›Na ja, du kannst ihn mir ja füttern.‹ Und ich hab' ihn ihm gefüttert, und er hat das letzte aus dem Ding herausgeholt.«

Weder Johnny noch Jerry Lee selbst wußten, daß Jerry Lee mit diesem kleinen Song festen Boden gefunden hatte: Boden, von dem eine Geschichte aufsteigen würde, wilder und düsterer, größer und böser, als je einer von denen gelebt, erzählt oder gar nur geträumt hatte, die vor ihm geboren waren – eine Geschichte, deren Funkenschweif, deren dunkel schwelende Scheite dem Heiligen Geist in den Augen brennen würden, bevor sie stürzend, aufflammend, sinkend in das stille Geheimnis der Niederungen von Louisiana zurückkehrte.

Und inzwischen hatte Jerry Lee auch noch etwas anderes gefunden –

etwas, das, sobald die Zeit dafür herangereift war, die Braue und die Faust der Geschichte zerschneiden und abhacken sollte. Man hatte ihn mehr gelehrt als neue Lieder und ihn mit mehr als Worten gefüttert. Da waren noch die fünfzehn Milligramm Benzedrin-Kapseln – kleine Zauberpillen.

8. Kapitel

Am Tag nach Heiligabend 1955 machte sich Jerry Lees Großmutter, Theresa Lee Herron, auf in ihre letzte Zuflucht mit den Myriaden von Mauern. Ihr Ehemann, J. W., war im Frühjahr desselben Jahres gestorben, und jetzt betteten sie sie neben ihm und bedeckten sie mit Calhoun-Erde auf dem kleinen Friedhof unweit Clayton.

Zehn Wochen später, am 16. März, wurde neues Leben geboren. Jane gebar einen zweiten Sohn, und sie benannte ihn nach ihrem Vater Ronnie Guy. Doch Jerry Lee erkannte, daß das Haar des Kindes dunkler war als sein eigenes, und er erklärte seiner Frau, daß dies sein Sohn nicht sein könne und daß er und seine Nachkommen niemals, nicht einmal im zehnten Glied, ins Königreich Gottes eingehen würden.

In jenem Sommer fuhr Mickey Gilley, der noch immer bei der Smith Construction Company in Houston arbeitete, nach Ferriday, um seine Verwandten zu besuchen. Er begegnete Jerry Lee auf der Straße, und Jerry Lee erzählte ihm von der Band, mit der er im Blue Cat Club und in der Nachbarschaft spielte. Beide Vettern hatten in letzter Zeit viele Geschichten über Elvis gelesen in Zeitschriften wie *Rock and Roll Songs, Country Song Roundup* und *Country & Western Jamboree* – Stories mit Titeln wie »Elvis Presley – kometengleich zum Ruhm«.

»Jerry, warum gehst du nicht nach Memphis, Tennessee«, sagte Mikkey, »und redest mal mit dem Burschen, der Elvis rausgebracht hat.«

»Ich werd' das in den nächsten Tagen mal tun«, sagte Jerry Lee und schaute dabei zur Seite.

Jerry Lee sprach mit seinem Vater darüber, und Elmo pflichtete ihm bei, daß das eine gute Idee wäre, besonders weil er sah, daß Jerry Lee jetzt einundzwanzig Jahre alt war und von keiner verdammten Sache etwas verstand außer vom Musikmachen und davon, seinen Arsch in Schwierigkeiten zu bringen. In jenem Herbst pumpte Elmo fast vierhundert Eier aus seinen Hühnern heraus, und er und Jerry Lee nahmen diese Eier, diese dreiunddreißig Dutzend Eier, und verkauften sie an

Nelson's Supermarket in der Louisiana Avenue. Was Nelson nicht haben wollte, verkauften sie an einen kleinen Lebensmittelladen in Jonesville. Elmo legte das Eiergeld beiseite und wartete.

An einem Samstag abend im November, dem Abend nach Jerry Lee Juniors zweitem Geburtstag, nahm Jerry Lee Johnny Littlejohn im Blue Cat Club beiseite.

»John«, sagte er. »Das hier wird mein letzter Abend.«

»O Hölle, nein, nicht schon wieder!« gab Johnny Littlejohn zurück. »Was ist es denn diesmal? Willst du Prediger werden?«

»Nein«, sagte Jerry Lee. »Ich gehe nach Memphis. Ich will eine Platte machen. Wenn ich's nicht jetzt mache, werd' ich, solange ich lebe, keine zweite Gelegenheit bekommen.«

Johnny blies den Rauch einer Lucky Strike durch die Nasenlöcher und nickte, tat so, als hätte er verstanden.

Am nächsten Morgen nahmen Jerry Lee und Elmo das Eiergeld plus zwanzig Dollar, die Jerry Lee in jener Woche im Club eingespielt hatte, und sie stiegen in Jerry Lees neuen Ford und fuhren auf dem Highway 65 nach Norden. Es regnete, und auf dem ganzen Weg herrschte Dunkelheit.

9. Kapitel

Sam Phillips war über den Rundfunk ins Plattengeschäft gekommen. Am 5. Januar 1923 auf einer Farm bei Florence, Alabama, geboren, begann er 1941 bei WLAY in Muscle Shoals seine Arbeit als Rundfunksprecher. Von dort ging er zu WHSL in Decatur, dann zu WLAC in Nashville. Im Winter 1944/45 kam er zu WREC in Memphis, wo er aus dem Hotel Peabody in Lifesendungen Swing-Bands vorstellte. Mit dem Geld, das er verdient hatte, richtete er sich in einem umgebauten Ventilatorenladen in der 706 Union Avenue ein kleines Studio ein, und 1950 fing er damit an, Aufnahmen mit schwarzen Musikern zu machen und diese Platten an unabhängige Labels wie etwa Chess, Modern, Meteor und Trumpet zu leasen. Er machte Aufnahmen mit einigen der besten Vertreter des Blues aus dem Süden: Bobby Bland, Little Milton, James Cotton, Howlin' Wolf, B. B. King, Ike Turner, Joe Hill Louis sowie anderen, die sich in Tausenden von Musikkneipen wie Haney's Big House durchgeschlagen hatten. Anfang 1952 gründete Sam seine eigene Schallplattenfirma. Sun Records begann als ein Blues-Label, das vereinzelt auch Hillbilly-Aufnahmen herausbrachte. Und dann, im Sommer 1954, kam Elvis daher, und fortan war Sun nicht länger mehr ein Blues-Label, sondern das führende Markenzeichen für weißen Rock 'n' Roll. Gegen Ende 1955 ließ Sam für vierzigtausend Dollar Elvis zu RCA-Victor ziehen, was im Plattengeschäft eine unerhörte Summe war. Sun hatte noch andere erfolgreiche Künstler unter Vertrag – Carl Perkins, Johnny Cash –, doch Sam hatte noch keinen zweiten Elvis gefunden.

Auf jener verregneten Fahrt nach Memphis redeten Jerry Lee und Elmo darüber, was sie Mr. Phillips sagen würden, welche Songs Jerry Lee ihm vorspielen sollte. In der Morgendämmerung erreichten sie Memphis und fanden ein Zimmer für anderthalb Dollar pro Nacht in einem Hotel der Innenstadt. Am Morgen dann erkundigten sie sich nach dem Weg und machten sich auf zu Sun Records, den Kopf voll mit allen möglichen Dingen. Als sie in 706 Union Avenue ankamen, teilte ihnen die Empfangsdame mit, daß Sam Phillips früh an diesem Morgen nach Nashville abgereist wäre, um an der fünften Jahrestagung der Diskjockey-Convention teilzunehmen, und daß niemand im Studio wäre außer ihr selbst und Jack Clement, einem Produzenten.

Viele Jahre später, nachdem das Hotel abgerissen und Sun einige Etagen höher gestiegen war, saßen Jerry Lee und Elmo beim Whiskey und erzählten sich, die anderen um sie her kaum beachtend, von jenem Tag.

»Wir haben in dieser ersten Nacht in Memphis, Tennessee, in einem Zimmer geschlafen. Das war das erste und letzte Mal«, sagte Elmo, jetzt in den Siebzigern, auch jetzt noch lächelnd, doch ziemlich schleppend.

»Yeah«, sagte sein Sohn, der letzte wilde Sohn, der auch jetzt nicht mehr lächelte als sonst, »in einem kleinen alten Zimmer mit einem kleinen alten Bett drin. Das hatte auch ein Waschbecken, und das wirkte auf uns wie 'ne Million Dollar. Fließend Wasser. Das war schon was, wie?«

»Was denn, du redest von fließendem Wasser? Zu Haus' hatt' ich keins – mußte immer raus zur Pumpe.«

»Eineinhalb Dollar. Ich schwör's bei Gott. Das Hotel hab' ich nicht wiedergesehen. Hab' mich umgesehen, aber ich konnt's nirgends finden.«

»Am nächsten Morgen frag' ich den Mann. Ich sage, hey, Mann, wo ist denn hier Sun Records? Er sagt, hier, gleich die Straße runter. Da haben wir dann rumgesessen, und dann endlich ist dieser Clement – Jack Clement, so hieß er wohl, glaub' ich –«

»Der Hundesohn.«

»Wir haben rumgesessen«, fuhr Elmo fort, »bis ein, zwei Uhr bei dieser Frau gewartet.«

»Yeah. Diese Sau.«
»Sie war ein gutes altes Mädchen.«
»Sie war 'n Stück Scheiße! 'tschuldige meine Ausdrucksweise.«
»Na jedenfalls, äh, wir also gewartet und gewartet. Geredet hab' ich –«
»Wer hat was gemacht?«
»Geredet hab' ich.«
»Ich glaube, da muß ich mich wohl mit dir rumstreiten, Pappy.«
»Ich hab' wie wild geredet.«
»Ich weiß, du hast geredet.«
»Stimmt verdammt, ich hab' geredet!«
»Aber ich hab' ein paar wichtige Sachen ein–«
»Weiß ich doch, weiß ich doch –«
»Ich hab' gesagt, Sam Phillips muß mich anhören. Und wenn ich so lange auf der Treppe sitzen muß, bis er zurückkommt.«
»Stimmt, hast du gemacht.«
»Jack, der hat's doch aufgenommen. Verstehst du, der wußte, was er tut. Damals hab' ich das nicht erkannt. Aber jetzt seh' ich klar.«
»Diese Frau sagt: ›Der Junge hier will probeaufnehmen.‹ Dieser *Junge* will 'ne Probeaufnahme. Genau.«
»Das Aas.«
»Sagt der: ›Wo ist deine Gitarre.‹ Sagt er: ›Ich spiel keine Gitarre, ich spiel Klavier.‹ Sagt der: ›Da ist ein Klavier – nun man los.‹ An einem Nagel an der Wand hing 'ne Tonspule.«
»Nee, zu Anfang hat er das noch nicht gesagt. Er wollte uns gar nicht reinlassen – hat gesagt: ›Sohn, hab' nicht die Zeit, mit dir rumzutrödeln.‹ Genau das hat er gesagt.«
»Na, jedenfalls, du hast das verdammte Klavier auf deine Weise bearbeitet, hast so gespielt, wie du heute spielst, und er blieb stehen – ich meine, *abgebrochen,* also wirklich angewurzelt –, dann hat er das Band in die Maschine eingelegt und den Motor angestellt. So ungefähr dreieinhalb Stunden hat er gespielt. Oder? Irgendwie so lange. Und dann frag' ich ihn, ich sage: ›Na, wie denken Sie drüber?‹ Er sagt: ›Ich würd' das Band ja wohl nicht laufen lassen, wenn ich nicht glauben würde, daß es in Ordnung ist.‹«
»Dieser Hundesohn.«
Auch Jack Clement erinnert sich an jenen Tag. »Zu jener Zeit«, sagte er, »kamen eine Menge Leute zu den Sun Records, um Probeaufnahmen zu machen und so. Das war, nachdem das mit Elvis und noch ein paar andere Sachen passiert waren. Viele von denen hab' ich mir angehört, aber ich hab' sie nicht alle gehört.

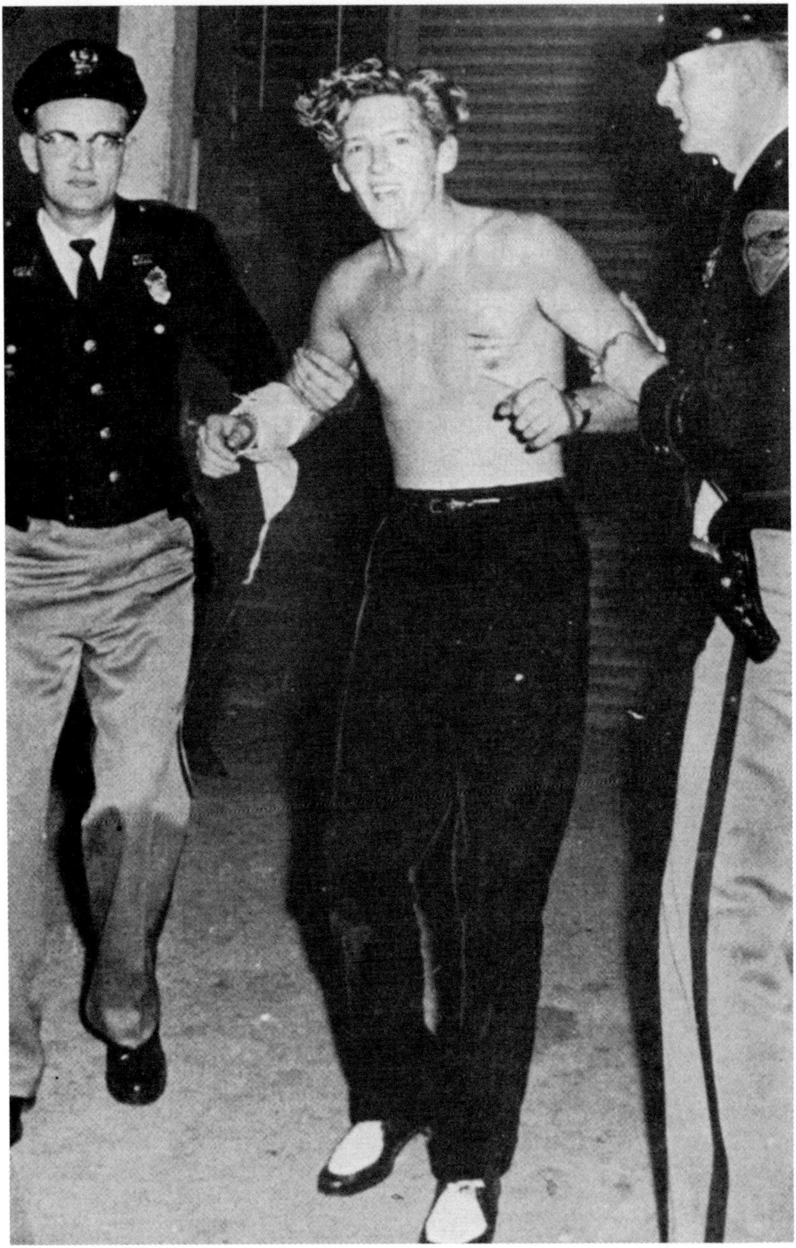

Die Mutter, der Sohn,
der Vater
(Memphis, Januar 1959)

Donner ohne Regen

Am Sun-Piano in jenem Sommer, in dem Fortuna die Röcke hob

*Jane Mitcham Lewis mit Ronnie Guy und Jerry Lee, jr.
(Memphis, September 1957)*

Mit Myra Gale in London

Myra Gale mit ihrem Bruder Rusty und ihrer Mutter, Clara Lois Brown, in London

Die letzte Nacht in England:
Granada Theatre, Tooting, 26. Mai 1958

Mit seiner Schwester Frankie Jean und Myra Gale bei der Abfahrt aus London

Memphis, Juni 1958

Ein kleines Steinlamm bei Clayton

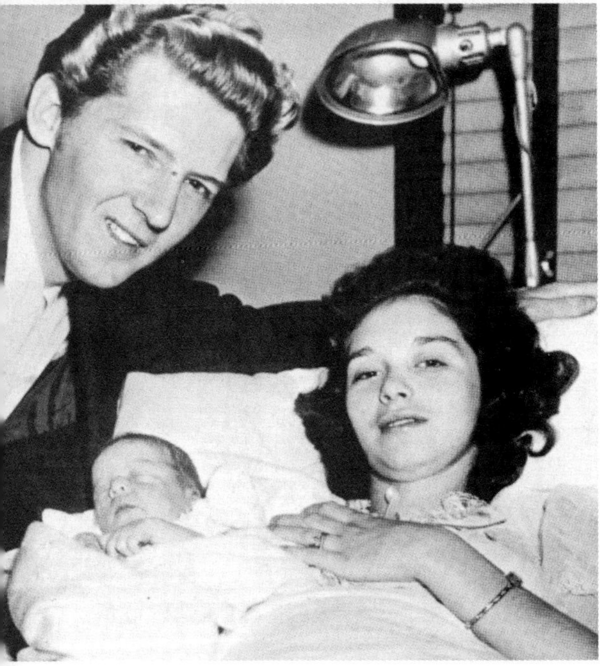

Mit dem neugeborenen
Steve Allen Lewis
im Ferriday Hospital

Brand's

Die Rückkehr nach London, Mai 1962

Jerry Lee und Elmo in der Luft, 1962

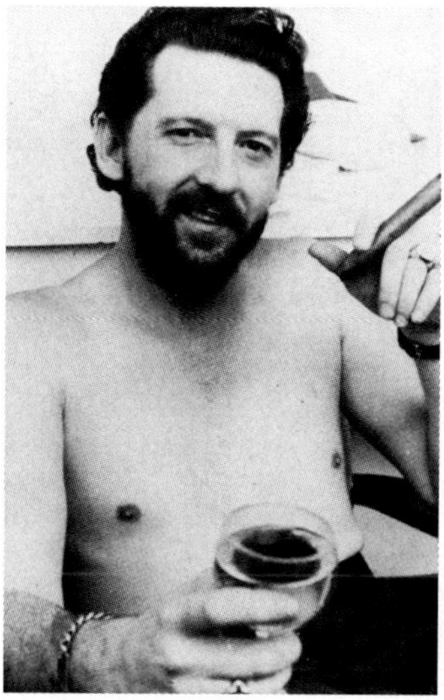

Los Angeles, 1977, mit Schwester Linda Gail am Tamburin

Ich erinnere mich noch, als Jerry Lee reinkam, war ich hinten im Studio, hinten im Kontrollraum. Die Frau am Empfang kam nach hinten und sagte: ›Da ist so ein Junge, der behauptet, daß er Klavier spielt, wie Chet Atkins Gitarre spielt.‹ Ich konnt' mir darauf keinen Reim machen, also hab' ich gesagt: ›O ja? Bringen Sie ihn doch nach hinten.‹ Also kam Jerry Lee mit seinem Daddy zu mir. Er war selbstbewußt, aber er hat nicht gedrängelt oder so. Man könnte sagen, er war ein bißchen vorlaut. Aber daran hatte ich mich irgendwie gewöhnt; das gehörte nun mal zum Rock 'n' Roll. Ich bin nicht davor zurückgeschreckt, wenn jemand vorlaut war.

Wir haben uns an das kleine Spinett-Klavier gesetzt, und richtig, klar, er spielte etwas, das sich anhörte wie Chet Atkins. ›Also, was machst du denn sonst noch so?‹ frag' ich. ›Na ja, ich singe.‹ Also hab' ich ihn singen lassen, aber das war alles nur Country-Zeugs. Ich hab' ein kleines Band laufen lassen, nur mit ihm und dem Klavier, und er sang ›Seasons of My Heart‹ und zwei oder drei andere countryähnliche Nummern. Er hat keinen Rock 'n' Roll für mich gesungen. Ich hab' ihm gesagt, daß die Luft aus dem Country-Geschäft irgendwie raus wäre. Die einzigen Leute mit Countrymusik, die sich in dieser Zeit wirklich verkauft haben, waren, glaube ich, George Jones und vielleicht ein paar andere. Und natürlich war Sun Records damals nicht auf Country abgerichtet. Also hab' ich ihm gesagt, wir könnten vielleicht was machen, falls er mit 'n bißchen Rock 'n' Roll kommt. Ich hab' ihm gesagt, er soll 'ne Rock 'n' Roll-Nummer schreiben.«

Nachdem sie an jenem Nachmittag das Sun Studio verlassen hatten, gingen Jerry Lee und Elmo zu Meteor Records auf der Chelsea Avenue im schwarzen Teil der Stadt. Dort trafen sie Lester Bihari, den Mann, der Meteor Ende 1952 gegründet hatte. Genau wie Sun, hatte auch Meteor als Blues-Label begonnen, doch seit jenem magischen Sommer 1954 hatte auch Bihari einigen weißen Rock 'n' Roll herausgebracht, Platten von Männern wie Bud Deckelmen, Malcolm Yelvington, Junior Thompson, Charlie Feathers und Bill Bowen. Keine dieser Rockabilly-Platten verkaufte sich sehr gut (eigentlich war Meteors einziger Hit sein allererster Titel gewesen, »I Believe«, von dem legendären schwarzen Gitarristen Elmore James), und an diesem Novembertag im Jahre 1956 stand Meteor auf wackligen Beinen. Lester Bihari war begeistert von Jerry Lee, doch Jerry Lee und Elmo konnten sich für ihn nicht begeistern. »Mensch, bin ich froh, daß ich mich nicht an den Knaben gebunden habe«, erklärte Jerry Lee später. »Er hüpfte dauernd rum, benahm sich wie ein Verrückter. Netter alter Spinner, aber ich bin heilfroh, daß ich mich nicht an den gebunden hab'.«

Im alten Black River-Haus, wo Jerry Lee sein Starck-Klavier zurückgelassen hatte, als er mit Jane in die Innenstadtwohnung umgezogen war, schrieb er dann seinen Song. Frankie Jean und Linda Gail waren da. Jane war dort und der kleine Jerry Lee Jr. und dieses andere Kind, dessen Nachkommen bis ins zehnte Glied nicht ins Himmelreich kommen würden. Jerry Lee saß da am Klavier, mühte sich ab.

Er hatte die Musik – einen schnellen Boogie in abgehacktem Rhythmus mit viel Drive –, doch die Worte kamen nur langsam. Er unternahm den Versuch, über dunkle Einsamkeit und lange Fahrten durch die Nacht und über das, was am Ende solcher Fahrten liegt, zu schreiben. Dieser letzte Teil bereitete ihm Schwierigkeiten. Da saß er, spielte diesen schnellen harten Boogie, versuchte herauszufinden, was es in Wahrheit sein mochte, das am Ende aller Nacht lag. Er schaute sich um, auf das schwache Geschlecht, die Schwestern, die Frau, und auf sein Fleisch und Blut, den wahren Sohn und den untergeschobenen von jener Frau, und da kam es ihm: »There'll be a weddin' at the end of the road.« Aber Frankie Jean und Jane machten sich über seinen Refrain lustig.

»Wir haben gelacht«, erinnert sich Frankie Jean, »und gesagt: ›Das klingt nicht richtig.‹ Weil der Weg in diesem Lied eben in einer Sackgasse endet. Also haben wir versucht, ihn zu überreden hinzuschreiben: ›I'll be waitin' at the end of the road.‹ Und schließlich hat er das auch getan, wirklich getan – hat das ›wedding‹ in ›waiting‹ umgeändert. Wir haben immer wieder gesagt: ›Das ist gar nicht dein Stil, die Sache mit dem Heiraten.‹ Er hat uns das später nie gedankt, aber es ist wahr.«

Well, the way is dark,
Night is long,
I don't care if I never get home!
I'm waitin' at the end of the road!

Er hatte sein Lied, und er sang es am Spätnachmittag, stellte sich dabei vor, daß er es für Sam Phillips sang. Nachdem er es zu Ende gesungen hatte, betrachtete er sich im Profil im Spiegel. Er sah welliges Haar in der Farbe flammenden Goldes, Augen, die waren wie jene eines plötzlich in die Enge getriebenen, doch nicht verängstigten Falken. Er kniff sie zusammen, immer noch mit seitwärts gewandtem Gesicht. Er war einundzwanzig, zu alt, neu gezähmt zu werden. Das erkannte er. Er sah Mamies Darling-Boy, und er sah den Killer.

Jerry Lee wollte nach Memphis zurückkehren, doch er zögerte noch.

Dann kam sein Vetter, J. W. Brown, auf der Suche nach ihm nach Ferriday. Genau wie sein Bruder Otis, der Fidler, dem Jerry Lee vor wenigen Jahren im Little Club in Monroe begegnet war, brannte auch J. W. darauf, Musik zu machen. Infolge eines Arbeitsunfalls von seiner Elektrofirma in Memphis beurlaubt, war J. W. jetzt zu Jerry Lee gekommen in der Hoffnung, daß sie gemeinsam eine Band zusammenstellen könnten.

Die beiden Vettern waren einander noch nie begegnet. J. W. (seine Eltern hatten ihm keinen Vornamen gegeben, nur diese zwei armseligen Buchstaben) war eines von vier Kindern, die Elmos Schwester Jane und ihrem Mann Henry geboren worden waren. Er war zehn Jahre älter als Jerry Lee, und er wohnte mit seiner Frau Clara Lois und ihren beiden Kindern, Rusty, der noch nicht ganz zwei Jahre alt war, und Myra Gale, die im vergangenen Juli zwölf geworden war, in einem Vorort von Memphis.

Als Jerry Lee seinem Vetter erzählte, daß er bei Sun Records gewesen war, drängte J. W. darauf, noch einmal hinzugehen. Gemeinsam fuhren sie nach Memphis, in J. W.'s Haus, 4908 East Shore Drive, außerhalb, in der Nähe des Coro Lake. Jerry Lee wurde J. W.'s Frau vorgestellt, dann seiner kleinen blauäugigen, braunhaarigen Tochter.

Jerry Lee schaute Myra Gale, seine zwölfjährige Cousine, an. Sie war hübscher als Pandora. Er spürte etwas, das er nie zuvor empfunden hatte – etwas, wovon er nicht einmal gewußt hatte, daß es existierte. Myra Gale spürte dasselbe. An diesem Abend sagten sie nichts davon und auch noch viele Abende später nicht. Doch eines wußten beide genau: Falls es auf Gottes grüner Erde je Liebe auf den ersten Blick gegeben hatte, dann war sie das.

10. Kapitel

Jack Clement hatte sich das Band von Jerry Lees Probeaufnahme angehört und es Sam Phillips vorgespielt. »Mir hat es wirklich gefallen«, sagte Jack. »Ich persönlich war mehr für Country, obwohl Sun Record damals ein bißchen davon abgekommen schien. Ich hab's mir richtig angehört, und ich hab's verschiedenen Leuten vorgespielt. Sam hat es sich angehört, und ihm gefiel es. Auf die Schachtel für das Band hatte ich eine Telefonnummer geschrieben, unter der ich Jerry Lee erreichen konnte, und ich war schon kurz davor, ihn ungefähr drei Wochen später anzurufen, weil Sam es sich angehört hatte und er es wirklich auch mochte. Er fand, wir sollten was mit dem Burschen versuchen, auch wenn es kein Rock 'n' Roll war. Ihm gefiel wirklich, wie er sang, und er mochte den Stil, in dem er Klavier spielte.«

Als Jerry Lee mit J. W. Brown dann bei Sun auftauchte, war Sam Phillips wieder nicht in der Stadt, diesmal in Miami in Urlaub. »Das war das erste Mal, daß ich J. W. begegnet bin«, sagte Jack Clement. »Er sollte Jerry Lees Manager sein oder irgendwas in der Art. Seit seinem ersten Besuch hatte Jerry Lee sich um das Kinn herum ein bißchen Kraut stehenlassen und wollte es wohl mal mit einem Zickenbart versuchen. Er sah ziemlich unansehnlich aus, und ich hab' vorgeschlagen, daß er ihn vielleicht besser abnehmen sollte.«

Das war am Montag. Clement forderte Jerry Lee auf, am Donnerstag wieder ins Studio zu kommen. Dann rief er drei Studiomusiker von Sun an – den Schlagzeuger James Van Eaton und die Gitarristen Roland James und Billy Lee Riley – und sagte ihnen, daß sie auch am Donnerstag kommen sollten.

Die kommenden drei Nächte verbrachte Jerry Lee in J. W.'s Haus. Myra Gale buk Mittwoch abend für ihn eine Pizza, und während er aß, beobachtete er, wie sie lächelnd zuschaute. Am folgenden Morgen fuhren Jerry Lee und J. W. schon früh in die Stadt. Jack Clement stellte fest, daß Jerry Lee noch immer seinen Zickenbart hatte und daß J. W. eine Gitarre mitschleppte. Clement empfahl J. W., daß er statt der Gitarre doch lieber elektrischen Baß lernen sollte, falls er mit Jerry Lee zusammenspielen wollte, und das war es auch, was J. W. schließlich tat.

»Ich ging rein ins Studio«, erinnert sich James Van Eaton, der Drummer, damals achtzehn Jahre alt. »Und da waren Jerry Lee und J. W. Brown. J. W. hatte diese große helle Silvertone-Gitarre dabei, verstehen Sie, die er sich drüben bei Sears gekauft hatte. Jerry trug einen Zickenbart. Die waren schon ein schräg aussehendes Paar.«

»Der erste Song, den wir mitgeschnitten haben«, sagte Jack Clement, »war diese Rocknummer, die er geschrieben hatte, ›End of the Road‹. Danach machten wir diesen alten Gene Autry-Song, ›You're the Only Star (In My Blue Heaven)‹, der ja immer ein Walzer gewesen war, doch Jerry Lee machte daraus eine Art Boogie-Woogie. Das war von den Sachen, die er brachte, mein Lieblingsstück.«

Clement fragte Jerry Lee gegen Ende der Session, ob er »Crazy Arms« kenne, den Country-Hit von Ray Price, der seit dem letzten Frühjahr ganz oben in den Charts stand. Jerry Lee hatte den Song mit Johnny Littlejohns Band gespielt, und er sagte zu Clement: »Ich kenn' ihn einigermaßen.«

»Also haben wir aufgenommen«, sagte Clement. »Wir haben es nur mit Spinett-Klavier und Schlagzeug aufgenommen. Ich hab' Reißnägel ins Klavier getan, das Mikro dann ganz runtergezogen, es da unten an den Füßen festgemacht. Das gab dem Ding einen ganz anderen Klang, fast wie bei einem großen Klavier. Schließlich hat Sam sich erweichen lassen und hat uns ein besseres Klavier gekauft, einen Steinway-Stutzflügel.«

»Na ja, jedenfalls, während wir dieses Ding aufnehmen, war Billy Lee Riley auf dem Scheißhaus. Ganz gegen Ende des Songs kommt Riley wieder reinspaziert, und er glaubt, daß wir nur ein bißchen rumalbern – was wir ja auch gemacht haben. Trotzdem, es ist dann eine Platte daraus geworden. Er greift zu seiner elektrischen Gitarre und schlägt ein paar heiße Akkorde an, genau in dem Moment, als Jerry Lee aufhört. Wir haben das draufgelassen. War der merkwürdigste Schluß, den ich von einer Platte kenne.«

Nach der Session forderte Jack Jerry Lee auf, in der Stadt zu bleiben, bis Sam zurückkehrte. Er nahm ihn mit zum Cotton Club, jenseits des Mississippi River in West Memphis, Arkansas, und er beschaffte ihm Arbeit bei Clyde Leoppard and the Snearly Ranch Boys, einer einheimischen Country-Tanzkapelle, die häufig mit Musikern vom Sun auftrat.

Als Sam Phillips samstags in der Stadt eintraf, führte Jack Clement ihn in den Kontrollraum. Da saßen sie an dem kleinen zweispurigen Siebeneinhalb-ips-Mitschnittgerät, und Jack drehte Jerry Lees Version von »Crazy Arms« voll auf.

Sam Phillips, der in dreiunddreißig Jahren mehr gute und einzigartige Musik gehört hatte als die meisten Menschen in einem ganzen Leben, schloß die Augen und lauschte der leicht hingeworfenen kleinen Einleitung auf dem Klavier, mit der Jerry Lee das Lied hatte anklingen lassen. Die Einleitung dauerte kaum zehn Sekunden. Am Ende jener Sekunden öffnete Sam Phillips unvermittelt die Augen, langte nach vorn und hielt das Band an.

»Das kann ich verkaufen«, sagte er.

SEHT HER,
WIE SIE TANZEN!

1. Kapitel

Innerhalb einer Stunde fertigte Sam eine Acetatpressung von Jerry Lees »Crazy Arms« an und nahm sie noch in derselben Nacht mit zu Dewey Phillips, dem Diskjockey von WHBQ, der Elvis' erste Platte im Juli 1954 erstmalig vorgestellt hatte. Als Dewey Jerry Lees Aufnahme über den Äther schickte, war die Reaktion überwältigend und begeistert, wie sie bei Elvis' Platte gewesen war. Gleich am darauffolgenden Dienstag ließ Sam Kopien der Platte pressen und verschickte sie. Das war die schnellste Zeit – knapp fünf Tage von der Bandaufnahme bis zum Versand –, in der bei Sun je eine Platte herausgebracht worden war.

Jerry Lee hielt die Platte in Händen, und er starrte hinunter auf das braun-gelbe Label:

END OF THE ROAD

(Jerry Lewis)

JERRY LEE LEWIS

With His
Pumping Piano

Er starrte darauf nicht nur mit den eigenen Augen, sondern mit den Augen von Old Man Lewis und Mamie und Elmo und Lee Calhoun und Johnny Littlejohn und mit denen von Miss Nellie Jackson und denen des Heiligen Geistes. Und er grinste wie ein Idiot, denn vor den Augen all jener war er erlöst.

Die Platte kam zwar nicht in die nationalen oder regionalen Charts, doch sie verkaufte sich im Süden gut, und das Handelsblatt der Schallplattenindustrie, *Billboard*, wurde in seinem Rezensionsteil für Country-Musik vom 22. Dezember auf sie aufmerksam: »Auf einer geschmackvoll aufgemachten Scheibe ein außergewöhnlich starkes neues Talent. Seine Version von ›Crazy Arms‹ zeigt ein sicheres Gespür für Country-Blues, und sein knallharter Gesang wird begleitet von einem Klavierspiel nach Art Fats Dominos, das dieser Aufnahme ein echtes New Orleans-Feeling gibt. Die Rückseite (›End of the Road‹) ist ein weiteres Schmuckstück mit dem richtigen rhythmischen Schwung, unterstützt von demselben Piano-Beat. Eine Scheibe mit Pfiff.«

Jack Clement hatte Jerry Lee gebeten, am Nachmittag des 4. Dezember ins Studio zu kommen, um bei einer Carl Perkins-Studioaufnahme Klavier zu spielen. Vor etwas weniger als einem Jahr hatte Perkins »Blue Suede Shoes« als Platte gemacht, und das war einer der größten Hits von 1956 geworden und das quer über alle Sparten, von Country zu Pop bis zu R & B. In der kurzen Geschichte von Sun war das die am besten verkaufte Platte. Und sowohl Sam als auch Carl waren scharf darauf, diesen Erfolg zu wiederholen. Von den fünf Songs, die an diesem 4. Dezember aufgenommen wurden, wählte Sam für die Platte »Your True Love«, das Perkins erst kürzlich geschrieben hatte, und »Matchbox«, eine harte rockige Version eines Blues, der zum erstenmal im Jahre 1927 unter dem Titel »Matchbox Blues« von Blind Lemon Jefferson auf Platte aufgenommen worden war. Keine dieser Aufnahmen wurde der große Erfolg, den Sam und Carl sich erhofft hatten, und Carl Perkins, der dem Rock 'n' Roll eine seiner wenigen Hymnen geschenkt hatte, sackte langsam dahin ab, wo der Ruhm den eigenen Namen nur noch lallend wiederholt, endlos, schleppend, aus dicken hurenhaften Lippen.

Für die Arbeit dieses Nachmittags sollte Jerry Lee fünfzehn Dollar bezahlt bekommen, und das hörte sich für ihn gut an. Es machte ihm Spaß, mit Perkins zu spielen, dessen Platten er mochte, und es machte ihm Spaß, mit Johnny Cash zusammenzutreffen, einem anderen Star von Sun, der auf Einladung Carls zu der Session gekommen war. Aber am meisten freute ihn – oder vielmehr genoß er es –, jenem einen Menschen zu begegnen, mit dessen Hiersein niemand gerechnet hatte, der einen Person, die ihn in jüngster Zeit mehr beschäftigt hatte als jeder andere Mensch. Ja, er genoß es, mit ihm zusammenzutreffen, wahrhaftig.

Seit Elvis Sun im Vorjahr verlassen hatte, stattete er hin und wieder seinem alten Studio einen Besuch ab. »Er schaute einfach vorbei, gewöhnlich nachmittags«, sagte Jack Clement. »Er kreuzte mit seinem Motorrad hier auf, hing auf einen kurzen Schwatz bei uns herum. Einmal, als er kam, saßen wir im Kontrollraum gerade beim Würfeln. Er trug seine verdammte Biker-Kluft; er sah aus wie ein Cop. Wir dachten schon, daß man uns hochnehmen würde.«

Elvis kam an diesem Nachmittag des 4. Dezember mit Marilyn Evans ins Sun-Studio, einem hübschen neunzehnjährigen Chormädel, das er vom New Frontier in Las Vegas mit heimgebracht hatte. Alles im Studio versammelte sich um Elvis – um ihn, die berühmteste Person der Welt. Elvis setzte sich ans Klavier und ließ seine Finger unschlüssig über die Tasten gleiten. Carl Perkins' kleine Band (seine Brüder, J. B. sowie Clayton, an Rhythmusgitarre und Baß; W. S. »Fluke« Holland am Schlagzeug) nahmen ihre Instrumente auf und begleiteten Elvis zu seinem verhaltenen Geklimper. Nicht lange, und Elvis, Carl, Cash und Jerry Lee sangen gemeinsam. Jack Clement schaltete das Tonband ein, und Sam Phillips rief den *Press-Scimitar* in Memphis an. Binnen weniger Minuten waren Kolumnist Robert Johnson (»TV News and Views«) und der Fotograf des Blattes, George Pierce, im Studio. Die Band hatte inzwischen aufgehört, doch Elvis, Carl, Cash und Jerry Lee sangen noch immer zum Klavier. Nachdem der Fotograf seine Bilder geschossen hatte, ging Johnny Cash, der die Baß-Stimme gesungen hatte, um mit seiner Frau Vivian Einkäufe zu machen. Die drei übrigen Männer sangen weiter. Perkins, der auch solo ein beachtlicher Sänger war, sang in Elvis' Gegenwart nur leise, beinahe scheu mit. Doch Jerry Lee sang wie ein Falke.

Sie sangen »Blueberry Hill«, dann stimmten sie sich auf Gospel ein: »Just a Little Talk with Jesus«, »Lonesome Valley«, »I Shall Not Be Moved« (ein Lied, nach dem Jerry Lee ausrief: »Mann, ist das ein Spaß, das gefällt mir!«), »Peace in the Valley« und »Down by the Riverside«. Nachdem Elvis in einer kurzen Einlage eine sarkastische Imitation von Hank Snow geboten hatte, kehrten sie zum Gospel zurück: »Farther Along«, »Blessed Jesus, Hold My Hand«, »Jericho Road« und »I Just Can't Make It by Myself«. Darauf folgte ein Medley von Bill Monroe-Liedern aus den späten vierziger Jahren – »Little Cabin on the Hill«, »The Summer's Come and Gone«, »I Hear a Sweet Voice Calling«, »Sweetheart, You Done Me Wrong« – gefolgt von einer Fassung des jüngsten Wynn Stewart-Hits »Keeper of the Keys« und ein paar Takten von Pat Boones neuer Platte, »Don't Forbid Me«, und als sie aufbrachen, bemerkte Elvis, daß der Song eigentlich für ihn geschrieben worden wäre, daß er »seit Urzeiten bei mir zu Hause herumgelegen hat. Ich hab' ihn nie zu Gesicht bekommen. Ihr wißt schon, wo überall soviel Mist rumliegt.«

Elvis hatte Jerry Lees Platte gehört, und als Jerry Lee ein Stück von »Crazy Arms« sang, lächelte Elvis und sagte: »Hier sitzt genau der falsche Mann am Klavier.«

»Also, das hab' ich dir auch schon sagen wollen«, sagte Jerry Lee, ebenfalls lächelnd, wobei er Elvis in die Augen sah, einen kurzen Moment nur seinen Blick festhielt, um zu spüren, was darin lag, und ihn dann losließ. »Rutsch rüber!«

In seiner Zeitungskolumne vom nächsten Tag schrieb Robert Johnson über den vergangenen naßkalten Nachmittag:

> Es ist mir nie besser gegangen als gestern, als ich in Sam Phillips Tollhaus Sun Record an der Ecke Union und Marshall vorbeigeschaut habe. Es war das, was man getrost ein Riesenvergnügen nennen kann. Carl Perkins war zur Aufnahme gekommen, und er hat da etwas, das ein ebensolcher Volltreffer werden wird wie »Blue Suede Shoes«. Wir werden versuchen, für euch Memphis-Fans ein Vorauskonzert zu arrangieren, bevor das Lied im Januar auf dem Markt ist. Johnny Cash kam vorbei, auch Jerry Lee Lewis war da, und dann, dann fuhr Elvis vor.
>
> Elvis machte sich übers Klavier her und brachte ihm mit »Blueberry Hill« Fats Domino bei. Der ganze Laden rockte, bevor das Ding durchgespielt war.
>
> Elvis spricht in den höchsten Tönen von Jerry Lee Lewis. »Mit dem Burschen ist schwer was los«, sagte er. »Ich glaube, der hat eine große Zukunft vor sich. Sein Stil ist ganz anders, und die Art, wie er Klavier spielt, geht mir unter die Haut.«
>
> Ich habe Elvis nie liebenswürdiger erlebt als hier beim Herumalbern mit den anderen Jungs, die dieselben Interessen haben wie er. Wenn Sam Phillips schlau gewesen ist, hat er das Band mitlaufen lassen, als dieser überhaupt nicht eingespielte, aber hochtalentierte Haufen sich »Blueberry Hill« und eine Menge anderer Songs vorgeknöpft hat. Dieses Quartett läßt sich millionenfach verkaufen.

Wenige Tage später verschickte Sam Phillips eine Presseverlautbarung an die Diskjockeys auf der Postversandliste von Sun. Auf dem fünfundzwanzig mal vierzig Zentimeter großen Blatt war Robert Johnsons Kolumne abgedruckt, zusammen mit einem Foto des »Millionen-Dollar-Quartetts« von George Pierce. Die Botschaft, die ganz ans Ende des Blattes gesetzt war, trug unverkennbar die Handschrift von Sam:

Zu unserem großen Bedauern!
Schade, daß nicht jeder von euch wundervollen Diskjockeys, die Ihr für diese Jungs, die im Show-Business zu den bekanntesten und beliebtesten gehören, verantwortlich seid, dabei sein konnte. Trotzdem fanden wir, daß Ihr vielleicht aus erster Hand über unsere kleine Party lesen möchtet – es war eine Wucht!

Mit bestem Dank
Sam Phillips

Jerry Lee fuhr über Weihnachten zurück nach Ferriday, brachte unter seinen Mitbringseln die Zeugnisse seiner sieghaften Reise flußaufwärts: Exemplare von Sams Presseverlautbarung, Exemplare seiner Platte, Fünfundvierziger und große, schwere Achtundsiebziger. Seine Sippe betrachtete diese Dinge voll Stolz oder Neid, jeder der Neigung seiner Seele nachgebend. Und gleichermaßen hörten sie zu, als er von Tantiemen und Vorschüssen und Prozenten an den Gesamteinnahmen sprach. Als er mit seinem Vortrag zu Ende war, klopfte er Uncle Lee auf den Rücken, denn jetzt waren sie mehr denn je Verwandte.

Nach Weihnachten räumte Jerry Lee die Wohnung über der Garage in der Louisiana Avenue. Er fuhr mit Jane und Junior nach Memphis (das andere, verleugnete Kind, Ronnie Guy, war in die Obhut von Janes Schwester gegeben worden) und zog in ein kleines rotes Haus unweit des Sun Studios, das er gemietet hatte.

Im Januar 1957 arbeitete Jerry Lee als Studio-Pianist für die Sun-Sänger Warren Smith und Billy Lee Riley. Die erste Platte, die er mit Riley aufnahm, einem dreiundzwanzigjährigen Rocker aus Pocahontas, Arkansas, war »Flyin' Saucers Rock 'n' Roll«. Die Platte schlug regional sensationell ein, und Riley benannte seine Band um in »Little Green Men«. Als die Band auf Gastspielreise ging, schloß Jerry Lee sich ihr an.

»Er spielte bei uns Klavier und sang ein paar Nummern«, sagte James Van Eaton, der Schlagzeuger von Rileys Band. »Er war damals genau so wie wir anderen alle auch. Er war pleite, brauchte das Geld, also spielte er mit uns ein paarmal zusammen. Wir haben in Arkansas, Mississippi, gespielt, eben Orten wie denen, Clubs in der Gegend hier. Bob Neal hat uns immer für diese Läden gebucht, und manchmal schien es so, daß so ziemlich die einzigen Orte, die er kannte und wo er uns ein Engagement verschaffte, solche in Arkansas und Mississippi, Tennessee, waren. Na ja, Sie wissen schon, Garnisonsstädte, so was eben.«

Am 30. Januar spielte Jerry Lee bei Studioaufnahmen Billy Lee Rileys mit, und heraus kam Rileys erfolgreichste Platte, »Red Hot«. Die Aufnahme setzte damit ein, daß Riley grölte: »My gal is red hot!« Worauf Jerry Lee und der Rest der Band laut zurückbrüllten: »Your gal ain't doodily-squat!«

Das war das letzte Mal, daß Jerry Lee eingewilligt hatte, als Studio-Musiker mitzuwirken. Obwohl seine eigene Platte kein Hit war, teilte er Sam Phillips mit, daß er nicht länger hinter irgendeinem Mann im zweiten Glied auftreten würde – daß von jetzt an Jerry Lee Lewis einzig noch für Jerry Lee Lewis arbeiten würde.

»Sam hat ihn immer gebeten, bei einer Aufnahme Klavier zu spielen, und es kam dahin, daß er einfach nicht mehr wollte«, sagte James Van Eaton. »Vermutlich hat er angefangen zu begreifen, daß diese Leute ihm nie helfen würden, also wollte er, verdammt noch mal, auch für die nicht mehr spielen.«

Bob Neal, der schweigsame neunundreißigjährige Konzertagent aus Memphis, der Elvis' erster Manager gewesen war und der jetzt über seine neue Stars Incorporated Agency die meisten der Sun-Auftritte buchte, ging dazu über, Jerry Lee für Einzelengagements zu vermitteln. Jerry Lee arbeitete auch weiterhin mit Billy Lee Rileys Band zusammen, die er an Abenden, wenn Riley sie nicht brauchte, selbst benutzte.

Jerry Lees erstes wichtiges Engagement war für den 23. Februar gebucht, und zwar als Gast in »The Big D Jamboree«, der Country- und Westernshow, die jeden Samstag aus dem Ed McLemore's Sportatorium auf dem Industrial Boulevard in Dallas übertragen wurde, nicht weit von Jerry Lees Alma Mater, dem Southwestern Bible Institute. Er fand beim Publikum in Dallas so viel Anklang, daß man ihn einlud, im kommenden Monat wieder aufzutreten.

Einen Abend vor seinem Debüt in »The Big D Jamboree« hatte Jerry Lee nördlich von Memphis in einem kleinen Club in Blytheville, Arkansas, gespielt. Und dieser Club war es auch, in dem Jerry Lee zum erstenmal, seit er aus Johnny Littlejohns Band ausgeschieden war, mit »Whole Lotta Shakin' Goin' on« auftrat. Da er sich nur noch lückenhaft an den Text erinnern konnte, spuckte er neue Worte heraus:

Come on over, baby, whole lotta shakin' goin' on;
Yes, I said, come on over baby; baby, you can't go wrong;
We ain't fakin', whole lotta shakin' goin' on.
Well, I said, come on over, baby, we got kickin' in the barn-uh!
Oo-huh? – come on over, baby; baby, got the bull by the horn-uh!
We ain't fakin', whole lotta shakin' goin' on.

Well, I said, shake, baby, shake;
I said, shake it, baby, shake it;
Let it shake, make it shake.
Come on over, whole lotta shakin' goin' on!
Aw, let's go!

Und dann machte er den Mund zu und hämmerte auf das Klavier ein, und während er darauf einhieb, sah er, daß Frauen um die Bühne gedrängt standen, ihre reifen, eingezwängten Brüste zu seinem Gehämmer auf- und abwogten. Er sah, daß ihre Münder halb offen standen und daß wirre Haarsträhnen schweißnaß an ihren Stirnen klebten; und er sah Eifersucht in den jungen geröteten Gesichtern der Arkansas-Boys. Er schlug immer schneller und härter an, seine Finger Klauen von mitreißender Gewalt, und er spürte, wie ihm eng wurde, sich die Luft stoßweise aus seinen Lungen preßte, während er diese Mädchen sah, erschauernd und feucht, die ihm mit ihren offenen angemalten Mündern in die Hölle folgten.

Well, I said, come on over, baby, we got kickin' in the barn.
Whose barn? What barn? My barn!
Come on over, baby; baby, got the bull by the horn.
We ain't fakin', whole lotta shakin' goin' on!

Einige der Burschen hatten sich jetzt zurückgezogen, umstanden die Bar, tranken einander in wütender Feigheit zu. Die Köpfe der Mädchen bewegten sich wild auf und ab. Sie waren besessen. Jerry Lee senkte die Stimme, abwechselnd sang und redete er, sich den Mädchen zuwendend, befehlend.

Easy now – shake it!
Aw, shake it, baby – yeah!
You can shake it one time for me – aww.
Uh-wuh-hey-ell, I said, come on over, baby, whole lotta shakin' goin' on
Now let's git real low one time – shake, baby, shake.
All ya gotta do, honey, is stand that thing in one little ol' spot;
Wiggle it aroun' just a little bit.
And that's when ya got somethin' – yeah.
Oh, baby, whole lotta shakin' goin' on.

Er hielt inne, seine Augen suchten schweifend die Augen der Mädchen. Er konnte die Schlange riechen, die sich um ihre schmalen Fesseln wand, und er roch ihren Duft, ihm wie zum Opfer dargebracht. Er heulte.

Now let's go one time!
Shake it, baby, shake it!
Shake it, make it shake!
Oo, shake, baby! – come on, babe;
Shake, baby, shake!
Come on over! Whole lotta shakin' goin' on!

Er ging gottgleich von der Bühne, und er trank aus dem Kelch des schwachen Geschlechts, warf ihn zu Boden und zog dann weiter nach Süden, nach Dallas.

Wenige Tage, nachdem er aus Texas zurückgekehrt war, kam er mit dem Schlagzeuger James Van Eaton und dem Gitarristen Roland Janes ins Studio, um einen Song aufzunehmen, den Jack Clement geschrieben hatte, mit dem Titel »It'll Be Me«. Es war eine beschwingte Tanzmusiknummer über eine Metamorphose, und die Idee dazu war Clement beim Scheißen gekommen. »If you find a turd in your toilet bowl, it'll be me, and I'll be lookin' for you« (Solltest du in deiner Kloschüssel einen Kackhaufen finden, dann bin ich das, und ich schau zu dir auf). So begann der Song. Jetzt im Studio änderte Clement »turd in your toilet bowl« in »lump in your sugar bowl« (Klumpen in der Zuckerdose).

»Wir haben den Song aufgenommen, eine Zeitlang ziemlich hart daran gearbeitet, und ich bekam irgendwie das Gefühl, daß wir mal davon weg sollten, nur mal so zum Abspannen was anderes probieren sollten«, erinnerte sich Jack. »Ich kam aus dem Kontrollraum und ging ins Studio. Einer von ihnen, Van Eaton, meinte: ›Hey, Jerry, warum bringst du nicht mal das Ding, das du gestern abend gemacht hast?‹ Ich bin darauf einfach in den Kontrollraum zurückgegangen und hab' die Maschine angestellt. Wir haben gar nicht auf Feinabstimmung oder so was geachtet. Die Mikroeinstellung von unseren vier oder fünf Mikrofonen blieb dieselbe. Ich hab' einfach die Maschine aufgedreht, nur so im Vorbeigehen gemischt. An dem Punkt haben wir noch nicht mal zurückgespielt, wiederholt. Wieder abgespielt haben wir erst später. Sobald wir uns dann aber die Wiedergabe angehört haben, haben wir es immer und immer wieder abgespielt. Wir haben das Ding geliebt.«

Jerry Lee trat am 30. März wieder im »The Big D Jamboree« auf und teilte sich diesmal die Gastrolle mit den Five Strings, einer Rockabillyband aus Denton, Texas. An den folgenden fünf Abenden ging er mit Johnny Cash und Onie Wheeler auf Gastspielreise, spielte mit ihnen in Little Rock, Monroe, Sheffield, Jackson, Memphis und Odessa.

Am 15. April brachte Sam Jerry Lees »Whole Lotta Shakin' Goin' On« als Platte heraus. Eine Woche später, am 21. April, begann Jerry Lee zusammen mit Johnny Cash, Carl Perkins und Wanda Jackson eine lange Tournee durch Kanada, die von Bob Neal arrangiert worden war. Jerry Lee trat jetzt nicht mehr mit Billy Lee Rileys Band auf, sondern nunmehr mit der Drei-Mann-Gruppe, die die Backing Band des Sängers Warren Smith gewesen war: dem Schlagzeuger Jimmy Lott, dem Gitarristen Al Hopson und Marcus Van Story am Baß.

Mit einem Auftritt in Sault Sainte Marie, Ontario, beginnend, arbeitete sich die Show mit atemberaubender Geschwindigkeit durch Kanada nach Westen – von Ontario nach Manitoba, nach Saskatchewan und Alberta, nach British Columbia, dann wieder zurück nach Alberta und Saskatchewan, wobei sie oftmals von einer Abendvorstellung zur nächsten mehr als achthundert Kilometer zurücklegten. Während dieser langen Tournee machte Jerry Lee die Entdeckung, daß Johnny Cash pillensüchtig und daß Carl Perkins Alkoholiker war.

Der Konvoi kam am 12. Mai aus Kanada zurück und hatte noch in derselben Nacht in Billings, Montana, einen Auftritt. Inzwischen hatte Jerry Lee an seiner Nummer gefeilt, aus ihr etwas geradezu Majestätisches gemacht, und er war dazu übergegangen, jeden Auftritt mit »Whole Lotta Shakin' Goin' On« zu beenden.

»Er sprang dann auf und trat seinen Klavierschemel mit dem Fuß weg«, erinnerte sich Marcus Van Story, der Jerry Lee mit einer *Epiphone bull fiddle* begleitete. »Er spielte mit den Füßen Klavier – solche Sachen. Auf der Bühne war er große Klasse, *yessir*. Die haben ihn geliebt.«

Ohne Unterbrechung taten sich die Tourneemusiker von Sun am 13. Mai mit der Sonny James Show zusammen, und sie spielten Abend für Abend bis zum 25. Mai durch, als Jerry Lee zum drittenmal in »The Big D Jamboree« auftrat.

Nach mehr als einem Monat »on the road« kehrte Jerry Lee erschöpft und pleite nach Memphis zurück. »Ich bekam hundert Dollar pro Tag«, erzählte er später über die lange Frühjahrstournee von 1957. »Ich ging mit fünfzig Dollar in der Tasche von zu Hause weg, und als ich zurückkam, hatte ich gerade noch fünfundzwanzig. Weiß selbst nicht, wie das passiert ist, aber so war es.«

Während er in jenem Mai den Süden bereiste, wurde Jerry Lee gewahr, daß seine Platte im Hörfunk voll gespielt wurde und daß sein Name nicht mehr ganz unbekannt war. »Eine Menge Leute«, sagte Marcus Van Story, »kamen vor Beginn der Show zu uns und fragten: Wer ist denn dieser Schwarze am Klavier, der die Platte rausgebracht hat? Die haben gedacht, Jerry Lee wäre ein Schwarzer. Wir haben ihn immer damit aufgezogen.«

»Whole Lotta Shakin' Goin' On« stieg in den Country & Western-Charts von Memphis auf Platz Nummer 2. Und das während der dritten Maiwoche, einen Monat, nachdem die Platte herausgekommen war. In der Ausgabe von *Billboard* vom 27. Mai war unter der Sparte »Popmusik« zu lesen, daß »Lewis hier mit etwas daher kommt, das mit Sicherheit ein Hit werden wird, mit einem schnellen, jagenden Blues Shouter in typischer Sun-Tradition. Auch die Rockabilly-Rückseite (»It'll Be Me«) könnte aufgrund eines ebenso hervorragenden Vortrags und der netten Melodie gut gehen.« In derselben Ausgabe von *Billboard* wurde die Platte zugleich unter der Rubrik Rhythm & Blues lobend besprochen, die gewöhnlich ausschließlich Titeln von Schwarzen vorbehalten war. In der Folgewoche brachte *Billboard* die Meldung, daß die Platte auf Rang Nummer 1 der C & W-Charts von Memphis geklettert war, und unter der Rubrik »This Week's C&W Best Buys« wird bemerkt: »Diese Platte von Lewis geht ab wie ein Buschbrand. Obwohl erst seit kurzer Zeit lieferbar, wird sie in allen Gegenden als Top-Verkaufsschlager verzeichnet. Auch auf den Märkten für Pop und R & B sollte sie sich gut verkaufen.«

Am 12. Juni schaffte die Platte auch die nationalen C & W-Charts, und eine Woche später brach sie in die Pop-Charts ein. Für Mamies Darling-Boy würde das Leben nie wieder so sein wie einst, auch nicht für den Killer.

2. Kapitel

Fortuna hob die Röcke für den letzten wilden Sohn. Als der Sommer verging, heiße Tage im Süden auf heiße südliche Nächte folgten, wurde der Klang von »Whole Lotta Shakin' Goin' On« immer lauter und bedrohlicher. Er war überall, tönte gleich Donnergrollen ohne Regen aus Autos und Bars und all den offenen Fenstern der Unerlösten. Sein ungezügelter Rhythmus verschlang die Landjugend. Er machte Jungfern bluten und regte frischgebackene Hausfrauen dazu an, sich an Dinge zu erinnern, von denen sie niemals sprachen. Er inspirierte die Jungen dazu, sich zu flammenden neuen Wesen umzumodeln und ohne Rücksicht und Erbarmen Entladung zu suchen.

Bis Ende Juli waren von »Whole Lotta Shakin' Goin' On« ungefähr hunderttausend Platten verkauft worden. Dann gab es Schwierigkeiten. Viele Leute fürchteten das Lied wie seinen Sänger. Selbst einige, die Elvis mochten, verdammten Jerry Lee als lüstern und böse. Mütter witterten seine schreckliche Gegenwart in der Wäsche ihrer Töchter, und Prediger standen vor ihren Schäflein und wetterten gegen ihn und sein sündhaftes Lied. Langsam gingen Rundfunkstationen dazu über, die Platte zu boykottieren, und sie war immer seltener zu hören.

Judd Phillips, Sams Bruder und der Promoter von Sun, nahm Jerry Lee mit nach New York und stellte ihn dort Henry Frankel, dem Nachwuchskoordinator von NBC, und Jules Green vor, dem Manager von Steve Allen. Sie vereinbarten einen Vorspieltermin für Jerry Lee bei Allen, und Allen lud Jerry Lee spontan ein, in seinem TV-Programm aufzutreten. Dann veranlaßte Judd bei Sun, daß riesige Bestände von »Whole Lotta Shakin' Goin' On« an jeden kleinen Einzelhändler im Land verschickt wurden. Das war ein großes Glücksspiel, denn falls Jerry Lees Auftritt in »The Steve Allen Show« kein Erfolg werden würde, mußten diese Wagenladungen von Schallplatten an Sun zurückgehen, und irgendwie würde Sam den Verlust verkraften müssen oder vielleicht sogar Bankrott machen.

»The Steve Allen Show« vom 28. Juli wurde eingeleitet von einem Sketch mit Shelley Winters und Anthony Franciosa, in dem Franciosa seinen Heiratsantrag noch einmal nachspielte, den er der Winters gemacht hatte (die beiden Schauspieler waren seit genau drei Monaten verheiratet). Jerry Lee wartete hinter der Bühne, hörte das Publikum lachen, und er mag sich gefragt haben, wie wohl die Reaktion des Publikums ausgefallen wäre, hätten er und Jane und Janes Brüder seine Brautwerbung noch einmal nachgestellt. Dann waren die Four Coins auf der Bühne, und Jerry Lee hörte zu, und er wußte, daß diese Burschen sehr weit entfernt von Haney's Big House aufgewachsen waren. Dann kam eine Miss United States heraus, die disqualifiziert worden war, nachdem jemand enthüllt hatte, daß es sich bei ihr um eine Mrs. Finally handelte. Und dann, mit noch ganzen fünf Minuten bis zum Ende der Show, bekam Jerry Lee sein Zeichen. Er setzte sich an das große Klavier, und er schaute seitlich in die Kamera, fixierte sie auf dieselbe Weise, mit der er jene Mädchen in dem Honky-tonk in Arkansas gebannt hatte, und dann fing er an, Klavier zu spielen und herauszuheulen, daß ein großes Schütteln im Gange sei. Noch immer in die Tasten hämmernd, stand er auf, und er trat den Klavierschemel zurück. Der schoß quer über die Bühne, sich überschlagend, rutschend, fast in einen der Jungs von den Coins hineinkrachend. Steve Allen lachte und schleuderte den Schemel zurück, warf dann noch mit anderen Möbeln, und Jerry Lee spielte einige hohe Töne mit dem Schuhabsatz. Dann brach er ab und schaute wieder seitlich in die Kamera. Weder er noch Steve Allen hatten jemals lauteren Applaus gehört.

Gleich am nächsten Tag gingen die Verkaufszahlen von Jerry Lees Platte erneut hoch, und nichts – weder Prediger noch Mütter – konnte sie aufhalten. Judd und Jerry Lee blieben eine Weile in New York. Am 2. August, dem Freitagabend nach seinem Debüt in »The Steve Allen Show« trat Jerry Lee in Alan Freeds ABC-TV-Show »The Big Beat« auf. Neun Tage später, am 11. August, erschien er wieder in »The Steve Allen Show«, und wieder beendete er sie mit seinem Auftritt und versetzte die Leute in Raserei.

»Whole Lotta Shakin' Goin' On« stieg sowohl in den Pop- wie in den Country-Charts höher und höher. Während der letzten Augustwoche hielt es auch Einzug in die R & B-Charts. Gegen Monatsende erreichte Jerry Lees Platte Platz Nummer 1 in den C & W und R & B-Charts – nur Elvis hatte es vor ihm geschafft, eine Single an der Spitze dieser beiden Charts zu plazieren –, dann stieg sie auch zur Nummer 1 in den Pop-Charts auf. Bis zum Ende des Sommers hatte sich die Platte öfter als eine Million Mal verkauft.

Jerry Lee fuhr im Triumphzug in einem Cadillac in Ferriday ein. Er umarmte Mutter und Vater und Linda Gail, die jetzt zehn war und sehr hochgewachsen, und Frankie Jean, die fast dreizehn und mit einem einheimischen Jungen namens New verheiratet war. Er umarmte Aunt Stella und Uncle Lee; und Uncle Lee, der jetzt in den Sechzigern war, doch noch täglich hoch zu Roß über seine vielen Meilen schwarzer Erde ritt, lächelte Jerry Lee zu und sagte ihm, daß er es gut gemacht hätte.

Jerry Lee mietete ein hübsches neues Heim für seine Eltern, ein kleines grünes Haus unweit der Church of God an der Mississippi Avenue, in der er gepredigt hatte – ein Haus mit fließend Wasser und Badewanne und eingebautem Garderobenschrank. Dann kaufte er ihnen ein sogar noch schöneres, größeres Heim im Bezirk Ridgecrest im Süden der Stadt. Er sagte seinem Daddy, daß die Tage der Farmarbeit vorbei wären und daß fortan jeder Tag ein Erntetag sein sollte. Doch Elmo machte dieses neue Leben ohne den Balsam der Plackerei rast- und ruhelos, und Jerry Lee kaufte ihm eine Farm in Clayton, dann eine zweite

Farm in Dunbarton, einem schönen Plätzchen nahe dem klar dahinfließenden Tensasfluß. Er kaufte ihm Rinder und Borstenvieh, einen Traktor und eine Combine; und Elmo fuhr in seinem neuen schwarzen Cadillac zwischen seinen Farmen und Häusern hin und her, sich abrackernd, grinsend, trinkend und Geschichten erzählend.

Der Reichtum schien endlos und Fortuna eine treue Braut zu Jerry Lees Füßen. Gemeinsam mit seinem Cousin J. W. Brown am Fender-Baß und Russell Smith am Schlagzeug, durchstreifte Jerry Lee das Land, machte Teufelsmusik für tausend Dollar pro Nacht und nahm jede Woche weitere Tausende aus dem Verkauf seiner Platten ein. Doch der Teufel verlachte all sein Geld und nistete als giftiger Hauch in seinen Lungen.

Während der dritten Augustwoche nahm Jerry Lee »Great Balls of Fire« auf, ein Song, geschrieben von Jack Hammer, einem New Yorker Studio-Pianisten, und Otis Blackwell, dem exzentrischen schwarzen Songschreiber und Sänger, der Elvis mit seinen zwei größten Hits »Don't Be Cruel« und »All Shook Up« versorgt hatte. Blackwell brachte Jerry Lee »Great Balls of Fire«, nachdem er ihn in »The Steve Allen Show« gesehen hatte.

Sam Phillips und Jack Clement verbrachten etliche Tage mit Jerry Lee im Studio, wo sie an »Great Balls of Fire« arbeiteten. Auf einer dieser Studioproben kamen sämtliche Anwesende – Jerry Lee, Sam Phillips, Jack Clement, der Schlagzeuger James Van Eaton, der Bassist Billy Lee Riley – ins Trinken. Jerry Lee wurde ganz erfüllt vom Heiligen Geist, und er entschied, daß das Lied »Great Balls of Fire« Teufelswerk wäre und daß es eine Sünde wäre, es zu singen. Sam Phillips focht gegen Jerry Lees Standpunkt an. Jack Clement schaltete das Band ein und schnitt diesen Streifen mit.

»H-E-L-L!« buchstabierte Jerry Lee laut.

»Ich kann's nicht glauben«, murmelte Sam Phillips.

»Allmächtiger, große Feuerbällchen!« tönte James Van Eaton belustigt.

»Stimmt genau!« brüllte Billy Lee Riley direkt hinter ihm.

»Ich kann's nicht fassen«, wiederholte Sam.

»Da steht geschrieben, seid fröhlich nur in der Freude Gottes«, schrie Jerry Lee. »Aber wo es um *weltliche* Musik geht, Rock 'n' Roll . . .«

»Hör damit auf!« brüllte Billy Lee Riley.

». . . um das und ähnliches«, fuhr Jerry Lee schnell fort, wie gehetzt. »Du hast dich nicht selbst auf die Welt gebracht, und du bist auf der Welt, und du bist allemal ein Sünder. Du bist ein Sünder, und solange du nicht errettet und wiedergeboren bist und geworden wie ein kleines Kindlein und du vor Gott trittst und geheiligt bist – und Bruder, ich meine, du mußt doch so *rein* sein! Keine Sünde soll Eingang halten – keine Sünde! Denn so steht es geschrieben: *keine Sünde.* Es heißt da nicht nur, bloß ein bißchen; da heißt es, *keine Sünde soll in dir sein,* Bruder, auch nicht die kleinste! Du mußt im Herrn *wandeln* und *reden* mit Gott, um ins Himmelreich zu gelangen. Du mußt so *gut* sein.«

»Halleluja«, sagte Riley.

»Na schön«, sagte Sam. »Jetzt schau mal, Jerry, religiöse Überzeugung, das muß nicht gleich was Ähnliches sein wie Extremismus. Na gut. Willst du mir damit sagen, daß du die Bibel nehmen wirst, daß du zu Gottes Wort greifst und du dann die ganze Welt revolutionieren wirst? Also, jetzt hör mal zu: Jesus Christus wurde vom allmächtigen Gott gesandt –«

»Richtig«, sagte Jerry Lee.

»Hat er sie überzeugt? Hat er alle Menschen dieser Welt errettet?«

»Naah, aber er hat es versucht!«

»Das hat er sicher. Jetzt wart' mal eine Minute! Jesus Christus kam auf diese Welt. Er war duldsam mit den Menschen, er hat nicht von der Kanzel gepredigt. Er wandelte unter uns und hat Gutes getan.«

»Das ist richtig. Er hat überall gepredigt.«

»Überall.«

»Er hat auf dem Land gepredigt!«

»Überall. Das ist richtig, das ist richtig.«

»Er hat auf dem Wasser gepredigt.«

»Das stimmt, das stimmt ganz genau. Also –«

»Mann, er hat alles gemacht. Er hat *geheilt*!«

»Also bitte, also bitte, hier ist der Unterschied.«

»Folgt ihr jenen, die heilen? Wie Jesus Christus es getan? Also, das geschieht jeden Tag.«

»Was meinst du damit . . . Du . . . was . . . ich, ich . . . was –«

»Den *Blinden* wurden die Augen geöffnet. Die *Lahmen* konnten wieder gehen.«

»Jerry, Jesus Christus –«

»Die Krüppel konnten wieder gehen.«

»Nach meiner Meinung ist Christus heute genauso wirklich wie damals, als er auf diese Welt gekommen ist.«

»Richtig, richtig! Du hast so recht, daß du nicht mal weißt, was du da sagst.«

»Also, ich will sagen, um so mehr –«

»Ah, hören wir doch damit auf«, unterbrach Riley angewidert.

»Das wird sich nie verkaufen, Mann«, sagte Van Eaton zu ihm. »Das ist nichts für den Markt.«

»Warte, warte, warte doch nur eine Minute«, sagte Sam, die Arme hochwerfend. »Wir können doch nicht, wir müssen – also, jetzt schau mal, hör zu. Ich sag's dir aus tiefstem Herzen, und ich habe die Bibel ein bißchen studiert –«

»Also, das hab' ich auch«, sagte Jerry Lee. »Ich hab' sie von vorn bis hinten, von hinten bis vorn studiert, und ich weiß, wovon ich rede.«

»Jerry. *Jerry!* Wenn du glaubst, daß du nicht, daß du nicht Gutes tun kannst, wenn du ein Mann des Rock 'n' Roll bist –«

»Man kann Gutes tun, Mr. Phillips, verstehen Sie mich nicht falsch –«

»Nein, jetzt warte mal, warte und hör zu! Wenn ich sage, Gutes tun –«

»Man kann ein freudiges Herz haben!«

»Ich meine doch nicht, ich meine doch nicht einfach –«

»Man kann den Menschen helfen!«

»Man kann Seelen erretten!«

»Nein! Nein! Nein! Nein!«

»Ja!«

»*Wie kann der Teufel Seelen retten? Wovon reden Sie da?*«

»Hör mal, hör zu . . .«

»Mann, ich habe *den Teufel* in mir! Hätte ich ihn nicht da drin, wäre ich ein Christ!«

»Na ja, vielleicht hast du ihn –«

»*Jesus!*« schrie Jerry Lee und preßte die Fäuste an seine Brust. »Heile diesen Mann! Er hat den Teufel vertrieben. Der Teufel sagt, wohin kann ich gehen. Er sagt, kann ich in dieses Schwein fahren? Er sagt, ja, fahr in ihn. Ist er denn nicht in ihn gefahren?«

»Jerry, was ich versuchen will klarzustellen, ist, falls du an das glaubst, was du singst, hast du keine Alternative zu – hör zu! – zu –«

»Mr. Phillips! Das ist mir ganz gleich. Es ist ja nicht das, was man glaubt. Es ist das, *was in der Bibel geschrieben steht.*«

»Also, jetzt wart mal eine Minute.«

»Es ist das, was dort steht, Mr. Phillips.«

»Nein, nein.«

»Es ist nicht das, was man glaubt, es ist das, was da steht.«

»Nein, Herrgott! Wenn's nicht das ist, was man glaubt, wie kommt man denn dazu, die Bibel auszulegen?«

»Menschenskind«, stöhnte Riley.

»Na? Wie kann man die Bibel auslegen, wenn's nicht auf das ankommt, was man glaubt?« wiederholte Sam.

»Na ja, es ist nicht einfach nur, was man glaubt, man kann eben nicht –«

»Mann, macht Schluß damit!« kreischte Riley.

»Nein, man muß –« setzte Sam an.

»Reden Sie nur . . .« Jerry Lee wandte sich von ihm ab, als wäre er ein Narr.

»Nein, das hier ist der Punkt –«

»Sie können reden und nochmals reden . . .«

Zwischen Mitternacht und Morgengrauen brachten sie es auf Platte, gewaltsam, wütend und müde. Es war schwer gewesen, doch am Ende wußte Sam Phillips, daß er hier einen Hit hatte, eine Aufnahme mit gnadenlosem Rhythmus und besinnungsloser Lockung des Geschlechts. Jack Clement ließ die Bemerkung fallen, daß man doch die Tantiemen mit dem Heiligen Geist teilen sollte, doch niemand mochte darüber lachen.

Am 22. August behauptete ein Bericht der United Press, daß Jerry Lee in Windeseile Elvis als *Boy King* des Rock 'n' Roll überflügeln würde. Die Story erwähnte, daß »Whole Lotta Shakin' Goin' On« in täglich zehntausend Exemplaren abgesetzt werde. Judd Phillips wurde zitiert, der gesagt hatte, daß Jerry Lee nicht wie Elvis wackelte, daß er »es nicht nötig hat. Wenn ihm danach ist, dann springt er eben hoch und tritt den Klavierschemel quer über die Bühne und spielt im Stehen weiter. Und seine Beine werden richtig steif. Es ist bei ihm ganz anders, er hat einen Beat, einen Rhythmus, wie man ihn noch nie erlebt hat.« Auf den Verkauf von Elvis an RCA Victor anspielend, sagte Judd, daß sein Bruder und er nicht vorhätten, »jemals wieder irgendeinen unserer Künstler an irgendwen zu verkaufen – vor allem nicht Lewis.«

In der Folgewoche unterschrieb Jerry Lee einen Vertrag, in *Jamboree* mitzuwirken, einem Low-budget-Film von Warner Bros., bei dem Roy Lockwood Regie führen sollte und Otis Blackwell für die Musik zuständig war. Nur notdürftig von einer Handlung zusammengehalten, die sich mit den Leiden eines liebeskranken jungen Gesangspaares, gespielt von Paul Carr und Freda Holloway, befaßte, sollten in *Jamboree* nicht weniger als einundzwanzig Songs in sechsundachtzig Filmminuten aufgenommen werden. Jerry Lee und Fats Domino teilten sich die Rollen der Top-Stars (der einzige Schauspieler von einiger Statur in diesem Film war Robert Pastene, der die Rolle von Buck Rogers im Fernsehen gespielt hatte), gefolgt von Buddy Knox, Jimmy Bowen, Charlie

Gracie, den Four Coins, Carl Perkins, Slim Whitman, Connie Francis, Frankie Avalon und anderen. Jede dieser einzelnen Nummern sollte von verschiedenen Diskjockeys angesagt werden – in Jerry Lees Fall von Ray Perkins von KIMN in Denver. Jerry Lee ging nach New York, um »Great Balls of Fire« vor den Filmkameras einzusynchronisieren. Er wollte nicht synchronisieren; das schien ihm unnatürlich.

»Gene Autry hat das nie so gemacht«, sagte er. Doch ein Mann mit Sonnenbrille, ein Mann, dessen Hände zitterten, sagte ihm, daß Gene Autry es immer so gemacht hätte.

3. Kapitel

Seine Ehe mit Jane ließ sich nicht mehr zusammenflicken. Gegenseitiger Abscheu und rasende Wut, die sie statt Liebe zusammengehalten hatten, waren jetzt aufgebraucht. Nichts blieb mehr, und sie bewohnten gemeinsam ihr kleines rotes Haus wie schmale Streifen von kaltem Winterlicht, deren Bahnen einander gelegentlich kurz und im Zorn überschnitten.

Ende August teilte ein anonymer Informant Jerry Lee mit, daß früher in diesem Sommer, am 17. Juli, während Jerry Lee in Youngstown, Ohio, gespielt hatte, Jane bei einem anderen Mann gelegen hätte. Jerry Lee stellte auf diese Mitteilung hin Jane zur Rede. Sie nahm ihr Kind und verließ die Stadt, zog zu ihrer älteren Schwester in Natchez.

Am 4. September erhob Jerry Lee beim Circuit Court die Scheidungsklage. Die Klageschrift beschuldigte Jane des Ehebruchs, häufiger Barbesuche, Fluchen in der Öffentlichkeit und des Mißbrauchs ihres gemeinsamen Heims als Treffpunkt für unmoralische Handlungen und wilde trunkene Partys.

Jane kehrte mit zwei Anwälten aus Natchez nach Memphis zurück, mit Carl Chadwick und William Riley. Mit einem dritten herangezogenen Anwalt, Caruthers Ewing aus Memphis, erhob Jane am 20. September Gegenklage beim Bezirksgericht und focht Jerrys Scheidungsbegehren an. Sie bestritt, daß sie Ehebruch begangen hätte, und behauptete, die fragliche Nacht zu Hause mit ihrem Kind und ihrer dreizehnjährigen Schwester verbracht zu haben, die verheiratet war, doch von ihrem Mann getrennt lebte, sowie mit ihrer fünfzehnjährigen Cousine. Sie stritt ebenfalls ab, übermäßig zu trinken oder in der Öffentlichkeit zu fluchen. In ihrem Gesuch, die Scheidung wegen grausamen, unmenschlichen Verhaltens, böswilligen Verlassens und Nichteinhaltung seiner Unterhaltspflicht zugestanden zu bekommen, beschuldigte sie Jerry Lee in ihrer Gegenklage, sie zweimal verlassen zu haben, wobei er ihr bei einer Gelegenheit nicht mehr als »zweiundachtzig Cents und sechs Dosen Milch für den eigenen wie für den Unterhalt ihres Kindes« zurückgelassen hätte. In der Klageschrift wurde ferner behauptet, daß Jerry Lee einen Freund hätte, »der in den Zeugenstand treten und beeiden wird, daß er selbst der Vater des Kindes (Ronnie Guy) ist) und daß dies Teil von Jerry Lees »schändlichem und ungesetzlichem Plan ist, die Klägerin zu verleumden und sich seiner gesetzlichen und moralischen Verpflichtungen zu entziehen, sie und sein Kind zu versorgen«.

An dem Wochenende, nachdem Jane Gegenklage erhoben hatte, trat Jerry Lee im Apollo Theatre in Harlem in einem Kurzprogramm auf, das die Titel »Crazy Arms«, »Mean Woman Blues«, »Great Balls of Fire« und »Whole Lotta Shakin' Goin' On« umfaßte. Das war das erste Mal, daß er vor überwiegend schwarzem Publikum spielte, und auf seltsame Weise war er davon berührt und zufrieden, feststellen zu können, daß die farbigen Mädchen fast genauso nach ihm kreischten wie die weißen Mädchen, denen er in den zurückliegenden Monaten begegnet war. »Es steckt viel animalische Kraft in dem Jerry Lee Lewis-Trio, einer weißen Rock 'n' Roll-Formation mit dem aufs Klavier einhämmernden, schreienden Lewis«, schrieb ein Rezensent von *Variety*, der an jenem Abend im Apollo gesessen hatte. Der Rezensent fuhr damit fort, Jerry Lees musikalisches Talent zu loben, doch dann meinte er: »Er wäre gut beraten, einige seiner Mätzchen abzulegen, wie zum Beispiel, nach einer frenetisch bejubelten Nummer sich die Haare zu kämmen und den Kamm in Richtung Publikum zu pusten. Er könnte auch mit guten Manieren der Hillbilly sein, der zu sein er sich brüstet.«

Als er im Dement Field auftrat, dem Fußballstadion einer High School im Galena Park nahe Houston, kam Mickey Gilley nach der Show zu ihm hinter die Bühne. Es drängte die beiden Vettern, über die alten Zeiten in Ferriday zu reden und von Jerry Lees neuerworbenem Reichtum und Ruhm.

»Von mir kommt eine neue Platte raus, die dieser kleine schwarze Bursche für mich geschrieben hat«, sagte Jerry Lee. »Sie hat den Titel ›Great Balls of Fire‹.«

Mickey glaubte, daß Jerry Lee sich einen Scherz mit ihm erlauben wollte. Er konnte nicht glauben, daß irgend jemand eine Aufnahme mit einem derart schmutzigen Titel herausbringen könnte. Doch Jerry Lee sang ihm ein paar Takte des Liedes vor und schaute dann Mickey scharf in die Augen. »Das wird eine Wucht«, zischte er, stieg dann in den Cadillac und fuhr davon, nach Norden, in Richtung Arkansas.

Das gab Mickey zu denken, und nicht lange darauf ging er zu Bill Quinn's Gold Star Studio in Houston, wo er seine erste Schallplattenaufnahme machte, mit »Tell Me Why«, Rückseite, »Oowee Baby«. Diese Platte, die 1958 bei diesem zweitrangigen Label herauskam, brachte Mickey weder Ruhm noch Reichtum; doch er blieb dabei, machte Platten für zahlreiche einheimische Firmen – Eric, Supreme, Lynn, Astro und andere –, bis er endlich bekam, wonach er gestrebt hatte.

Sun brachte »Great Balls of Fire« am 3. November heraus, als Jerry Lee wieder einmal in »The Steve Allen Show« auftrat, diesmal sogar in Farbe. *Billboard* besprach die Platte in allen drei Sparten enthusiastisch: Pop, C & W und R & B.

Am 15. November brachte Sam Phillips die Platte kistenweise, zusammen mit Exemplaren von Jerry Lees EP, mit auf die sechste Jahrestagung der Diskjockeys in Nashville. Phillips setzte auch eine ganzseitige Anzeige für die Platte in *Billboard* ein – etwas, das er noch nie für einen anderen Künstler von Sun getan hatte.

Am Thanksgiving Day trat Jerry Lee mit dem Song in Dick Clarks »American Bandstand« auf, einer Live-Sendung aus Philadelphia. Mit ihm im Programm jenes Nachmittags waren Tom und Jerry, ein junges New Yorker Duo, das acht Jahre später unter dem Namen Simon & Garfunkel zu Ruhm gelangen sollte. Eine Woche später, am 6. Dezember, erschien er in einer bunten Musik-Sendung von CBS, »The Howard Miller Show«.

Der Film *Jamboree*, der am 12. November in Hollywood voraufgeführt worden war, wurde jetzt überall im Land in sämtlichen Provinzkinos gezeigt (die Zeitungen berichteten davon, daß vier Platzanweiser im Center Theatre in Buffalo, New York, während einer Bandenauseinandersetzung niedergestochen worden waren, als auf der Leinwand Jerry Lee mit dem Höhepunkt, »Great Balls of Fire«, gerade ins Bild gekommen war).

In der zweiten Dezemberwoche war »Great Balls of Fire« in die Top Ten der Popmusik eingebrochen, in die C & W und R & B-Charts und war außerdem auf dem Sprung, in den englischen Charts nach oben zu klettern. Es war die meistverkaufte Platte in der Geschichte von Sun. Jerry Lee erzählte seinem Daddy, daß auf seinen Schecks fast so viele Nullen wären, wie er damals in seinem Zeugnis der dritten Klasse Zeichen für »Durchgefallen« gehabt hatte.

Er hatte alles, was er wollte – alles, bis auf Myra Gale. Seit dem Bruch mit Jane im September hatte Jerry Lee bei der Brown-Familie am East Shore Drive gewohnt. Myra war kurz nach Beginn des neuen Schuljahres im Herbst mit der achten Klasse von der Levi School abgegangen, und die Tage, die Jerry Lee nicht auf Tournee verbrachte, verbrachte er unter den sorglosen Augen seines Cousins, Myras Vater J. W., der auch weiterhin in Jerry Lees Band den Baß spielte, mit Myra. Ihr Anblick und ihr Duft machten Jerry Lee wild, und sein Denken war wie ein zittrig gehaltenes Messer am seidenen Faden ihrer intakten Jungfräulichkeit. Er war verliebt, von ihr besessen. Am Morgen des 11. Dezember, einem kalten windigen Mittwoch, fuhren Jerry Lee und eine Bekannte in seinem Cadillac nach Süden bis Fayette, Mississippi, der Stadt, in der er und Jane vor Jahren geheiratet hatten. Zwischen zwölf und ein Uhr nachmittags betraten Jerry Lee und seine Freundin das Jefferson County Court House und suchten um eine Heiratslizenz nach. Die Freundin erklärte, ihr Name wäre Myra Gale Brown und ihr Alter zwanzig Jahre. Die Lizenz wurde ausgestellt, und Jerry Lee steckte sie in sein Handschuhfach im Wagen, fuhr dann mit seiner Freundin zurück nach Memphis, wobei er ihr unterwegs mehrfach dankte.

Am folgenden Tag teilte Jerry Lee J. W und Lois mit, daß er Myra mit in die Stadt nehmen wollte, um sich mit ihr »Jamboree« anzusehen. Doch anstatt in die Innenstadt zu fahren, bog er auf den Highway 55 in südliche Richtung auf den Mississippi zu. Myra Gale schaute ihn an, und ihr Blick ruhte unverwandt auf ihm.

»Laß uns heiraten«, sagte er.

»Dann los«, war alles, was sie sagte.

Sie wurden von Reverend M. C. Whitten in Hernando, dem Sitz des De Soto County, getraut, ungefähr fünfundzwanzig Kilometer südlich von Tennessee. Durch die langen Schatten des winterlichen Spätnachtmittags fuhren sie zurück gen Memphis. Sie hielten nur ein einziges Mal an; dann fuhren sie weiter, sprachen nur ganz wenig.

Länger als eine Woche hielten sie ihre Ehe geheim, lebten nach außen hin als Cousin und Cousine, doch insgeheim als Mann und Frau. Als Jerry Lee J. W. und Lois erzählte, daß er ihre Tochter zu seiner Braut gemacht hatte, reagierten sie zuerst ungläubig und dann zornig. Lois zeterte und flehte den Beistand des Herrn herab, und J. W. drohte, Jerry Lee die Haut abzuziehen und die Ehe mit einem Schlag annullieren zu lassen. Doch mit der Zeit beruhigte sich das Bedürfnis nach Gewalt, und eine wohlverdiente und vorsichtige Ruhe kehrte ein.

Er hatte jetzt Myra. Er hatte alles. Aber dennoch war ihm keine Zuflucht beschieden. An einem Sonntagmorgen vor Weihnachten stieg er in seinen Cadillac und fuhr nach Ferriday, um seinen Vetter, Jimmy Lee Swaggart, aufzusuchen.

Jimmy Lee sorgte für seine Frau und seinen dreijährigen Sohn, indem er einen Schlammräumschlepper fuhr. An Wochenenden predigte er. Sein Daddy, Willie Leon, hatte sich ganz dem Herrn anheimgegeben und war jetzt Pastor einer kleinen Pentecost-Kirche in Wisner, knapp fünfzig Kilometer nördlich von Ferriday. Jimmy Lee war ausersehen, am Tag von Jerry Lees Besuch in der Kirche seines Daddy zu predigen, und Jerry Lee stimmte zu, ihn zum Gottesdienst zu begleiten.

»Jerry Lee schien an jenem Morgen ganz der alte Bruder Leichtsinn wie immer«, sagte Jimmy Lee Swaggart, nach zwanzig Jahren zurückschauend auf diesen denkwürdigen Samstag. »Doch später in der Kirche wurde er machtvoll vom Heiligen Geist ergriffen. Sein Gesicht wurde aschfahl. Er umklammerte die Kirchenbank vor ihm so krampfhaft, daß seine Knöchel ganz weiß wurden, und er wurde von Weinen und Schluchzen durchgeschüttelt.

Eine Anzahl von Leuten traten an jenem Morgen vor, um den Herrn zu empfangen und ihre Sünden zu bereuen. Jerry Lee blieb schluchzend in seiner Bank. Schließlich ging Mama zu ihm hin, um mit ihm zu beten und ihn zu drängen, vorzutreten und Zeugnis abzulegen. Er schien sie stets mehr zu lieben als irgendeine seiner anderen Tanten und Onkel, und er umschlang tief bewegt ihren Hals. Dennoch folgte er nicht dem Ruf des Heiligen Geistes.«

Nach dem Gottesdienst standen Jerry Lee und Jimmy Lee draußen vor der Kirche und sprachen miteinander.

»Ich spiele und singe nicht so gut wie du«, sagte Jimmy Lee, »aber das wenige, das ich habe, ist Gott gegeben. Alles davon. Denk nur einmal, was geschehen würde, gäbest du ihm alles, was du hast.«

»Ich kann nicht«, sagte Jerry Lee, »ich kann einfach nicht.«

Jerry Lee ging zu seinem Cadillac und fuhr davon. Wenige Wochen später gab Jimmy Lee seinen Schlammräumjob auf und ging ganz ins geistliche Fach. Er predigte seinen ersten Erweckungsgottesdienst in Sterlington, Louisiana, gemeinsam mit Reverend Jewell Barton, dem Vater von Jerry Lees erster Frau Dorothy. Am vierten Abend der Erwekkungsmission erkrankte Jimmy Lee an Lungenentzündung, wie die Ärzte sagten, und mußte ins Krankenhaus eingewiesen werden. »Während jener Tage im Krankenhaus habe ich Radio gehört«, erinnerte er sich später in seiner Autobiographie. »Der Äther war erfüllt von dem schweren Rock 'n' Roll-Beat von Jerry Lees Musik. Dunkle, finstere Gedanken zogen mir durch den Kopf. Mir schien, als wäre jeder höllische

Dämon hervorgekrochen gekommen, mit mir zu kämpfen. Schau dir Jerry Lee an, sagten die Stimmen. Er ist Prediger gewesen, doch dann wurde er schlau. Ich rief Gott um Hilfe an. Schließlich griff ich nach der Bibel und nahm sie auf. Sie klappte auf bei Josua 1:9, ›Siehe, ich habe dir geboten, daß du getrost und freudig seist. Laß dir nicht grauen und entsetze dich nicht; denn der Herr, dein Gott, ist mir dir in allem, was du tun wirst.‹ Gottes heilende Kraft stieg in meinem Leib auf. Sie durchströmte meine Adern wie Feuer. Jerry Lee kann ›Great Balls of Fire‹ haben, erklärte ich. Doch ich werde das Feuer des Heiligen Geistes haben. Halleluja!«

Von Stund an stieg auch Jimmy Lee wie Jerry Lee auf, doch zu Reichtum und Ruhm ganz anderer Art.

Während der Weihnachtsfeiertage führten Jerry Lee und Fats Domino die Alan Freed-Zwölf-Tage-Show im Paramount Theatre in New York an. Die Show, die auch die Everly Brothers, Buddy Holly, Danny and the Juniors und Paul Anka vorstellte, brach den Zuhörerrekord des Paramount, der vor fünfzehn Jahren von Frank Sinatra aufgestellt worden war. In seiner Kolumne »On the Beat« schrieb *Billboard*-Reporter Red Grevatt:

> Richtig in Fahrt brachte die Zuhörerschaft im Paramount der phänomenale Jerry Lee Lewis von Sun Records. Der Rockabilly aus Ferriday, Louisiana, ist einer der dynamischsten Sänger der gegenwärtigen Szene, und laut Sam Phillips, dem Chef von Sun: »Er ist ohne Abstriche der sensationellste Unterhaltungskünstler, der mir je zu Gesicht gekommen ist.« Das stammt von jenem Mann, der auch Elvis Presley und Carl Perkins entdeckt hat.

In derselben Ausgabe von *Billboard* wurde berichtet, daß »Great Balls of Fire« auf Platz Nummer 2 in den Pop-Charts gestiegen war, auf Platz 1 in den C & W-Charts, Nummer 5 in den R & B-Charts, Nummer 5 in den britischen Charts und daß der Song höher und höher stieg.

Doch die beste Nachricht dieser Weihnachtsferien lautete, daß Elvis seinen Einberufungsbefehl bekommen hatte. Wenn Elvis erst einmal in der Army war, würde Jerry Lee bestimmt seinen Thron einnehmen.

Im Januar 1958 nach Memphis zurückgekehrt, kaufte Jerry Lee in 7452 Dianne Street, etwa eine Meile südlich vom Flughafen, ein Klinkerhaus mit drei Schlafzimmern. Das Haus kostete ihn zwölftausend Dollar, etwas mehr als die Einnahmen einer guten Woche. Er trug seine liebliche Braut über die Schwelle seines Hauses, und sie lebten zusammen in großem Stil: Jerry Lee, Myra Gale und ein weißer Pudel namens Dinky.

Ihre Nachbarn in der Dianne Street fanden, daß die Lewises ein nettes, ruhiges Paar wären. Doch nachdem in der Abendzeitung ein Artikel erschienen war, der sich mit Jerry Lees und Janes laufendem Scheidungsfall befaßte, begannen viele der Nachbarn zu argwöhnen, daß es mit diesen Frischvermählten in dem hübschen Klinkerhaus eine seltsame Bewandtnis haben müßte. Und sie begannen herumzuschnüffeln. Schließlich bezahlte Jerry Lee einem Mann elfhundert Dollar, um einen hohen Rotholzzaun um sein Grundstück errichten zu lassen.

Für seine vierte Single nahm Jerry Lee einen neuen Song auf, der von Otis Blackwell für ihn geschrieben worden war und den Titel »Breathless« trug. Der Song war nicht so gut wie »Great Balls of Fire«. Er war zahm, nach einem simplen Muster gestrickt und nicht dazu angetan, den mächtigen Ton der Pfingstbewegung in Jerry Lees Stimme zu mobilisieren.

Gegen Ende Januar unterzeichnete Jerry Lee einen Vertrag, in dem MGM-Film *High School Confidential* aufzutreten, bei dem Jack Arnold Regie führte, der bestens bekannt war seit *The Creature from the Black Lagoon* und *The Incredible Shrinking Man.* Hauptdarsteller des Films war Russ Tamblyn als junger Rauschgiftfahnder, der undercover an einer High School in Kalifornien tätig wird. Diane Jergens spielte eine Marihuana-Süchtige und Jackie Coogan einen Heroin-Dealer, bekannt unter dem Namen »Mr. A«.

Jerry Lee arbeitete bei der Titelmusik des Films mit einem jungen Schreiber namens Roland J. Hargrave zusammen, und das Copyright wurde am 28. Januar unter beider Namen eingetragen. Jerry Lee nahm den Song im Sun-Studio auf, machte sich dann auf nach Kalifornien, wo der Regisseur ihn, J. W., Russ Smith sowie ihre Instrumente auf die Ladefläche eines Lasters setzte und Jerry Lee das Lied vor einer Menge als High School-Kids verkleideter Jugendlicher in Playback vortragen ließ.

Anfang Februar flog Jerry Lee für fünf Tage zu Show-Auftritten nach Melbourne, Sydney und Brisbane. Von Lee Gordon, einem in Australien lebenden amerikanischen Promoter organisiert, waren ebenfalls mit ihm auf Tournee Buddy Holly, Paul Anka und der australische Pop-Star Johnny O'Keefe.

Als er wieder nach Memphis zurückkehrte, war »Breathless« herausgekommen, und etwa hunderttausend Scheiben waren bereits verkauft. Dick Clark lud Jerry Lee ein, zur Eröffnung seiner Frühjahrs-ABC-TV-Show, »The Dick Clark Show«, am 15. Februar aufzutreten. Angetan mit einem schwarzen Smoking mit Umschlägen aus grellem künstlichen Leopardenfell und Paspeln und sich gegen das Playback sträubend, sang Jerry Lee »Great Balls of Fire« und beendete später die Show mit »Breathless«. Etliche Wochen später hatten Dick Clark und Judd Phillips in der Bar des Manhattan Hotel etwas zu bereden. Jeder der beiden hatte ein Problem. Clarks Problem war sein Sponsor, Beechnut-Kaugummi: Mr. Norwood, der Vorstandsvorsitzende von Beechnut, hatte Clark eine Menge Dampf gemacht und sich beklagt, daß »The Dick Clark Show« nicht genug Kaugummi verkaufe. Judd hatte ein Problem mit »Breathless«: Die Verkäufe versickerten, weil der Beat des Liedes einen Bruch hatte und sich nur schwer danach tanzen ließ.

»Ich entdeckte die Lösung für beide Probleme«, erinnert sich Judd. »Ich hab' gesagt: ›Wir werden folgendes tun, Dick. Wir werden den Kids sagen, daß, wenn sie fünfzig Cents zusammen mit fünf Beechnut-Verpackungen einschicken, sie von uns eine Platte von »Breathless« bekommen.‹ Es liefen bei ABC-TV Wetten, daß wir damit scheitern würden. In der ersten Woche hatten wir fünfzig, vielleicht fünfundsiebzig Einsendungen, in der Woche darauf vielleicht fünf- oder sechshundert. Mein Gott, und in der dritten Woche fünfzigtausend, ganze Wagenladungen mit Platten. Gott, auch Sally und Sam, jeder mußte Platten verpacken. Am Ende mußten wir die Sache einstellen – das Postamt kam nicht damit nach. Und dann stellte sich heraus, daß dies das einzige Mal war, daß Beechnut jemals mehr als Wrigley's verkauft hatte. Wirklich eine höllisch gelungene Masche, yessir.«

In der letzten Märzwoche war »Breathless« in den Top Ten sämtlicher Charts – Pop, C & W und R & B –, und »Great Balls of Fire« fand sich noch immer in den Charts von Pop und C & W.

Am 28. März flog Jerry Lee zur Eröffnung von Alan Freeds Tournee-Paket nach New York. Angekündigt als »The Big Beat«, brachte die Show Jerry Lee, Chuck Berry, Buddy Holly, Frankie Lymon, die Chantels und andere bekannte Künstler heraus.

Die Tournee begann noch am selben Freitagabend in Brooklyn Paramount. Seit mehr als einem Jahr war Jerry Lee bestrebt gewesen, in jeder Show, an der er teilnahm, den Schlußauftritt zu haben. Seit noch mehr Jahren hatte Chuck Berry denselben Ehrgeiz gehabt. Jetzt sollten sie gemeinsam in einer Show auftreten, und sie stritten darüber, wer vor dem anderen auftreten sollte. Alan Freed griff ein und entschied, daß Chuck Berry die Show beendete, da er gegenüber Jerry Lee im Rock 'n' Roll Senioritätsrechte hatte.

Jerry Lee tat, worum man ihn an diesem Abend gebeten hatte: Er trat vor Chuck Berry auf. Die Menge kreischte und bestürmte die Bühne, und als es schien, daß das Gekreisch am lautesten und die Drängelei am chaotischsten geworden war, stand er auf, trat den Klavierschemel mit Macht beiseite und setzte zu »Great Balls of Fire« an. Als das heulende Chaos plötzlich noch um einiges lauter wurde, zog er eine Colaflasche voll Benzin aus seiner Jacke und bespritzte mit einer Hand das Klavier, während die andere Hand das Lied heraushämmerte; und er riß ein Streichholz an und setzte das Klavier in Flammen, und seine Hände ließen wie die Hände eines Irren nicht ab von den flammenzüngelnden Tasten, sondern schlugen weiter auf sie ein, bis alles fremde Zungen und Heiligkeit und Feuer wurde und die Kids wie durch Zauberei von der Raserei des Ganzen offensichtlich außer sich gerieten; und Jerry Lee stolzierte, nach Benzin stinkend, und in grimmigem Zorn, hinter die Bühne, und er sagte ganz ruhig zu Chuck Berry, während vom Lärm der verrückt gewordenen Kids und ihrem Stampfen und Schreien die Wände erzitterten – da sagte er: »Das mach' mal nach, Nigger.«

»In meinem ganzen Leben habe ich nie ein Klavier auf der Bühne verbrannt«, so erklärte er viele Jahre später ungehalten, wenn er nach jenem Freitagabend in Brooklyn befragt wurde. »Verbrenn mal ein Klavier oben in New York, und die bringen dich um, diese Mafia, die sie da oben haben.« Doch dann räumte er ein: »Aber vielleicht hab' ich's doch gemacht.« Mit der Zeit gelangten Jerry Lee und Chuck Berry zu einer Verständigung und wurden sogar Freunde. Das Tournee-Paket war schwindelerregend: sechsundvierzig Städte binnen vierundvierzig Tagen. Am Morgen des 10. April brachte die »Today«-Show Szenenausschnitte aus dem »Big Beat«-Konzert vom Vorabend in Detroit. Nachdem er den Auftritt von Jerry Lee gesehen hatte, schüttelte Dave Garroway, der Gastgeber von »Today«, ernstlich verwirrt den Kopf.

Zu Beginn ihrer letzten Woche bekam die Tournee Schwierigkeiten. Nach der Show vom 3. Mai in der Boston Arena brachen auf den Straßen Bandenkriege aus. Ein neunzehnjähriger Matrose wurde erstochen, und mindestens fünfzehn weitere Leute wurden geschlagen, ausgeraubt und vor der Arena vergewaltigt. Die Gewalttätigkeiten breiteten sich auf andere Bezirke der Stadt aus. Banden junger Rowdys in schwarzer Lederkluft zogen durch die Straßen von Roxbury und Back Bay, plünderten Geschäfte aus und stachen auf Passanten ein. Zwei halbwüchsige Mädchen griffen in der Untergrundstation Dudley Street eine ältere Frau an und ritzten ihr mit den Klingen ihrer Springmesser das Wort »Haß« und obszöne Worte in die Unterarme.

Bürgermeister John Hynes verhängte über jegliche derartige zukünftige Shows unverzüglich ein Verbot. Im Zorn sich über das »Rock 'n' Roll-Heidentum« auslassend, stellte Bezirksanwalt Garrett Byrne nach Maßgabe einer alten Anti-Anarchie-Verordnung Alan Freed unter Anklage (die Anklagen wurden schließlich fallengelassen, da der Ankläger nicht beweisen konnte, daß Freed vorgehabt hatte, die Regierung zu stürzen). Nach den Tumulten in Boston untersagten Bürgermeister und Polizeichefs »Big-Beat«-Shows in Troy, New York, New Haven, New Britain, Connecticut, und Newark, New Jersey.

Am Nachmittag des 13. Mai, wenige Tage nachdem Jerry Lee nach Memphis heimgekehrt war, gewährte Richter Harry Adams Jane Mitcham Lewis die Scheidung, um die sie nachgekommen war. In den Zeugenstand gerufen und nach seinem gegenwärtigen Einkommen befragt, gab Jerry Lee unter Eid an, daß er seit Januar sechzigtausend Dollar Tantiemen aus Plattenverkäufen verdient hätte. Richter Adams setzte monatlich sechshundertfünfzig Dollar Alimente für Jane und monatlich hundert Dollar Unterhalt für das Kind fest. Jerry Lee saß unterdessen ruhig neben seinem Anwalt, Grover McCormick. Er focht das Urteil nicht an, ebensowenig wie er erwähnte, daß er vor fünf Monaten Myra Gale Brown geheiratet hatte.

Nur Minuten nachdem sie das Shelby County Court House verlassen hatte, vertraute Jane einer Reporterin vom *Press-Scimitar* an, daß sie Jerry Lee noch immer liebte. »Ich werde alles versuchen, ihn zurückzubekommen«, sagte sie. »Ich bin außer mit ihm nie mit einem anderen gegangen. Diese Scheidung ist zum Teil sein und zum Teil mein Fehler.«

Eine von denen, die bei der Verhandlung gegen Jerry Lee ausgesagt hatte, war die Exfrau von Johnny Littlejohn, Jerry Lees Freund aus den Blue-Cat-Tagen. »Ich kann mich noch erinnern, wie Jane ihren ersten Alimentenscheck bekommen hat«, lachte Johnny. »Sie kam an und hat es bei Hal's gefeiert, irgend 'nem Club in Natchez.«

Unmittelbar nach dem Prozeß fuhr Jerry Lee nach Ferriday, um seine Familie zu besuchen und eine Ehrung entgegenzunehmen. Die Schlagzeile des *Concordia Sentinel* von jener Woche war in der Siebenundzwanzig-Punkt-Drucktype gesetzt, die das Blatt gewöhnlich nur der Meldung einer größeren Überschwemmung vorbehielt:

FERRIDAY ERKLÄRT SAMSTAG

ZUM JERRY LEE LEWIS-TAG

Bürgermeister überreicht Stadtschlüssel
an den Rock 'n' Roll-Sänger

Um zwei Uhr an jenem Samstag nachmittag, den 17. Mai, marschierte die Ferriday High School-Band aus dem Purvis Pontiac Park ostwärts die Louisiana Avenue hinunter. Großartig hinter der Blaskapelle fuhr Jerry Lee in einem offenen Cadillac, flankiert von Bürgermeister W. D. Davis und dem Leiter der Handelskammer, C. A. Nelson. Stolz, zu Fuß hinter dem Cadillac herziehend, folgten etliche hundert Bürger in Arbeits- und Festtagskleidung, angeführt von jenen Teenagern, aus denen sich der Jerry Lee Lewis-Fanclub von Ferriday rekrutierte. Die Parade machte Halt an der Rundfunkstation von Ferriday, KFNV, 120 Louisiana Avenue, wo Jerry Lee von Johnny Littlejohn interviewt wurde, der nicht lange nach ihrer Eröffnung im Jahre 1956 von WNAT zu diesem Sender übergewechselt war.

Nach dem Interview zog die Parade weiter bis ganz hinunter zur Louisiana Avenue, bog dann nach Norden ab in die First Street, dann nach Westen in die Texas Avenue und endete vor der Concordia Bank and Trust Company. Dort wurde Jerry Lee von Bürgermeister Davis der Stadtschlüssel überreicht.

Um neun Uhr am selben Abend trat Jerry Lee vor einer Wohltätigkeitsveranstaltung in der Aula der Ferriday High School auf. Von dort kehrte er nach Memphis zurück. Am kommenden Mittwoch sollte er zur wichtigsten Tournee seiner Karriere aufbrechen, und er wollte ausruhen.

GOLGATHA

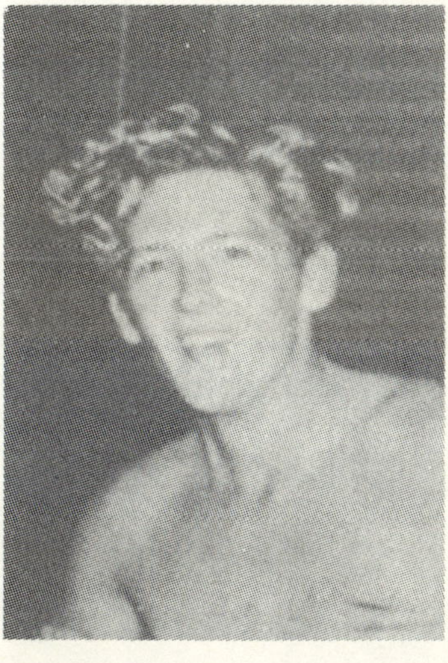

1. Kapitel

Oscar Davis: Man nannte ihn nur den Baron. Er war ein rauhbeiniger alter Mann, ein gewiefter Nashville-Manager, der irgendwann einmal praktisch mit jedermann zusammengearbeitet hatte, der mit Gesang im Südstaatenakzent reich geworden war – von Hank Williams bis zu Elvis Presley (den er Colonel Tom Parker vorgestellt hatte). Es war Oscar Davis, der mit Unterstützung der William Morris Agency Jerry Lees Englandreise geplant hatte – eine siebenunddreißigtägige Tournee mit insgesamt dreißig Auftritten, an deren Ende er mit sechsundzwanzigtausend Dollar in der Tasche in die USA zurückkehren sollte, nach seinem Abgang einen gewaltig expandierenden britischen Markt für seine Platten zurücklassend.

Alles schien sich gut anzulassen, als Jerry Lee dasaß und Myra Gale dabei zusah, wie sie seine Rock 'n' Roll-Bühnenkostüme für ihn einpackte. Seine neue Platte, »High School Confidential«, die vor wenig mehr als einer Woche herausgebracht worden war, lag bereits gut in den Pop-Charts; und der Film sollte in New York uraufgeführt werden, während er unterwegs war. »Breathless« hatte die Top Ten in England geschafft. Sun plante, seine erste Langspielplatte auf den Markt zu bringen. Und, was das beste war, Elvis war in der Armee, aus dem Weg.

Sie verließen Memphis am Mittwoch morgen, dem 21. Mai: Jerry Lee, Myra Gale, Russ Smith, J. W. und Lois Brown, Frankie Jean, deren Mann eingezogen worden war, und der kleine Rusty Brown, Jerry Lees dreijähriger Schwager. Sie flogen nach New York und verbrachten den Abend dort, darauf wartend, daß Oscar Davis aus Nashville eintreffen würde. Judd Phillips hatte geschäftlich in New York zu tun, und er traf sich mit Jerry Lee in seinem Hotelzimmer.

Sowohl Sam als auch Judd hatten Jerry Lee geraten, seine Ehe mit Myra Gale geheimzuhalten. Jetzt fragte Judd Jerry Lee, wie er es sich denn vorgestellt hätte, Myra der Presse vorzustellen.

»Sie ist meine Frau«, sagte Jerry Lee. »Daran ist doch nichts Falsches.«

»Richtig und falsch haben damit gar nichts zu tun«, gab Judd zurück. »Diesen Leuten wird das nicht gefallen.«

»Hey Sie«, setzte ihm Jerry Lee auseinander. »Die Leute wollen mich, und ganz gleich, wie, die werden mich nehmen, wie ich bin.«

»Also haben Sie nicht vor, das zu tun, wovon Sam und ich glauben, daß Sie es tun sollten, wie?«

»Himmel, nein! Ich muß das tun, was richtig ist.«

Judd schüttelte Jerry Lee die Hand und wünschte ihm alles Glück der Welt; sagte ihm, daß er ihn nächsten Monat in Memphis wiedersehen würde.

Sie kamen am Abend des 22. Mai auf dem Flughafen Heathrow an. Jerry Lee und Myra stiegen Arm in Arm aus der Maschine und waren sogleich umringt von Reportern und Fotografen jeder Londoner Tageszeitung außer der *Times*. Sie fragten, wer sie denn wäre, dieses lächelnde kleine Mädchen in engen schwarzen Hosen und einer schwarzweißen Bluse. Oscar Davis versuchte von ihr abzulenken, doch sie ließen sich nicht abschütteln.

»Das ist meine Frau Myra«, sagte Jerry Lee.

Die Reporter wollten wissen, wie alt sie wäre.

»Fünfzehn«, sagte Jerry Lee.

Die Reporter wollten jetzt wissen, wie lange sie schon verheiratet waren.

»Wir haben vor zwei Monaten geheiratet, und wir sind sehr glücklich«, sagte Jerry Lee.

Die Reporter wollten wissen, ob das denn seine erste Ehe wäre; als er ihnen berichtete, daß sie das nicht wäre, wollten sie auch von den anderen erfahren.

»Meine erste Frau hieß Dorothy«, sagte er. »Ich war fünfzehn, als ich sie geheiratet habe. Sie war siebzehn. Die Ehe hielt nur ein Jahr. Meine zweite Frau war Jane. Wir waren, als wir geheiratet haben, beide sechzehn. Es war eine lange Ehe, sie hat fast vier Jahre gedauert. Wir haben einen Sohn mit Namen Jerry Lee. Er ist jetzt drei.«

Dann fragten die Reporter Myra, ob sie nicht auch fände, daß fünfzehn ein viel zu zartes Alter wäre, um sich schon zu verheiraten.

»O nein, ganz und gar nicht«, gab Myra zurück. »Bei uns zu Hause spielt das Alter keine Rolle. Man kann schon mit zehn Jahren heiraten, wenn man einen Mann findet.« Dann blendeten sie die Blitzlichter, und sie klammerte sich an ihren Mann.

Oscar Davis zog Jerry Lee, Myra Gale und die anderen von den Zeitungsleuten weg zu den wartenden Limousinen. Sie ließen sich zum Westbury Hotel in Mayfair fahren. Jerry Lee und Myra Gale belegten Zimmer Nummer 127, die Zimmer der anderen lagen weiter den Gang hinunter.

Am folgenden Tag, dem Freitag, zeigte Oscar Davis Jerry Lee eine Nummer des Londoner *Daily Herald*. Darin ein großes Foto von Jerry Lee und Myra Gale, aufgenommen am Vorabend auf dem Flughafen, auf dem sie einander in den Armen hielten, und in Fettdruck die Worte

FRAU DES ROCKSTARS IST 15
Und es ist bereits seine dritte Ehe!

Am selben Tag, jenseits des Atlantik, nahm Sam Phillips ein Exemplar des *Press-Scimitar* von Memphis auf und atmete ganz langsam durch. Die Schlagzeile lautete: JERRY LEE LEWIS HEIRATET. Nachdem ihm die Nachricht von der Heirat aus London zugegangen war, hatte ein Reporter aus Memphis namens Clark Porteous etwas tiefer gegraben, und jetzt wurde im *Press-Scimitar* enthüllt, daß die Ehe »vor fast genau fünf Monaten geschlossen worden ist, noch bevor Lewis von seiner zweiten Frau geschieden war«, und daß »Myras Geburtsurkunde darüber Auskunft gibt, daß sie am 11. Juli 1944 geboren wurde«.

Der Tag verstrich, dann der nächste, und der Samstag abend kam. Das Telefon in Jerry Lees Zimmer klingelte. Myra Gale nahm den Hörer ab. Es war Jane, die anrief, um ihrem Ex-Ehemann Glück zu wünschen. Sie erzählte Myra, daß sie Jerry Lee noch immer liebte.

»Aber ich lebe mit ihm, und Sie nicht«, gab Myra zuckersüß zurück. Jerry Lee und Myra ließen sich ins Regal Cinema in Edmonton fahren, wo die Tournee beginnen sollte. Ungefähr zweitausend britische Teenager erzeugten eine so gespannte Stimmung der Erwartung, daß alles fast vorab arrangiert schien. Die Saallichter wurden schummrig, und das Hedley Ward Trio, eine komische englische Musiknummer, trat auf, und es gab höflichen Applaus. Dann kamen die Treniers, die schwarze Swing-Rock-Gruppe, geführt von den Alabama-Zwillingen Claude und Clifford Trenier, nunmehr neununddreißig Jahre alt und mit verblassendem Ruhm. Sie wurden weniger höflich, doch dafür mit um so größerer Begeisterung und mit Beifall bedacht. Minuten danach war wieder nichts zu hören als erwartungsvolles Gemurmel.

Dann kam er: In einem grell pinkfarbenen Anzug mit Ziermünzen am Revers und einer schwarzen, bindfadenschmalen Schleife von der Art, wie Old Man Lewis sie in jenen Tagen vor dem alles hinwegraffenden Krieg getragen hatte. Und er musterte das Publikum, während es ihn seinerseits hinter einem Vorhang aus Beifall in Augenschein nahm. Er verspürte Macht, dann verloren seine Augen den Halt, und er wandte sich zur Seite, dorthin, wo Myra in der Seitenkulisse stand. Russ Smith schlug mit dem Stock auf den Chromrand seiner Trommel, und J. W. Brown strich mit dem Bogen über die tiefste Saite seines Basses, und Jerry Lee Lewis quälte die Tasten des großen Klaviers und heulte vom Feuer, und das Publikum, das die Botschaft des Teufels mannigfach empfing, murmelte nicht mehr länger, sondern wurde wild vom Sound oder ganz stumm, je nach seiner oder ihrer seelischen Verfassung.

Jerry Lee gab ihnen wenig mehr als zehn Minuten – »Er behandelt sein Publikum mit einer Haltung, die fast an Verachtung grenzt«, schrieb ein britischer Reporter wenige Tage später –, und die Teenager, jene, die vor Erregung laut geworden waren ebenso wie jene, die stumm geblieben waren, begannen zu johlen und zu zischen, als der Vorhang fiel. Jemand fing an, »God Save the Queen« zu singen. Und inmitten des Gejohles und Gezischels fielen andere ein. Schließlich hob sich der Vorhang wieder, und Jerry Lee gab ihnen mehr, gab es ihnen hart und verrückt und erbarmungslos wie ein Mann, der voll Lust und betrogen auf einer verhaßten Frau liegt; und dann ging er von der Bühne.

Am darauffolgenden Morgen, Sonntag, den 25. Mai, schrieb der *Daily Sketch*, daß Jerry Lee »alles zusammenwirft, was am Rock 'n' Roll schlecht ist. Auf dem Klavier klimpernd, stöhnt, grunzt, heult und schnaubt Lewis so dicht ins Mikrofon, als wollte er es auffressen.« Der Aufmacher auf der Titelseite von *The People* war noch feindseliger, forderte alle Untertanen der Krone im Teenageralter dazu auf, Jerry Lees Konzerte zu boykottieren und damit »zu beweisen, daß nicht einmal der Rock 'n' Roll sie total um ihren Verstand gebracht hat«. Im Kommentar auf der Schlagseite wurde der Innenminister gedrängt, Jerry Lee unverzüglich aus dem Vereinigten Königreich auszuweisen.

An jenem Nachmittag schlich sich ein Reporter vom *Daily Herald* ins Westbury Hotel und fragte sich nach Zimmer 116 durch, wo er Myras Mutter, Lois, antraf. In seiner Aufmacherstory am folgenden Tag schrieb der Reporter in Fettdruck: *»Sie lag im Bett, angetan mit einem kurzen Nylon-Nachthemdchen, strich ihr dunkles Haar mit einer Hand glatt, während* *sie mit der anderen ein Laken bis zum Hals hochgezogen hatte.«* Dann, zu normaler Drucktype zurückkehrend: »›Ich bin entsetzt‹, sagte sie. ›Zu Hause in Memphis hat Jerry Myra oft angerufen. Eines Abends dann hat sie gesagt, daß er sie ins Kino ausführen wollte. Aber sie sind nicht gegangen. Statt dessen haben sie geheiratet.‹« Der Reporter stahl sich weiter zu Zimmer 121, wo er Oscar Davis fand, der *»an die Tür kam und nur ein Paar Shorts anhatte«*. Schließlich gelangte er zu Zimmer 127, dem, in dem Jerry Lee und Myra wohnten. »Ich hab' geklopft. Jerry hat geantwortet: *›Ich kann nicht rauskommen. Ich hab' nichts an.‹«*

»Myra Gale und mir war das völlig schnuppe«, erinnert sich Frankie Jean. »Wir sind rumgelaufen, haben eingekauft, Cokes getrunken und Eis gegessen.«

An diesem Sonntag abend wurden Jerry Lee und Myra zur zweiten Show der Tournee zum Kilburn State Theatre in London gefahren. Am folgenden Tag berichtete der *Herald,* daß bei einem Fassungsvermögen des Saals von viertausend Sitzen das Theater mit eintausend Besuchern nur zu einem Viertel gefüllt gewesen wäre, und fügte hinzu: »Die, die weggeblieben sind, haben nichts versäumt.«

Am Montag abend war in einem Kommentar des Londoner *Evening Star* zu lesen, daß »Lewis nicht gestattet werden sollte, seinen Charme vor britischen Teenagern vorzuführen. Man sollte ihn unverzüglich ausweisen. Er ist ein unerwünschter Ausländer«. Später am Abend trat Jerry Lee im Granada Theatre in Tooting auf, wo ihm Rufe entgegentönten: »Kindsräuber! Kindsräuber!« Er fixierte sein Publikum, zog langsam den silbernen Kamm aus der Tasche seiner gelben Hosen und fuhr sich mit diesem Kamm durch sein dreißig Zentimeter langes feines blondes welliges Haar, das, so wußte er, viel schöner war als das seiner Zuhörer; und als er das tat, wurden Rufe laut: »Tunte!«

Es war vorgesehen, daß er am kommenden Abend im Odeon Theatre in Birmingham auftreten sollte. Doch noch am selben Morgen hatte der englische Agent Leslie Grade, der geholfen hatte, die Tournee unter Dach und Fach zu bringen, hinter verschlossenen Türen eine Besprechung mit dem Präsidenten der Rank Organisation, der die Veranstaltungsorte gehörten, für die Jerry Lee bis zum Ende seiner langen Tournee gebucht war. Nach der Besprechung verkündete Grade, die Tournee wäre abgesagt. Um vierzehn Uhr fünfzehn an diesem Nachmittag verließen Jerry Lee, Myra Gale, Frankie Jean, Russ Smith, J. W., Lois und der kleine Rusty das Westbury Hotel durch einen Seitenausgang, während Oscar Davis zurückblieb, der versuchen wollte, von Leslie Grade und der Rank Organisation Geld einzufordern. Sie wurden in mehreren

Wagen zum Flughafen gebracht, wo sie bereits Reporter und Fotografen erwarteten. Myra an ihnen vorbeischleusend, griff sich Jerry eine Zeitung an einem Flughafenkiosk und schielte auf die Schlagzeile, die laut verkündete, daß Frankreichs neuer Premierminister einen Bürgerkrieg abgewendet hätte.

»Wer ist dieser Kerl, de Gaulle?« sagte er laut, während die Zeitungsleute dicht zu ihm aufschlossen. »Scheint ganz so, als wäre er größer rausgekommen als wir.« Dann drückte er Myra an sich und beantwortete Fragen der Reporter.

Ein Reporter wollte wissen, was Jerry Lee von den Engländern halte.

»Ihr Engländer seid im großen und ganzen ganz nett«, sagte er und blickte dem Mann in die Augen. »Aber einige von euch sind neidisch, ganz schlicht neidisch.«

Ein anderer Reporter wollte wissen, ob Jerry Lee glaube, daß der Skandal seiner Karriere schaden könne.

»Drüben in Amerika habe ich zwei wunderschöne Häuser, drei Cadillacs und eine Farm.« Dann drückte er Myras Hand und sagte: »Was kann man sich sonst noch wünschen?«

Eine Pan American-Maschine trug Jerry Lee und Myra und die erleichtert aufseufzenden anderen fort von dieser großen Insel, jener Insel, von der seine Vorfahren vor fast zweihundert Jahren aufgebrochen waren. Jerry Lee schob sich einen Streifen Kaugummi in den Mund und sah hinunter auf den Ozean. Sein Blick ruhte darauf, während er den Gummi kaute.

Über den Himmel breitete sich Zwielicht. Das Meer wurde golden, dunkelte dann, erfüllt vom Schimmern und Glitzern aller Buntglasscheiben dieser Welt. Während er Kaugummi kaute und hinunterschaute, wußte Jerry Lee Lewis wohl, daß seine Traurigkeit so großartig und gewaltig war wie seine Macht; und daß auf der anderen Seite des Ozeans seine Mutter wartete. Er wandte den Blick vom Meer ab und kehrte sich seiner Frau zu. Er küßte das nelkenbraune Haar, das sich sacht an ihren Schläfen kräuselte, schloß dann die Augen und kaute weiter auf seinem Gummi.

Während die Maschine den Flughafen Idlewild in New York anflog, feierte das United Kingdom seine erfolgreiche Austreibung. Unter der Schlagzeile BABYRÄUBER GIBT AUF berichtete der Londoner *Daily Herald* hämisch in seiner Mittwochsausgabe: »Der Jerry-Lee-Lewis-Zirkus flog gestern abend traurig aus London ab, zwölf Stunden, nachdem zwei große britische Veranstalter seine fünfwöchige Rock 'n' Roll-Tournee abgebrochen hatten.«

Bei der Landung in Idlewild am Mittwoch morgen stellte Jerry Lee fest, daß das, was ihn hier erwartete, fast genauso schlimm war wie das, was er zurückgelassen hatte. Als die Reportermeute sich auf Jerry Lee stürzte, flüchtete Myra in einen Dienstraum der Pan American. Die Fotografen blendeten Jerry Lee mit ihren weißen Blitzlichtern.

»Tut mir leid, daß ich nicht meinen Rock 'n' Roll-Anzug für euch Jungs angezogen habe«, war alles, was er sagte. Bekleidet war er mit einer grauen Tweedjacke.

Ein Reporter der *New York Post* fragte Jerry Lee, ob es zuträfe, daß man ihn ausgewiesen hätte.

»Ich bin nicht ausgewiesen worden«, sagte er ruhig. »Es ist bloß so, daß die Engländer auf Rock 'n' Roll nicht so reagieren wie die Amerikaner. Sie kreischen nicht. Sie klatschen nur. Ich kreische aber selbst gern. Man könnte vielleicht sagen, daß ich Heimweh bekommen habe.«

Myra Gale wurde aus dem Dienstraum gebracht. Sie hielt sich ganz nahe bei ihrem Ehemann. Jemand fragte sie, was sie denn von all dem halte.

»Ich denke genauso wie Jerry darüber«, sagte sie.

Ein Reporter der *Daily News* fragte Jerry Lee, ob er es nicht auch etwas komisch fände, daß ein erwachsener Mann ein dreizehnjähriges Mädchen heiratete.

»Schreiben Sie das auf«, sagte er, zum ersten Mal die Stimme erhebend: »Sie ist eine Frau!«

Jerry Lee, Myra und die übrigen blieben nicht in New York zur Premiere von *High School Confidential,* die am Freitag in Loew's State am Times Square stattfinden sollte. Statt dessen stiegen sie in eine Maschine der Capital Airlines und waren wenige Minuten nach vierzehn Uhr nachmittags daheim in Memphis. Auf dem Flughafen von Memphis mußten sie wieder feststellen, daß Reporter und Fotografen sie erwarteten und daß auch diese Reporter und Fotografen keinen Deut freundlicher waren als jene in London und New York. In einer Story, die in der Ausgabe des *Press-Scimitar* am folgenden Tag erschien, bemerkte einer der Reporter, die Jerry Lee am Flughafen begrüßt hatten: »Die Fans scharen sich nicht um das Haus der Lewises in der Dianne Street, wie sie das vor Elvis' Haus tun.«

Sun Records' Reaktion auf die entstandene Lage war nicht viel besser als die der Presse. Binnen sieben Tagen nach Jerry Lees Ankunft in Memphis brachte Sun eine neue Platte mit dem Titel »The Return of Jerry Lee« heraus. Auf Anregung von Jack Clement bestand die Platte aus einer Reihe von Fragen, die ein Diskjockey aus Memphis, George Klein, sprach, und die mit Ausschnitten aus Jerrys vorausgegangenen Platten beantwortet wurden. An einer Stelle läßt Clement Klein fragen: »Was hat Königin Elizabeth zu Ihnen gesagt?« Nach dieser Frage blendet dann Clement Jerry Lee ein, der singt: »Goodness gracious! Great balls of fire!«

In der Annahme, daß er damit die Presse besänftigen könnte, entschloß sich Jerry Lee dazu, die Trauung mit Myra noch einmal in einer Zeremonie von unanfechtbarer Legalität abhalten zu lassen. An dem Wochenende, das auf die Rückkehr nach Memphis folgte, fuhren Jerry Lee und Myra Gale in den Süden nach Ferriday. Im Bezirksgericht von Vidalia füllten sie eine Heiratslizenz aus. Seit Jerry Lees letzter Eheschließung in Louisiana vor mehr als sechs Jahren war dem Vordruck zu dieser Lizenz einiges Neue hinzugefügt worden, und Jerry Lee füllte diese neuen Angaben mit einer Schnelligkeit und Kühnheit aus, die auf dem Gesicht von Uncle Lee Calhoun ein Lächeln hervorriefen:

Verwandtschaftsverhältnis zwischen Braut und Bräutigam: KEINES

Wenige Tage später, am Nachmittag des 4. Juni, wurden Jerry Lee und Myra in dem Haus, das Jerry Lee seinen Eltern in Ferriday gekauft hatte, von einem methodistischen Geistlichen ein zweites Mal getraut. Mamie und Aunt Stella streuten Reis, Elmo und Uncle Lee nickten dazu.

Jerry Lee und Sam Phillips zahlten für eine ganze Seite in *Billboard*, und in der Ausgabe dieser Zeitschrift vom 9. Juni erschien der folgende offene Brief.

Liebe Freunde:
Während der vergangenen Wochen habe ich zweifellos im Mittelpunkt einer fantastischen Woge von Publicity gestanden. Und nichts daran ist gut gewesen.
Noch in den schlimmsten Menschen muß ein wenig Gutes stek-

ken, doch will man Verlautbarungen der Presse, die in London aufgekommen sind, Glauben schenken, bin ich der Allerschlechteste und verdiene nicht einmal, daß man mich eine anständige Presseerklärung herausbringen läßt.
Diese ganze Sache hat damit angefangen, daß ich versucht habe, die Wahrheit zu sagen, und es auch getan habe. Ich habe die Geschichte meines vergangenen Lebens erzählt, weil ich dachte, daß sie bereinigt wäre und daß ich niemandem damit wehtun könnte, einmal Manns genug zu sein, die Wahrheit zu sagen.
Ich gestehe, daß mein Leben stürmisch verlaufen ist. Ich gestehe ferner, daß ich, seit ich zu einer Figur geworden bin, die im Licht der Öffentlichkeit steht, den aufrichtigen Wunsch gehabt habe, der ehrlichen Bewunderung all jener Menschen, jung und alt, würdig zu sein, die das Talent (falls vorhanden), das ich habe, geschätzt oder daran Gefallen gefunden haben. Das ist letztlich alles, was ich in professioneller Hinsicht zu bieten habe.
Falls Sie nicht glauben sollten, daß Genauigkeit in der Sache verunklart und verwischt werden kann, wenn man vor den Augen der Öffentlichkeit steht, dann hoffe ich nur, daß Sie niemals den Weg einschlagen müssen, auf dem ich mich befinde.
Es hat einige juristische Mißverständnisse in dieser Angelegenheit gegeben, die mich unvermeidlich so aussehen lassen, als hätte ich das Wort Unanständigkeit selbst erfunden. Trotzdem habe ich das Gefühl, daß man mir, wenn auch sonst nichts, zubilligen sollte, daß ich zumindest noch so viel gesunden Menschenverstand besitze, daß ich – hätte ich geglaubt, daß die legalen Aspekte dieser Angelegenheit nicht völlig einwandfrei gewesen sind – gewiß niemals einen solchen Schritt unternommen hätte, solange sie es nicht wirklich sind.
Ich möchte Jane Mitcham nicht wehtun, ebensowenig will ich meiner Familie und den Kindern schaden. Ich bin vor Gericht erschienen und habe Janes Scheidungsbegehren nicht angefochten, und für den Unterhalt des Kindes sowie für Alimente sind ihr siebenhundertfünfzig Dollar monatlich zugesprochen worden. Jane und ich sind als Freunde aus dem Gerichtssaal gegangen, und wir haben tatsächlich vor, während und nach dem Prozeß ohne jede Feindseligkeit miteinander geplaudert.
In dem Glauben, mein Leben ein für allemal in Ordnung gebracht zu haben, habe ich meine Mutter, meinen Vater und meine kleine Schwester eingeladen, mit mir die Reise nach England zu unter-

nehmen. Unglücklicherweise hatten Mutter und Daddy den Eindruck, daß die Reise für sie zu lang und beschwerlich werden würde, und sind nicht mitgekommen. Doch meine Schwester hat uns begleitet, gemeinsam mit Myras kleinem Bruder und ihrer Mutter.

Ich hoffe nur, daß, falls ich als Entertainer erledigt sein sollte, das nicht wegen dieser schlechten Publicity sein wird, denn ich kann schreien, so viel ich will, und mir wünschen, was ich will, aber ich habe keinen Einfluß auf die Presse oder die Sensationsgier, mit der diese Leute vorgehen, um einen Skandal anzuzetteln, der ihnen mehr Zeitungen verkaufen soll. Falls Sie mir nicht glauben, so fragen Sie doch bitte jeden der anderen Menschen, die gleich mir Opfer derselben Machenschaften geworden sind.

Mit freundlichem Gruß
Jerry Lee Lewis

Dennoch steckte die Presse nicht zurück. Unter ihrer Rubrik »Newsmakers« in einem Artikel mit der Überschrift »Alpha und Omega« berichtete *Newsweek* über die krasseren Einzelheiten von Jerry Lees Vertreibung aus England, wobei sie zum Kontrast zu diesem Bericht die Meldung brachte, daß der Milchtrinker Pat Boone erst vor kurzem an der Columbia University seinen Abschluß mit magna cum laude gemacht hätte. In der *New York Herald Tribune* vermerkt der Kolumnist Hy Gardner, daß die »Jerry Lee Lewises Familienzuwachs bekommen haben: Er hat ihr nämlich eine neue Puppe gekauft«.

Sogar alte Freunde hatten ihn im Stich gelassen. Während Jerry Lee sich noch in London aufhielt, bekam Dick Clark frühmorgens um drei Uhr einen Anruf.

»Dick«, so hatte der Anrufer gesagt, »Sie wissen schon, wer hier ist, aber sagen Sie nichts. Ich möchte Sie nur warnen, sich vorzusehen. Jerry Lee Lewis hat seine dreizehnjährige Cousine geheiratet, und es wird bald die Hölle losbrechen.«

Clark erinnerte sich später reuevoll, daß »ich in einem Akt von sehr großer Feigheit beschloß, weitere Engagements für Jerry Lee in der Show zu blockieren, was mir noch immer sehr leid tut«.

Am 11. Juni hatte Jerry Lee seinen ersten New Yorker Nachtclubauftritt im Café de Paris, einem neueröffneten Club, dessen Besitzer der Impresario Lou Walters war. Jerry Lee und Myra kamen einen Tag früher in New York an und mieteten sich in einer Suite im Edison Hotel ein. Jerry Lee kam einer Bitte von Oscar Davis nach und hielt am Vorabend der Eröffnung eine Pressekonferenz ab, um die schwelende Feindseligkeit auszuräumen. Einer von denen, die an dieser Pressekonferenz teilnahmen, war der Kommentator Hy Gardner, der zu Jerry Lees Musik bemerkte, sie besäße »den ansteckenden, fast furchterregenden Beat eines Buschtrommlers«.

»Wissen Sie«, sagte Jerry Lee zu ihm, »all das Zeug, daß der Rock 'n' Roll zu Massenunruhen verleitet, ist doch Mist. Die Musik hat das nicht gemacht. Das muß woanders herkommen. Und jedenfalls bin ich auch kein Rocker. Ich bin ein Boogie-Woogie-Mann.«

Die Eröffnungsnacht im Café de Paris lief nicht gut. Noch vor einem Monat war Jerry Lee imstande gewesen, große Säle und Arenen zu füllen. Doch das Café de Paris war an jenem Abend nicht voll besetzt, und viele derer, die gekommen waren, hatten denselben Blick in den Augen, den Jerry Lee als Junge bei Farmern gesehen hatte, die wartend vor einem Zelt auf dem Markt im Concordia Parish gestanden hatten; einem Zelt, in dem ein alter Mann stand, zuckend und nach billigem Whiskey stinkend, bereit, einer schrill gackernden Henne den Kopf abzubeißen und diesen kleinen blutigen Kopf mit einem einzigen schauderhaften Würgen hinunterzuschlucken. Jerry Lee war nicht imstande, am folgenden Abend ins Café de Paris zurückzukehren, wie es vorgesehen war. Statt dessen kehrte er in den Süden zurück, ins Land seiner Vorfahren.

Der Sommer ging vorbei, doch damit nicht die Schwierigkeiten. Am ersten Herbsttag schiffte sich Elvis, dessen Königswürde Jerry Lee zu usurpieren geträumt hatte, nach Deutschland ein. Vor seiner Abreise fragte ein Reporter am Brooklyn Army Terminal Elvis, wie er darüber denke, was mit Jerry Lee geschehen war.

»Er ist ein großer Künstler«, sagte Elvis, wobei er einen kleinen Gedichtband mit dem Titel *Poems That Touch the Heart* abwechselnd von seiner linken Hand in die rechte wandern ließ. »Ich möchte lieber nichts zu seiner Ehe sagen, außer vielleicht, daß alles in Ordnung ist, falls er sie wirklich liebt.«

Nicht lange nachdem er in Deutschland angekommen war, begegnete Elivs einem vierzehnjährigen Mädchen namens Priscilla Beaulieu und verliebte sich in sie. Er brachte sie schließlich mit nach Graceland, wo sie mit ihm lebte, hielt sie von anderen vorsichtig fern, wartete bis 1967 ab, ehe er sie ohne großes Aufsehen heiratete.

Zur selben Zeit, als Elvis sich nach Deutschland einschiffte, merkte Myra Gale, daß sie schwanger war. Am Morgen des 27. Februar 1959, wenige Wochen nach dem Flugzeugunglück, bei dem Buddy Holly, der

Big Bopper und Ritchie Valens ums Leben gekommen waren, gebar Myra Gale in Ferriday einen Jungen, der bei seiner Geburt sieben Pfund wog. Etwas später noch am selben Tag entschied sich Jerry Lee, seinen zweiten Sohn Steve Allen Lewis zu nennen, zu Ehren eines der wenigen anständigen Männer, denen er außerhalb vom Concordia Parish begegnet war.

Schon bald zog Jerry Lee mit seiner Familie in ein neues Haus, 5042 East Shore Drive, außerhalb am Coro Lake gelegen. Es war ein schönes Haus im Ranch-Stil, mit vier Schlafzimmern, einem großen Patio und einem Swimmingpool. Am frühen Abend saß Jerry Lee oft am Pool, zu jener Stunde, wenn die Sonne über den Horizont zu sinken beginnt und die dunkelnden seufzenden Farben sich einstellen. So saß er da, und er lächelte nicht, und er dachte an nichts. Es war nur eine Frage der Zeit, so wußte er, bis er wieder erlöst würde. So saß er da, blickte in das stehende, von Wänden eingeschlossene Wasser, und er wußte darum. Und er ballte die Hand zur Faust und wünschte sich, daß jetzt ein Pferd da wäre, das er mit einem einzigen Fausthieb in die verdammten Knie zwingen könnte.

MAMMON

1. Kapitel

Er stützte eine Hand auf das kalte Porzellan des Urinals, versuchte das Gleichgewicht zu behalten. Von dort, wo er stand, konnte er den hochgeklappten Sitz einer verstopften, überlaufenden Kloschüssel sehen. An der Unterseite des Sitzes befanden sich vier kleine Höcker, und die abblätternde Farbe legte das alte Holz darunter frei. Für ihn sah das so aus wie das Gesicht eines lügenden Chinesen. Er prustete, lächelte fast, senkte dann den Kopf.

Es war irgendwo in Minneapolis, und es war Ostersonntag 1962. Nichts lief gut. Seit jenem ruinösen Sommer von 1958 hatte es keine größeren Hits mehr gegeben, keine weiteren großen Barschecks. Doch immer noch pumpte er weiter das Klavier, streifte in einem dreckigen Cadillac über Land, heulte vom Feuer und von zuckenden Leibern, strebte unbezähmbar nach seiner eigenen unbestimmten Erlösung. In weniger als einer Woche nach diesem Ostersonntag sollte er übers Meer zu einer Tournee nach England – dem Land, das er seit vier Jahren weder wiedergesehen noch vermißt hatte –, und er wußte nicht, was ihn erwartete. Er war nicht länger der Throninhaber im Reich des Rock 'n' Roll. Die Dinge waren jetzt anders, seltsam und unwirklich wie der lügende Chinese, den er in diesem dumpfen, einst weißen Kabuff irgendwo in Minneapolis vermeint hatte zu sehen. Elvis' Herrschaft war einsam, er trat nicht mehr in der Öffentlichkeit auf, zog sich zurück in ein Geheimnis, das seiner unnahbaren Größe angemessen war. Der Rock 'n' Roll selbst hatte sich verändert. Er war weichlich und schlaff, und wann immer Jerry Lee ihn im Radio hörte, erinnerte er ihn nicht mehr an Haney's Big House oder an die »Assembly of God« oder sonst etwas. Außer vielleicht an erlittenes Unrecht. Manchmal erschien es ihm so, als würde nur noch er selbst weiterrocken, nach all den Jahren noch als reine Flamme brennen. Doch sein Ruhm war dahingeschmolzen wie auch sein Geld. Er hatte einst für Tausende von Dollars pro Abend gespielt; jetzt spielte er für ein paar Hunderter. Er machte auch weiterhin Platten für Sun, und viele dieser Platten waren gut, doch Sun gab es kaum noch; die Firma hatte begonnen zu zerfallen, nicht lange nach Jerry Lees Rückkehr aus England. In jenem Sommer von 1958 war Judd ausgeschieden, um seine eigene Firma, Judd Records, in Sheffield, Alabama, aufzumachen; nicht lange darauf verließen erst Johnny Cash, dann Carl Perkins Sun und unterschrieben bei Columbia; zu Beginn des Jahres 1959 feuerte Sam Jack Clement wegen »Ungehorsam«; und die Werbung, die Sam in *Billboard* plazierte, um Jerry Lees neue Platten anzukündigen, geriet immer kleiner und kleiner. 1960 hatte es Verhandlungen über einen Filmvertrag gegeben – Jerry Lee sollte in einer Art Estrada-Produktion mit dem Titel »The Young and the Deadly« spielen und singen – doch das Ganze löste sich in Luft auf. Dann, im vergangenen Jahr hatte es so ausgesehen, als würde Jerry Lees Glück sich wenden. Seine Version des Ray Charles-Hits »What'd I Say« von 1959 war in die Pop-Charts gekommen und auf Platz Nummer 30 gestiegen. Sie war dann übergesprungen in die C & W- und die R & B-Charts und hatte in England sogar die Top Ten geschafft. Dann allerdings war die Platte rapide abgesunken. Wenige Monate später hatte sich seine Aufnahme von Hank Williams' »Cold, Cold Heart« als kleinerer Country-Hit behauptet. Doch seither war nichts mehr gewesen.

Auch in Jerry Lees Familie hatte sich einiges verändert. Seine Tante, Jimmy Lee Swaggarts Mama, Minnie Bell, war eines Tages im Juni 1960 im Alter von nur dreiundvierzig Jahren gestorben. Jerry Lee war einer der Sargträger gewesen und hatte sie zu ihrer Ruhestätte in Calhoun-Erde auf dem kleinen Friedhof nahe Clayton geleitet. Jerry Lees halbwüchsige Schwester Frankie Jean hatte ein Kind zur Welt gebracht, und auch dieses Kind lag jetzt in Uncle Lees Erde. Und Elmo und Mamie hatten sich nach mehr als dreißig Jahren Ehe, Jahren, die Flut und Dürre, Hunger und Überfluß, Geburt und Tod überstanden hatten, im Herbst 1961 getrennt.

Ja, so schien es Jerry, als er die Spülung drückte und den Kopf hob – ja, es war seltsam und unwirklich geworden, das Ganze.

Eintausendfünfhundert Kilometer entfernt in Memphis, als Dämmerung sich auf den Tag der Auferstehung senkte, saß Myra Gale am Küchentisch und stellte eine Einkaufsliste zusammen. Der kleine Steve Allen, der im Februar drei Jahre alt geworden war, zog an ihrem Rock, um auf sich aufmerksam zu machen. Sie streckte die Hand aus und strich über seinen blonden Bürstenschnitt. Sie schloß die Liste ab und schaute auf die Uhr an der Küchenwand. Es war achtzehn Uhr vierzig; es blieb noch Zeit, in den Laden zu gehen. Dann fiel ihr auf, daß Steve verschwunden war. Sie durchsuchte das Haus, rief seinen Namen, und je länger sie suchte und ihn nicht finden konnte, desto schneller und schwerer schlug ihr das Herz in der Brust. Old Elmo saß auf der Veranda, hatte sich einen Drink gemacht, und Myra Gale scheuchte ihn auf, sich an der Suche zu beteiligen. Endlich, als das Schlagen des Herzens in ihren Ohren dröhnte und alles fremde Geräusch ausschloß, rannte sie zu ihrem Nachbarn hinüber, einem Mann namens E. E. Haning. Mit einer Stimme, die voll Panik war, bat sie ihn, den Pool hinter ihrem Haus abzusuchen.

Der Mann rannte zum Pool, sprang an der flachen Seite hinein und watete dann langsam auf die Grube zu, die dreizehn Meter vor ihm lag. Der Pool, dick von Algen und den toten schlammigen Blättern vom vergangenen Herbst überzogen, war trübe und bot keine Sicht auf den Grund. In etwa anderthalb Meter Wassertiefe, nahe einer kleinen Leiter am Beckenrand, stieß der Nachbar an ein weiches, schreckliches, sacht dahintreibendes Gewicht. Er hob den winzigen Körper heraus und legte ihn zitternd auf die Betonplatten des Patio. Myra empfand etwas, von dem sie nicht gewußt hatte, daß es existierte, und sie brach im Schock zusammen.

Freiwillige der Feuerwache von Whitehaven umstanden den kleinen schlaffen Körper und versuchten, ihn durch Mund-zu-Mund-Beatmung wiederzubeleben. Dann traf ein Arzt aus der Nachbarschaft ohne seine Arzttasche ein. Er stieß ein Taschenmesser in Steves Brust und machte einen Schnitt abwärts. Dann schob er die zackig geteilten Hälften des Brustbeins auseinander und legte das Herz frei. Er massierte es viele Minuten lang, erhob sich dann aufseufzend, schüttelte den Kopf. Er tauchte seine Hände in den Pool und wusch sich das Blut ab.

Jerry Lee traf am folgenden Morgen in Memphis ein. Er stand voll Trauer am Rand jenes albernen Zementbeckens, das schnöder Mammon ihm erworben, und er schaute in das tückisch mordende Wasser mit Augen, die aller Freude und jeder Hoffnung Feind waren. Über das Meer rief er London an und erzählte von dem, was ihn heimgesucht, und er versuchte, die geplante Tournee zu verschieben. Der Mann in London sagte ihm, daß sich an der Vereinbarung nichts ändern lasse.

Jerry Lee fuhr zum National Funeral Home und forderte die Freigabe des Leichnams seines Sohnes. Dann fuhr er nach Süden, nach Ferriday.

In der kleinen weißen Kirche der »Assembly of God« stand am folgenden Tag ein Prediger vor dem kleinen Sarg und erzählte mancherlei. Dann, im hellen Licht der Nachmittagssonne, bettete Jerry Lee seinen Jungen auf dem kleinen Friedhof bei Clayton zur ewigen Ruhe. Er bestellte einen Stein für das Grab, und er sagte dem Mann, daß er ein kleines Lamm oben auf dem Stein wollte – ein kleines Lamm genau wie jenes, das schweigend über das nahe Grab des Bruders wachte, den Jerry Lee nie wirklich gekannt hatte –, und so geschah es auch.

Am Samstag, fünf Tage nachdem er seinen Sohn zu Grabe getragen, traf Jerry Lee in London ein. Am 29. April, Samstag, in Newcastle, sang er zum erstenmal seit 1958 wieder vor englischem Publikum. Er sang mit Rachsucht und voll Traurigkeit und mit der Macht des Heiligen Geistes, und diese Menschen dort in Newcastle, die liebten ihn. Und auch die Menschen, die ihn am folgenden Abend hörten, auch die liebten ihn. Am Dienstag rief er Myra Gale an und forderte sie auf, zu ihm zu kommen. Wenige Tage später, am 7. Mai, flog sie nach London, schritt vorüber an den wenigen Fotografen und Reportern, die sie erwarteten, schritt an ihnen vorbei, als wollte sie ihnen sagen, daß sie jetzt siebzehn war – eigentlich fast achtzehn; daß sie noch immer mit dem Mann ihrer Träume verheiratet und daß sie stark war.

Die Tournee verlief gut, doch kaum daß Jerry Lee heimgekehrt war, standen die Dinge schlechter als zuvor. Der Tod seines Sohnes lag ihm schwer auf dem Herzen, und neue und schrecklichere Dämonen umklammerten seinen Hals und füllten seine Lungen mit dem ruchlosen Pesthauch ihres Atems.

Er war stets streng mit Myra gewesen. Seit ihrer Pubertät war sie wie weicher Ton von seinen Händen geformt worden. Frankie Jean erinnerte sich, daß Jerry Lee ihr vorschrieb, welche Kleider sie zu tragen hatte, und er befahl ihr, diese Kleider gemäß den Vorschriften der Pentecost-Kirche anzulegen. Er gestattete ihr nicht, Make-up aufzutragen oder sich das Haar zu schneiden. Er schrieb ihr vor, welche Platten sie sich anhören durfte, welche Fernsehprogramme sie sich anschauen sollte, welche Bücher sie lesen durfte (einmal hatte er sie mit einem Paperback von Erskine Caldwells *Tobacco Road* erwischt, einem Bestseller des Jahres 1932, in dem ein älterer Mann ein zwölfjähriges Mädchen aus einer Familie armer Weißer heiratet. Jerry Lee entriß ihr das Buch und hielt ihr eine gewaltige Standpauke). Myra, die wenig von der Welt kannte, glaubte schlicht, daß alle Ehen genau wie die ihre wären, und sie beugte ihr Knie in demutsvoller Treue.

Trotzdem witterte er Sündhaftigkeit in ihr. Frauen hatten sich seit fünf Jahren an ihn gehängt. Wohin er auch ging, so schien es, öffneten sich ihm billig parfümierte Schenkel, geschmeidig und nachgiebig wie der vom Wind bewegte Schilf auf dem Turtle Lake. Anfangs hatten sie sich ihm geöffnet, um jedweden Brosamen von schrillem feilem Glanz und Ruhm, dessen sie habhaft werden konnten, in sich aufzunehmen. Und dann später noch, um das grotesk schattenhafte Gespenst dieses Ruhms und solchen Glanzes zu empfangen. Jedesmal wenn er sich so dem Schlund der Hurerei anheimgab, verfluchte er alle Frauen dafür, ihm gezeigt zu haben, was und wer er war. Er kehrte sich gegen seine Frau, unfähig zu glauben oder zu erkennen, daß sie anders sein könnte als die anderen. Er beschuldigte sie des Ehebruchs, und er schlug sie. Vielleicht ermunterte auch seine Mutter ihren geliebten Sohn, dergleichen Anschuldigungen vorzubringen, da sie sich oft bei dem jungen Paar in Memphis aufhielt; denn sie, als Mutter, traute keiner der Frauen von Jerry Lee, glaubte stets, daß sie nur lüstern auf sein Geld waren, und wendete viel Zeit auf, Myra Gale bei einem Akt feuchter Treulosigkeit zu ertappen.

Jetzt ritt ein Dämon – oder waren es Dämonen – Jerry Lee, neue Anschuldigungen vorzubringen. Er machte Andeutungen darüber, daß der Tod des kleinen Steve eine Strafe für Myra Gales Sünden wäre. In der Vergangenheit hatte sich Myra den Befehlen ihres Mannes gebeugt, regelmäßig zur Kirche zu gehen (obwohl er selbst das äußerst selten tat), doch diese neue Anklage ließ die Seele dieses halbwüchsigen Mädchens gefrieren, und sie suchte Tröstung beim Heiligen Geist, betete darum, nicht mehr nur in Botmäßigkeit zu sein, sondern sich ihm aus einem Herzensbedürfnis heraus öffnen zu dürfen. Ein Prediger der Church of God am Highway 61 erzählte Myra Gale, daß der Heilige Geist Tote zum Leben wiedererwecken könnte. Noch fast zwei Jahre nach dieser Eröffnung flehte sie den Heiligen Geist an, ihrem toten Sohn seinen wunderbaren Odem einzuhauchen, ihn aus Lee Calhouns schrecklicher Erde zu reißen und ihren liebenden Armen zurückzugeben. Sie stieg auf die Kanzel und bekannte ihre Liebe zum Allmächtigen, während ihr Mann sie verleumdete und von gotteslästerlicher Heuchelei sprach. Als sie zwanzig wurde und der Heilige Geist ihr kein Zeichen gegeben hatte, entkrampften sich ihre Hände, sie schnitt sich das Haar und weinte. Inzwischen hatte sie neues Leben geboren, ein sieben Pfund schweres blondes blauäugiges Mädchen, das am 30. August 1963 zur Welt kam, während Jerry Lee unterwegs war und in Hot Springs, Arkansas, sein Klavier bearbeitete. Das Kind erhielt den Namen Phoebe Allen Lewis und bekam eine Babyausstattung in Rosa.

Am 6. Mai brach Jerry Lee zu seiner zweiten erfolgreichen Tournee nach England auf. Am 6. Juni, etwas weniger als fünf Wochen von dort heimgekehrt, wurde er von einem Reporter des *Press-Scimitar* gefragt, ob sein Publikum im Ausland ihn mit Elvis vergleiche.

»Ich wünsche mir wirklich, daß die Leute damit aufhören, mich mit Elvis zu vergleichen«, erwiderte Jerry Lee schroff. »Wir sind als Künstler ganz verschieden. So ungefähr das einzige, das wir gemeinsam haben, ist, daß wir aus Tennessee stammen.« Dann schlug er einen etwas leichteren Ton an und sagte fast grinsend: »Natürlich hat Elvis eine Menge mehr Geld gemacht als ich. Aber, na ja, er hat ja auch drei Jahre Vorsprung gehabt.«

Zwei Jahre in Folge hatte Jerry Lee die Massen jenseits des Ozeans in Raserei versetzt; doch in seiner Heimat geriet er immer mehr in den Schatten. An den heißen Sommerabenden des 27. und 28. Juli 1963 ging er ins Sun Studio in 639 Madison, das neue Vierspur-Studio, das Sam Phillips vor zwei Jahren eröffnet hatte, nachdem er das ursprüngliche, von Gespenstern heimgesuchte Studio an der Union Avenue dichtgemacht hatte, in dem im vergangenen Jahrzehnt Elvis, Carl Perkins, Jerry Lee und all die anderen die Wunder des weißen Rock 'n' Roll wirkten. In diesen beiden Julinächten wurden acht Songs von Jerry Lee aufgenommen. Einige davon – wie »Invitation to Your Party« und »One Minute Past Eternity« – waren neu und von dem Songschreiber bei Sun, Bill Taylor, getextet worden. Andere waren alt, so zum Beispiel Hoagy Carmichaels »Hong Kong Blues« von 1939 und James Blands »Carry Me Back to Old Virginny«, das aus dem Jahr 1878 stammte, aus den Tagen von Leroy Lewis' Kindheit (Ray Charles hatte den Song 1960 aufgenommen, doch in der langsamen, traditionellen Fassung; Jerry Lee verwandelte das Lied in einen schnellen, stampfenden Boogie). Das waren die letzten Songs, die Jerry Lee bei Sun aufnahm. Als er das Studio irgendwann zwischen zweiundzwanzig Uhr und Mitternacht an jenem Samstag abend verließ, verloren Sam Phillips und seine legendäre kleine Plattenfirma auch noch ihr letztes Glanzstück, das aus den magischen Fünfzigern übriggeblieben war. Bei Sun ging alles nur noch schleppend, und Sam brauchte bis zum Frühjahr 1965, als »Carry Me Back to Old Virginny« herauskam, um sukzessive alle Aufnahmen von Jerry Lee vom Juli 1963 herauszubringen (insgesamt hatte Jerry Lee während der Jahre bei Sun mehr als einhundertsechzig Titel aufgenommen). Dann, im Jahre 1968, war die Durststrecke ausgestanden, und Sam Phillips schwelgte im Reichtum, den er sich nicht als Firmeninhaber von Sun, sondern als einer der ersten Besitzer von Stammaktien der Holiday Inns

Inc. erworben hatte, die 1952 gegründet worden war, demselben Jahr, in dem Sam mit Sun angefangen hatte.

Jerry Lees Vertrag mit Sun lief rechtlich am 6. September 1963 aus. Frank Casone, den Jerry Lee sich im Juli als Manager genommen hatte, verkündete, daß Jerry Lee einen Fünfjahresvertrag bei Smash unterschrieben hätte, der neuen Zweigfirma von Mercury Records mit Sitz in Nashville (Casone, dessen Vertrag ihn mit fünfundzwanzig Prozent an den Einnahmen des Killers beteiligte, war zugleich Besitzer des Oriental, einem Nachtclub in Memphis, in dem Jerry Lee oft spielte. Über dem Eingang zum Club ragte sechs Meter hoch eine Neon-Nachbildung von Jerry Lee auf, an der im Zeittakt Haare und Finger aufflammten). Am 22. September ging Jerry Lee zusammen mit dem Produzenten Shelby Singleton, dem dreißigjährigen Texaner, der ihn an Smash vermittelt hatte, ins Phillips Recording Studio, 17th Avenue South in Nashville (es war das Anfang 1961 von Sam Phillips eröffnete Studio, in dem Jerry Lee »What'd I Say« und »Cold, Cold Heart« aufgenommen hatte, seine letzten halbwegs erfolgreichen Platten). Die ersten Studioaufnahmen bei Smash waren weitgehend Neufassungen von Jerry Lees ersten Platten bei Sun, wie etwa »Whole Lotta Shakin' Goin' On«, »Great Balls of Fire« und »Breathless«. Ebenfalls aufgenommen wurde eine schnellere Version von »Hit the Road, Jack«, einem der größten Hits von Ray Charles, und ein Song mit dem Titel »Pen and Paper«, geschrieben von Eddie Kilroy, einem texanischen Rodeo-Reiter, der sowohl mit Jerry Lee als auch mit Shelby Singleton bekannt war und der in Houston mit Mikkey Gilley zusammen gelebt und gearbeitet hatte. Diese beiden Songs wurden Jerry Lees erste Single für Smash, während die Remakes der alten Sun-Titel in das Album »The Golden Hits of Jerry Lee Lewis« aufgenommen wurden. Sowohl die Single als auch das Album kamen im November heraus. Das Album verkaufte sich langsam, aber stetig, und im März 1964 lag es auf den unteren Plätzen der LP-Charts; doch es stieg nur bis auf Platz 116 und fiel dann sehr schnell wieder ab. Der Single erging es schlechter. Sie schaffte nicht einmal die Charts.

Anfang 1964 unternahm Jerry Lee eine weitere erfolgreiche Tournee nach England und auf den Kontinent, wo er am 5. April im Star Club in Hamburg ein Live-Album aufnahm. Obwohl sich das Album in der Bundesrepublik und Frankreich gut verkaufte, standen einer Auslieferung in den USA rechtliche Probleme im Wege. Wieder daheim, kehrte Jerry Lee ins Studio zurück; doch es schien, als wohnte in Nashville kein Heiliger Geist: Seine zweite Smash-Single, »I'm on Fire« (gemeinsam geschrieben mit Richard Gottehrer, der in den siebziger Jahren Blondie herausbrachte), tauchte für nur eine Woche im April 1964 in den Pop-Charts auf Platz 98 auf und verschwand dann. Die nächste Platte, »She Was My Baby«, kam nicht einmal in die unteren Ränge der Charts. Die vierte Smash-Single, eine Neufassung von »High Heel Sneakers«, am 1. Juli live aufgenommen im Birmingham Municipal Auditorium, erreichte in der Woche vor Thanksgiving Platz 91 der Pop-Charts, sackte dann jedoch in der Folgewoche ganz ab.

Nachdem er am 17. November in Memphis auf einer Wohltätigkeitsveranstaltung zugunsten der Westwood School PTA aufgetreten war, flog Jerry Lee über den Ozean, um neuerlich von jenen gefeiert und angehimmelt zu werden, die einst seinen Sturz herbeigeführt hatten. Am Tag seiner Ankunft in London war er an den Dreharbeiten zu »Be My Guest« beteiligt, einem Low-Budget-Popmusical unter der Regie von Lance Comfort, mit David Hemmings in der Rolle eines halbwüchsigen Reporters, der bei einem Nachwuchswettbewerb in Brighton eine Schiebung aufdeckt. Jerry Lees Rolle in diesem Film beschränkte sich auf einen Kurzauftritt mit »My Baby Don't Love No One But Me«, einer Nummer, zu der ihn die Nashville Teens begleiteten, die britische Gruppe, die Anfang des Jahres mit ihm im »Star Club« gespielt hatte. Im darauffolgenden Jahr wurde der Film uraufgeführt, und den Verleih übernahm Rank, dasselbe Unternehmen, das Jerry Lees Tournee von 1958 hatte platzen lassen.

Am nächsten Tag vor Aufnahme der TV-Show »Ready, Steady, Go!« fragte ein Reporter von *Melody Maker* Jerry Lee nach dem derzeitigen Stand seiner Karriere.

»Ich arbeite«, erwiderte Jerry Lee, an einer dicken Zigarre pfaffend. »Ich arbeite, und ich werde weiter arbeiten. Ich spiele in Tanzsälen und Clubs, ich werde auch TV machen, Filme. Ich werde alle Arbeit machen, die ich kriegen kann, solange sie anständig ist.«

Auf dieser Tournee entdeckte Jerry Lee, daß etwas Seltsames vor sich ging. Die Jungs waren komisch gekleidet – nicht mehr in der vertrauten Kluft der Teddyboys, sondern in Klamotten mit Streifen und Pünktchenmuster und albernen kleinen Mützen. Dasselbe auch bei den Mädchen: weiße Stiefel und Röcke, die kaum die Quelle allen Unglücks bedeckten. Und sie alle, quer durch die Bank, Jungen wie Mädchen, hatten dasselbe Haar – nicht echtes, schönes, langes Haar wie seins, sondern Haare so glatt, daß sie wie gebügelt wirkten, und über der Stirn glatt gestutzt wie bei lammfrommen Ponys. Und überall diese Musik – diese gottverdammte Scheißmusik. Er hatte damit gerechnet, daß diese Beatle Boys, die ihm auf seiner letzten Reise begegnet waren, inzwischen abgetreten wären, verschwunden. Aber nicht nur waren sie nicht verschwunden, nein, sie waren sogar größer denn je; und obendrein gab es ganz neue Haufen wie diese Rolling Stones, aufgemotzt wie Nigger-Schwuchteln am letzten Abend des Mardi Gras – und die wurden reich, sie alle, auch noch der letzte Scheißer: Und da war er, Jerry Lee Lewis, besser als sie alle, besser als sie alle zusammengenommen, und er konnte nicht einen Hit landen, nicht mal einen einzigen Zufallshit.

Er stieg in dieses Flugzeug, und es trug ihn heim nach Amerika, wo die Männer, auch wenn sie einen richtigen Plattenhit nicht erkannten, wenn sie ihn hörten, noch Männer waren, und wo die Frauen, ob Huren oder nicht, in der Öffentlichkeit jene Stelle bedeckt hielten, die nur ihre angetrauten Ehemänner und der Heilige Geist ein Recht hatten zu sehen. Doch als er in New York ankam, fiel ihm auf, daß eine Menge der Boys dort genauso aussahen wie jene Boys in London und daß bei einer Menge Mädchen die Röcke viel kürzer waren, als er sich zu erinnern glaubte – und da hörte er auch diese Beatles aus dem Radio tönen. Als er nach Memphis kam, sah er, daß sogar dort schon solche Ponyfrisuren ins Kraut schossen. Und knapp nach Weihnachten, als er nach Los Angeles ging, um in dieser neuen TV-Show aufzutreten, diesem »Shindig«, da schien es ihm, als wären er und Willie Nelson die einzigen normal aussehenden Menschen hinter der Bühne. Aber er kam heraus, und er heulte. Und er sang »Mean Woman Blues« und »Whole Lotta Shakin' Goin' On«, und als das vollbracht war, waren alle außer sich und wildgeworden, und Jack Good, der Mann, der ihn für die Show geholt hatte, kam zu ihm gerannt und ließ ihn für fünf weitere Auftritte unterschreiben; und während er das Papier unterschrieb, wußte Jerry Lee, daß er etwas hatte, das die Beatles nicht hatten – etwas, das mächtig war, auch ohne die stinkende Hülle des Ruhms –, und er wußte, daß er noch immer da sein würde, wenn die Beatles längst abgetreten und vergessen waren. Und dann ging er und ließ sich das Haar schneiden, das Haar, das vor sechs oder sieben Jahren das längste und schönste der Welt gewesen war; und er ließ es sich richtig kurz schneiden, und er nahm Zuflucht bei der Bibel, in der ersten Epistel der Korinther, wo geschrieben steht: »Oder lehret euch auch nicht die Natur, daß einem Mann eine Unehre ist, so er lange Haare zeiget«; und er goß sich einen kräftigen Schluck ein, und er rief Myra Gale an, und er sagte ihr, daß er sie liebte.

Am ersten Dienstag im Januar 1965 reiste er für drei Tage zu Studioaufnahmen im Fred Foster-Studio nach Nashville. Diese Sessions, bei denen Jerry Lee Pentecost-Versionen alter Rock-Klassiker aufnahm, liefen gut; doch es kamen dabei keine Hits heraus. Zwei Wochen später hörte er mit Trauer, daß Alan Freed, entehrt, verarmt, vergessen, am 20. Januar im Alter von zweiundvierzig Jahren an Urämie verstorben war.

Verloren und verblassend in jenen sonderbaren Tagen, verlor Jerry Lee dennoch nicht den Glauben an die Kraft, die er in sich trug. Doch ihm war nicht gegeben zu wissen, daß die Reise durch eine schreckliche Wüste gerade erst begonnen hatte, und was ihn auf der anderen Seite erwartete.

2. Kapitel

Er hatte getrunken und Pillen geschluckt, seit er als Teenager in den Honky-tonks von Natchez das Klavier bearbeitet hatte; aber er hatte weder dem Alkohol noch den Pillen gestattet, ihn zu beherrschen. Seit dem Tod seines Sohnes jedoch neigte er zum Extrem, und Whiskey und Drogen wurden schnell ein ebenso wichtiger Bestandteil seines Lebens wie Gott und die Musik. Der Schnaps und die Pillen rührten die Hölle in ihm auf und machten, daß er ein gräßliches Geschrei anstimmte. Manchmal zog er sich in seinen eigenen Schatten zurück, über alles mögliche brütend – Abscheuliches, Unaussprechliches und noch Schlimmeres. Es gab Zeiten, da stolzierte er einher und geiferte in eitler Allmacht, kommandierte jene, die um ihn waren, wie Belial seine Mietlinge. Er war der Killer, und er war unsterblich – verdammt zu sein, solange es Gut und Böse gab, zwischen beiden hin und her gerissen, Todesqualen leidend. Er wußte darum, wenn er in tausend muffigen Nachtclubs hinter der Bühne saß, und dann schluckte er mehr Pillen und spülte sie mit drei Fingerbreit Whiskey hinunter. Und dann wußte er noch mehr darum. Wie ein Mann ging er auf die Bühne, seine Churchill-Zigarre in der einen und das Wasserglas mit Whiskey in der anderen Hand. Und er hieb auf das Klavier ein und sang seine sündhaften Lieder. Und er winkte, die vor ihm standen, heran, Sterbliche wie er, doch nicht geboren gleich ihm aus dem Mutterschoß, um zu zerstören; er winkte sie zu sich heran, eine Weile mit ihm am Rand der Hölle zu stehen. Dann ging er, ging in die uralte Nacht, zu mehr Pillen und mehr Whiskey, wo das Gebell der schwarzen Hunde nie verstummte und kein Morgen anbrach; dort ging er hin.

Von 1965 an hatte er begonnen, Züge eines jener Männer anzunehmen, die in den Geschichten seines Daddy vorkamen. Er sprach mit einer Stimme, die älter war als die eines Dreißigjährigen, und er zitierte öfter aus den dunkleren Stellen der Heiligen Schrift und trank direkt aus der Flasche und rauchte die dicksten Zigarren, die er auftreiben konnte. Er prahlte mit seiner Unzerstörbarkeit, und er sammelte Waffen jeder Art – Pistolen mit Perlmuttgriffen und langläufige elegante Sturmgewehre. Er umgab sich mit Verwandten und einer Verehrerschar, solchen, die in demütiger Andacht vor ihm saßen, während er von Gott und Mammon predigte, ihm stellvertretend seine Ansichten von ewiger Verdammnis vorlebten. Und sie sahen in ihm einen Gott, unverletzbar und stets im Recht.

Er zerrte seine Vergangenheit in die Gegenwart, um das Dunkel zu mildern. Im Frühjahr 1964 hatte er den Managervertrag mit Frank Casone gelöst und statt seiner Cecil Harrelson herangeholt, den Freund aus Kindertagen in Ferriday. 1963 hatte Jerry Lee seine fünfzehnjährige Schwester Linda Gail mit ins Sun Studio gebracht und mit ihr ein Duett aufgenommen, einen George Jones-Song mit dem Titel »Seasons of My Heart«. Seit dieser Zeit war Linda Gails Ehrgeiz als Sängerin gewachsen, und Jerry Lee unterstützte sie. Nach seinem ersten erfolgreichen Auftritt in der ABC-TV-Show »Shindig« tauchte Jerry Lee am 17. Februar zu seiner zweiten Verpflichtung mit der jetzt siebzehnjährigen Linda Gail im Schlepptau dort auf. Am 5. Mai (drei Wochen nachdem Jerry Lee seinen dritten »Shindig«-Auftritt mit einer gereinigten Fassung von »Take Me Out to the Ball Game« beendet hatte), sang Linda Gail in diesem Programm ohne ihren berühmten Bruder. Das führte dazu, daß sie als Ensemblemitglied der reisenden »Shindig«-Show engagiert wurde, und brachte ihr ihre erste Solo-Schallplatte, »Small Red Diary«, die im Frühjahr 1965 von ABC-Paramount herausgebracht wurde (die Platte war von Felton Jarvis produziert worden, der im darauffolgenden Jahr Elvis' Produzent wurde). Nachdem sich die »Shindig«-Gastspielgruppe aufgelöst hatte, nachdem die Platte sich als Mißerfolg erwiesen hatte, schloß Linda Gail sich wieder Jerry Lee an, nahm im Dezember ein Duett mit ihm auf und bereiste mit ihm das Land, wobei sie manchmal als sein Vorprogramm auftrat und schließlich auch unter Beweis stellte, daß sie einen ebenso großen Hang zu Eheschließungen besaß wie der Bruder, den sie verehrte.

Gegen Ende 1965 hatte Jerry Lees Band einen ebenso schlechten Ruf wegen ihrer Exzesse wie er selbst und schien ihr Bestes zu tun, mit ihrem Boss in dessen Programm der Selbstzerstörung mitzuhalten. Der erste große Skandal ereignete sich am 11. Oktober desselben Jahres, nur wenig mehr als eine Woche nach Jerry Lees dreißigstem Geburtstag.

Im Anschluß an eine Show in Grand Prairie, Texas, umstellte Polizei Jerry Lees Cadillac, als er auf den Parkplatz des Motels fuhr, in dem er mit seiner Band wohnte. Jerry Lee saß nicht in diesem Auto, sondern in dem Wagen, der hinterherfuhr. Die Polizei durchsuchte den Cadillac und fand einhundertsiebenundfünfzig weiße Pillen und fünfundvierzig grüne Pillen unter dem Rücksitz und verhaftete auf der Stelle diejenigen, die im Wagen gesessen hatten: den Mann am Baß, Hermann »Hawk« Hawkins, Alter dreiunddreißig Jahre; den Gitarristen Charles »Red Man« Freeman, dreiundzwanzig Jahre; den Schlagzeuger Robert »Tarp« Tarrant, zweiundzwanzig Jahre; und ein Mädchen im Teenageralter aus dem benachbarten Irving, das nach der Show von ihnen aufgelesen worden war. Obwohl die meisten der gefundenen Pillen Jerry Lee gehörten, wurde er nicht verhaftet.

Aus diesen drei Männern bestand Jerry Lees Band im Herbst 1965. Hawk Hawkins ließ sich auf einen bitteren Rechtsstreit gegen Jerry Lee ein. Charlie Freeman starb im Alter von einunddreißig Jahren. Und Tarp Tarrant endete im Zuchthaus von Memphis.

Robert Morris Tarrant, der Enkel eines baptistischen Geistlichen, war am 21. Mai 1943 in Adel, Georgia, geboren worden. Er hatte sich für dreißig Dollar pro Woche 1960 Jerry Lees Band angeschlossen (damals, als J. W. Brown, Jerry Lees Schwiegervater, das einzige andere Mitglied der Band gewesen war). 1965 – und noch viele Jahre danach – war Tarrant sowohl das jüngste Mitglied der Band, und, weil er länger als jeder andere dazugehört hatte, das Mitglied mit den ältesten Rechten. Zur Zeit seiner Festnahme 1965 hing der Schatten des Todes über ihm.

»Ich hatte es nicht mehr in der Hand«, erinnert sich Tarp Tarrant, jetzt inhaftiert, geführt unter der Gefangenennummer 82707 – vielleicht in der Rückschau voll Bedauern an die Zeit mit Jerry Lee –, aber dennoch errettet, weil er innerhalb der Mauern des Zuchthauses von Memphis zu Christus zurückgefunden hatte. »Mit Jerry Lee sind wir an einen Punkt gelangt, wo er nicht mehr versucht hat, irgendwas zu kaschieren. Und er hat auch gar nicht mehr versucht, es in Maßen zu tun. ›Von allem nie genug kriegen‹, war seine Devise. Es wurde schlimmer und schlimmer, und dann fing es damit an, daß er ständig irgendwelche Halunken um sich herum hatte. Sie kauften Dope für ihn, und natürlich haben sie auch für ihn Dope verkauft. Sie haben 'ne Menge Geld für ihn im Umlauf gehabt, weil bei ihm nämlich immer alles um Bargeld gegangen ist. So war Jerry. Waffen. Mensch, was hatte der eine Unmenge Waffen.

Irgendwann, nachdem wir in Grand Prairie hochgenommen worden waren, bekam ich das, was man einen Nervenzusammenbruch nennen könnte. Ich war schwer süchtig nach Amphetaminen und ein echter Vollschlucker. Ich bin echt krank gewesen, richtig schwächlich. Ich war runter auf ungefähr hundertzehn Pfund und hab' Pillen gefressen wie Popcorn. Ich wußte immer, wenn ich eine bestimmte Pille genommen hatte und dann ein bestimmtes Zeug getrunken, ja, dann wußte ich immer genau, welche Schmerzen ich danach haben würde. Ich wußte jedesmal, was mir bevorstand, wenn ich das gemacht habe.

Es war dann entweder in Des Moines, Iowa, oder in Dayton, Ohio. Ich war zweiundzwanzig Jahre alt und allein in einem Motelzimmer. Ich hatte 'ne Menge Schmerzen. Ich hatte die große Flatter. Hab' 'ne Menge Blut verloren. Ich hab' zu heulen angefangen, und ich bin auf die Knie gefallen und hab' gebetet. Und ich hab' Gott angefleht, mir zu helfen. Und Christus war da. Ich hab' mich sofort besser gefühlt, hab' mich sauber gefühlt, richtig gut.

Es war wie beim ersten Mal, als ich LSD genommen hab'. Ich wollte hingehen und die ganze Welt zur Umkehr zwingen. Ich wollte, daß die Welt sich Christus zuwendet. Ich war ganz überwältigt von dem Glücksgefühl, das mir gekommen ist. Aber diese Zeit, diese Zeit, die hat nur drei oder vier Monate angehalten.«

Die Reise durch die Wüste dauerte an, doch niemand stürzte ab. Pistolen wurden abgefeuert, Flaschen zerbrochen, Klaviere zertrümmert, so manches Leben verflucht, Handschellen zu- und wieder aufgeschlossen, doch keiner fiel, weil es ihm an Wasser mangelte oder weil Asasel schrie. Blaß und zittrig, mit einer brennenden Zigarre und einer halbvollen Flasche und dem Segen des Heiligen Geistes, schritt Jerry Lee Lewis auf den Rand der Wüste zu. Das war das Jahr 1967, und kaum jemand außerhalb von Concordia Parish wußte, wer er war.

3. Kapitel

Die Plattenfirma hatte alles versucht. Im Mai 1965 hatte Shelby Singleton Jerry Lee in die Mirasound Studios in New York City geschleppt, auf der Suche nach einem neuen Sound. Die Single, die bei diesen New Yorker Aufnahmen herauskam, war eine Neufassung von Huey Smiths »Rockin' Pneumonia and the Boogie-Woogie Flu«, und gewiß kam sie mit einem neuen Sound daher – auf Singletons Bitte hatte Jerry Lee das Lied auf einem Cembalo gespielt –, doch gleich den anderen Smash-Singles davor verkaufte auch sie sich nicht. Im Januar und Februar 1966 hatte Singleton Jerry Lee noch einmal mit Jack Clement für eine Reihe von Aufnahmen im Sun Studio in Memphis zusammengeführt, doch wieder kam dabei nichts heraus. Im Mai 1967, nachdem Shelby Singleton Smash verlassen hatte, war Jerry Lees neuer Produzent, der sechsundzwanzigjährige, in Louisiana geborene Jerry Kennedy, auf die Idee verfallen, das Klavier ganz wegzulassen. Die Single, die dabei herauskam, »It's a Hang-Up, Baby«, fand keine Beachtung.

Eddie Kilroy arbeitete an Werktagen als nationaler Veranstaltungsleiter von MGM Records und betätigte sich an Wochenenden als Rodeo-Reiter. Eines Samstag nachmittags war er von einem Bullen abgeworfen worden und hatte sich einen Halswirbel angebrochen. In den drei Monaten, die er liegen mußte, verlor er seinen Job bei MGM. Kilroy hatte darauf das Rodeo ganz aufgegeben und eine Stelle bei United Artists Records in Nashville angenommen. Im Herbst 1967, er war gerade 26 Jahre alt, verließ er United Artists und ging zu Mercury.

»Mir kommt es so vor, als wären Jerry Lee und ich schon seit ewigen Zeiten Freunde gewesen. Der erste Ort, an dem ich ihm begegnet bin, war das Wagon Wheel in Natchez. Ich bin seit meinem zwölften Lebensjahr Rodeo geritten, und mit Rodeo bin ich durch ganz Louisiana gezogen. Wenn Jerry Lee irgendwo gearbeitet hat, wo ich rumgereist bin, hab' ich ihn immer besucht. Wir haben zusammen getrunken, rumgealbert. Dann haben 1958 sein Cousin Mickey Gilley und ich eine Band zusammengestellt. Gespielt haben wir in Rays' Lounge in Lake Charles, Louisiana. Ich hab' da ein Mädchen geheiratet, und Mickey ist bei meiner Hochzeit Trauzeuge gewesen. Als meine Frau und ich uns getrennt haben, bin ich mit Mickey unten in Houston zusammengezogen. Wir haben beide Gebrauchtwagen verkauft, für seinen Schwager gearbeitet.«

Als Kilroy zu Mercury kam, traf er mit Charlie Fach zusammen, dem Boss des New Yorker Büros, und Fach fragte ihn, was er denn zu tun beabsichtigte, um unten in Nashville für ein bißchen Aufregung zu sorgen.

»Setzen wir Jerry Lee doch mal auf Country an«, sagte Kilroy.

»O Jesses, Scheiße, nein, Eddie«, sprudelte Fach heraus. »Sein Vertrag läuft jetzt nur noch ein knappes Jahr. Kennedy will mit ihm nichts zu tun haben. Keiner will noch mit ihm zu tun haben. Jerry Lee ist unglücklich mit uns, wir sind unglücklich mit ihm. Wir haben vor, die ganze Sache einfach einschlafen zu lassen.«

»Nein«, sagte Kilroy. »Das ist ganz falsch. Er könnte eine umwerfende Country-Nummer sein.«

»O Scheiße, Eddie, er will doch keine Platten mehr machen!«

»Na ja, und falls er doch will, können wir dann ein Projekt starten?«

»Ja-a«, sagte Fach. »Ich denke schon. Aber wir sind an ihm nicht mehr interessiert. Nein, wirklich nicht!«

Kilroy telefonierte herum und erwischte schließlich Jerry Lee, der in Ferriday war.

»Was machst du denn so, Killer?« fragte ihn Eddie.

»Ach, eigentlich nichts«, sagte Jerry Lee. »Ich und Cecil gehen angeln.«

»Na ja, und ich, ich hab' vor ungefähr zwei Wochen angefangen, für Mercury zu arbeiten.«

»Na, hör mal, das ist wirklich komisch, weil ich fest vorhabe, von diesen Hundesöhnen wegzugehen. Die Kerle taugen einen Dreck.«

»Laß mich doch eine Country-Aufnahme mit dir machen!«

»Also, na ja, ich werd's mir mal durch den Kopf gehen lassen. Ich und Cecil werden mal drüber reden.«

Drei Tage später rief Cecil Eddie Kilroy an und teilte ihm mit, daß Jerry Lee bereit wäre, noch ein letztes Mal für Smash aufzunehmen, aber das nur, um einem alten Freund gefällig zu sein.

»Ich mußte an dem Nachmittag unterwegs sein, um mich mit einer Meute von Zwischenhändlern rumzuschlagen«, erinnert sich Kilroy. »Bevor ich loszog, hab' ich noch jeden halbwegs seriösen Produzenten in der Stadt angerufen und ihn um Material für Jerry Lee gebeten. Zwei Wochen später war ich wieder in der Stadt, am selben Tag, an dem er auch hier ankommen sollte. Ich bin direkt in mein Büro gefahren, und auf meinem Schreibtisch lagen genau drei Acetatscheiben. Das war das ganze Material, das bei mir eingegangen war. Keiner wollte eine Jerry Lee Lewis-Aufnahme. Ich dachte bei mir, heiliger Strohsack, das ist ja wirklich ärgerlich.

Ich bin nach Hause gegangen, und dann hat Jerry Lee mich angerufen. Ich bin zu seinem Hotel, um ihn abzuholen. Wir haben an einem Schnapsladen in der Division Street angehalten, uns einen Liter gekauft und sind dann rauf in mein Büro. Ich wollte ihm nicht sagen, daß niemand eine Jerry Lee-Platte wollte. Also habe ich ihm Geschichten erzählt, daß meine Sekretärin alles verschlampt hätte, und so weiter. Und diese drei Acetatscheiben, die taugten nichts. Das wußten wir beide. Und Jerry Lee platzte raus: ›Zum Teufel! Was soll schon sein? Was wir aufnehmen werden, ist ›Your Cheatin' Heart.‹ Ich hab' gesagt: ›Nee, nee, das geht nicht.‹

Na ja, ich kannte da ein Lied, das Del Reeves aufgenommen hatte, als ich noch bei United Artists gewesen war. Das war eine Ballade. Und mit Balladen kam Del Reeves gar nicht klar. Ich wußte, daß U. A. das nie rausbringen würde. Es war ein höllisch guter Song, geschrieben von Jerry Chesnut. Ich hab' dann so gegen Mitternacht Chesnut angerufen und ihm gesagt: ›Hör mal, wenn du mir 'ne Demo-Platte von ›Another Place, Another Time‹ bringen kannst, mache ich morgen mit Jerry Lee davon 'ne Aufnahme. Ein paar Minuten später kam Chesnut im Pyjama angerauscht, hat unten gehupt und mir die Acetatscheibe rausgereicht. Ich habe sie Jerry Lee vorgespielt, und er fand, daß sie verdammt gut wäre. Wir sind am nächsten Tag ins Studio gegangen und haben aufgenommen. Ich hab' dafür keinen Dank bekommen, daß ich die Platte produziert habe, weil Jerry Kennedy einen Vertrag hatte, in dem stand, daß er alles produzieren müßte, was für Mercury in Nashville aufgenommen worden war. Ungefähr sechs Monate später hab' ich der Firma dann den Rücken gekehrt.«

»Another Place, Another Time« war ein wunderschönes Lied über Schmerz und Einsamkeit, und Jerry Lee sang es an jenem kalten grauen Nachmittag des 9. Januar 1968 im Studio mit der Stimme eines Mannes, der eher versucht, diesen Schmerz und diese Einsamkeit zu verhehlen, als sie offen zu zeigen. Es war eine Stimme, so stark und so unvergeßlich in der Erinnerung haftend und so einsam wie das Grinsen seines Daddy, und genauso wie in jenem Grinsen schien sich alle Traurigkeit der Welt darin zu sammeln; und als Eddie Kilroy und die Musiker, die an jenem Tag im Studio waren, diese Stimme hörten, verspürten sie Schauer, als würde ihnen etwas Kaltes den Rücken hinaufkriechen. Und sie mußten blinzeln, atmeten heftig und schwer, als wollten sie eine große innere Beklemmung abschütteln.

One by one they're turning out the lights.
I been feedin' that old jukebox just to hold you tight.
Yes, it's for the best I just put in my last dime,
Heard you whisper we'd meet again, another place, another time.

Chairs are stacked on the tables and it's closing time they say.
I could wait right here forever if they'd only let me stay.
Anywhere would be much better than that old lonely room of mine.
And a sleepless night a-waiting for another place, another time.

Won't that room of mine be a lonely place to be
After I been holdin' you so close to me,

And won't that old stairway be a little hard to climb
To a lonely room to wait for another place, another time.
Won't that old stairway be a little hard to climb.
To a lonely room to wait for another place, another time.

Die Platte plazierte sich in der ersten Märzwoche in den Country-Charts, und sie stieg weiter, schaffte es in die Top Ten. Sie hielt sich vier Monate lang in den Country-Charts und kam danach auch in die Pop-Charts. Zum erstenmal seit zehn langen Jahren war Jerry Lee Lewis' Stimme wieder im ganzen Süden zu hören. Die Stimme war anders – älter, härter, und naive Unschuld lag nicht mehr darin. Aber es war seine Stimme. Und er war noch am Leben. Er hatte Whiskey in sich hineingeschüttet, und er hatte Pillen geschluckt, sich jenen wimmelnden tödlichen Schlangen anheimgegeben, deren Beistand er so viele Jahre gewollt hatte; und mit den klaren scharfen Augen des Falken beobachtete er, wie diese zurückgekehrte Hure, die trügerische Fortuna, ihre Röcke hob, und er spürte ihren Bauch warm an dem seinen, und er warf den Kopf zurück und lachte brüllend, wie er noch nie gelacht hatte.

Die Hure brachte neue, unverhoffte Gaben. Am Abend des 5. März, als »Another Place, Another Time« schon überall in den Südstaaten zu hören war, ging Jerry Lee im Ahmanson Theatre in Los Angeles auf die Bühne. Er trug ein pelzgesäumtes Wams und eine Halskette mit großen tränenförmigen Edelsteinen, und er erzählte dem Publikum, daß er nicht der Jago aus Venedig sei, sondern vielmehr Jerry Lee Lewis, der alte Honkytonk-Nachtclubmann von unten aus dem Süden, den es an diesen seltsamen Ort und in diese seltsame Zeit verschlagen hatte, zwischen damals und jetzt, zwischen hier und dort; und er schritt auf einen grüngoldenen Flügel zu, und er kniff die Augen zusammen und bearbeitete die Tasten.

Jack Good, der Mann, der Jerry Lee 1964 zu »Shindig« gebracht hatte, hatte schon seit den fünfziger Jahren, als er noch Präsident der Oxford University Drama Society gewesen war, den Wunsch gehabt, eine Rock 'n' Roll-Fassung von »Othello« auf die Bühne zu bringen. 1958, während Jerry Lees fataler Englandtournee, hatte Good ihn beobachtet, wie er wutentbrannt durch die Lobby des Westbury Hotels stolziert war, und er hatte im selben Augenblick beschlossen, daß Jerry Lee eines Tages die Rolle des Jago in der Produktion spielen sollte, von der er träumte. In den folgenden Jahren hatten Goods Bindungen, zuerst an die Beatles und dann an »Shindig«, dem Vorhaben im Weg gestanden, den Rock 'n' Roll-Othello auf die Bühne zu bringen. In den Sommermonaten von 1965, nachdem er »Shindig« verlassen hatte, hatte er Ray Pohlman, den musikalischen Leiter von »Shindig«, damit beauftragt, einige Lieder zu komponieren, die sich gut in verschiedene Szenen von Shakespeares Drama einpassen ließen. Innerhalb eines Jahres war eine Sequenz von insgesamt neunzehn Gesangstiteln festgestellt, und Good fing an, sich um die Besetzung für seine Produktion zu kümmern, die er jetzt »Catch My Soul« nannte, nach einer Bemerkung, die Othello im dritten Akt fallenläßt. Die *New York Times* vom 22. August 1966 meldete, daß Jerry Lee von Good dafür vorgesehen sei, die Rolle des Jago zu spielen, und daß Rosie Greer, der Halbstürmer der Los Angeles Rams, mit der Rolle des Mohren Othello betraut worden wäre. Noch für den Herbst desselben Jahres wurde die Premiere der Show im Shubert Theatre am Broadway angesetzt. Die Premiere wurde später auf März 1967 und dann noch einmal verschoben, doch sollte sie jetzt nicht mehr in New York, sondern in Los Angeles uraufgeführt werden. Und zwar als die vierte und letzte Produktion der Center Theatre Group in der Spielsaison 1968. Rosie Greer wurde ersetzt durch Peter Brock, und Brock schließlich wurde wiederum ersetzt durch William Marshall, der die Rolle des Othello bereits mehrfach in herkömmlichen Fassungen des Dramas gespielt hatte (Rosie Greer erwarb sich vier Jahre später einen gewissen Ruf als Schauspieler, als er in seinem Filmdebut mit seinem Partner Ray Milland in »The Thing with Two Heads« die zweite Hälfte dieses doppelköpfigen Fabelwesens spielte).

Die Besetzungsproben begannen am 22. Januar, knapp zwei Wochen nachdem Jerry Lee »Another Place, Another Time« aufgenommen hatte. Jack Good und das übrige Ensemble waren überrascht, als sie feststellten, daß Jerry Lee der einzige Schauspieler war, der schon in der ersten Probe den gesamten Text auswendig wußte. »Ich hätte nie geglaubt, daß es so viele Wörter gibt«, gestand Jerry Lee später einem Reporter der *Los Angeles Times*. »Dieser Shakespeare, der hatte Format. Ich frag' mich, was er wohl von meinen Platten gehalten hätte.«

Am Premierenabend und den folgenden Abenden stahl Jerry Lee allen anderen die Show. Er stolzierte über die Bühne, sprach Shakespeares Dichtung in perfektem Versmaß, doch er gab sich nicht die geringste Mühe, seinen Louisiana-Akzent zu verbergen oder auch nur zu mildern. Der schimmernde grüngoldene Flügel stand während der ganzen Aufführung auf der Bühne, und Jerry Lee setzte sich nicht nur daran, um die Songs, die Ray Pohlman für ihn und das siebzehnköpfige Orchester geschrieben hatte, herunterzuhämmern, sondern er begleitete auf ihm auch hackend, hämmernd, klimpernd seinen gesprochenen

Text, die wohl finstersten Zeilen, die Shakespeare je geschrieben hatte (er alberte nur gelegentlich mit seinem Text herum, wie an zwei Abenden, als er im fünften Akt Roderigos Leiche findet und aufheulte: »Great balls of fire! O Gott, Rodrigo!«).

Die Theaterkritiker nahmen die Show nicht sehr wohlwollend auf, doch die meisten von ihnen zollten Jerry Lees Auftritt Lob, ja sogar Hochachtung. *The Christian Science Monitor* nannte ihn ein urwüchsiges Genie aus Louisiana und einen unvergleichlichen Jago. Der Kritiker des *Toronto Daily Star* bemerkte, bevor er die Show in Bausch und Bogen verdammte, daß »Jerry Lee Lewis als Jago wahrhaft diabolisch ist. Es ist schon erstaunlich, welche neuen Untertöne des Bösen er in so schlichten Worten zu finden vermag wie etwa: ›Dann geh, wohlan, dann geh!‹« Das sprach sich herum, und Abend für Abend füllte sich das Theater mit jenen, die begierig waren, jenen wilden Redneck-Jago zu erleben, den man vor zehn Jahren in Bann getan hatte, an den sich kaum noch jemand erinnerte und der jetzt wieder Feuer gefangen hatte und ihnen in unversöhnlichem Zorn zuzischelte:

> Wer meinen Beutel stiehlt, nimmt Tand;
> 's ist etwas und nichts;
> Mein war es, ward das Seine nun,
> Und ist der Sklav' von Tausenden gewesen.
> Doch wer den guten Namen mir entwendet,
> Der raubt mir das, was ihn nicht reicher macht,
> Mich aber bettelarm.

»Catch My Soul« endete am 13. April, und die Aufführungen hatten eine halbe Million Dollar eingespielt. Sechs Tage später war Jerry Lee wieder zu Plattenaufnahmen in Nashville. Von den acht Liedern, die bei dieser Session aufgenommen wurden, wählte die Firma »What's Made Milwaukee Famous (Has Made a Loser Out of Me)«, eine kantige Kneipenelegie, die ein Songschreiber aus Nashville, Glenn Sutton, für ihn geschrieben hatte, für seine nächste Single aus. Die Platte kam am 13. Mai heraus, und eine Woche später brachte Smash ein Album auf den Markt, »Another Place, Another Time«, das sowohl diesen Hit-Titel als auch die neue Single enthielt. »What's Made Milwaukee Famous« gelangte in der ersten Juniwoche in die Country-Charts. Die Platte hielt sich vier Monate, stieg sogar noch höher als »Another Place, Another Time« – bis auf Platz Nummer 2 – und schaffte es dann im Juli auch in die Pop-Charts. Bis Ende des Sommers war die Single mehr als einhundertsiebzigtausendmal und das Album über fünfundachtzigtausendmal verkauft worden.

Am 26. Juni hatte Jerry Lee erstmals nach drei Jahren wieder einen Auftritt im überregionalen Fernsehen, diesmal in »The Joey Bishop Show«, in der er »Great Balls of Fire« und »Another Place, Another Time« sang und mit einem von Jagos dämonischen Monologen endete. Nach einer Tournee durch den Südwesten brach er am 20. Juli zu einer Tournee nach England auf, wo am 9. August sein Auftreten beim Sunbury Jazz & Blues Festival das zunächst brave Publikum in einen Zustand der Heilig-Geist-Verzückung versetzte, dann aber in Krawallstimmung, in einen Zustand der Gewalttätigkeit so rein und wild und erschreckend, daß die Festivalveranstalter in der Furcht vor einem Massenausbruch von Gewaltakten Jerry Lee zwangen, seinen Gesang und sein Spiel abzubrechen und von der Bühne zu gehen. Fünf Tage später war er wieder zurück in Nashville und nahm weitere Country-Titel auf. Einer davon, »She Still Comes Around (To Love What's Left of Me)«, ein neuer Song, den Glenn Sutton für ihn geschrieben hatte, kam im September als Single heraus und wurde gleich zu Jerry Lees zweitem Number Two-Country-Hit.

Im September ging Jerry Lees fünftes Jahr bei Smash zu Ende, und er unterzeichnete einen neuen, sehr lukrativen Drei-Jahres-Vertrag mit diesem Label (um diese Zeit bekam auch seine Schwester Linda Gail einen Vertrag bei Smash). Am zwölften November, nachdem er von einer dreiwöchigen Tournee in die Bundesrepublik zurückgekehrt war, wurde ein neuer Titel aufgenommen, »To Make Love Sweeter for You«, geschrieben von Glenn Sutton und Jerry Kennedy. Die Platte kam kurz vor Weihnachten heraus, und nur wenige Wochen später hatte Jerry Lee seine erste Nummer 1 seit »Great Balls of Fire«.

Gegen Anfang des Jahres 1969 war Jerry Lee der heißeste Country-Sänger im Süden. Dabei ließ er nicht die Rock 'n' Roll-Anhängerschaft im Stich, die jüngeren Nachkommen jener, die vor mehr als einem Jahrzehnt zu seinem unfrommen Geheul getobt und geschwitzt hatten. Am Freitag, dem 13. Dezember, war er im L. A. Forum mit den Doors aufgetreten, mit Jim Morrison, der wenngleich jünger als er, doch genau wie er vom Mutterleib an zur Zerstörung verdammt war. Als Gefälligkeit gegenüber Jack Good trat er am 14. April 1969 im NBC-TV Special der Monkees, »33 1/3 Revolutions Per Monkee«, auf die Bühne und sang »Whole Lotta Shakin' Goin' On« und »Down the Line«. Doch er wußte, daß es die Country-Leute waren, die älteren, sonnverbrannten, hartblikkenden Leute seines eigenen Bluts, die ihm jetzt das Gold in die Taschen scheffelten, und er gab ihnen, was sie sich wünschten, und er gab es ihnen gut, sang seine Country-Songs rauh und rein und hart, wie nur wenige seit den Tagen von Hank Williams und Lefty Frizzell es vermocht hatten. Bevor das Jahr um war, waren »To Make Love Sweeter for You« von Jerry Lee zwei weitere Top Ten Country-Hits gefolgt: »She Even Woke Me Up to Say Goodbye« und »Once More with Feeling«; und sämtliche drei Alben von 1969 waren so erfolgreich, daß sie in die Pop-LP-Charts kamen. Er verdiente mehr Geld als je zuvor in seinem Leben.

Und er hatte etwas getan, das nicht in seiner Absicht lag. Er hatte Elvis aus seiner Abgeschiedenheit aufgestöbert. Seit 1965 hatte es keine Top Ten Pop-Singles für Elvis mehr gegeben, keine Top Ten Country-Singles. Immer weniger Leute kauften noch seine Alben oder zahlten dafür, sich seine Filme anzusehen. Im Sommer 1968, als Jerry Lees Stimme nach drei Jahren in der Wüste sich wieder im ganzen Süden Gehör verschafft hatte, war Elvis in das NBC-Studio in Burbank gegangen und hatte ein TV Special aufgenommen (in einem Teil der Show stellten die Blossoms den Background, die frühere Gesangsgruppe von »Shindig«, die Jerry Lee bei »Catch My Soul« begleitet hatte). Am 3. Dezember gesendet, belebte das einstündige Special »Elvis« wirkungsvoll sowohl seine Karriere als auch sein Selbstvertrauen. Im Juli 1969 trat er zum erstenmal nach beinahe acht Jahren wieder live in einem Konzert auf, und zwar im International Hotel in Las Vegas, beendete damit seinen Rückzug aus der Öffentlichkeit und erneuerte in Jerry Lees Herzen den Wunsch, ihm den Thron jenes Königreichs zu entreißen, das jetzt, im Jahre 1969, nicht länger mehr nur ein Schemen hinter den unsteten Augen dieser beiden ungewöhnlichen vierunddreißigjährigen Männer war, die an entgegengesetzten Enden von Memphis, Tennessee, lebten.

Jerry Lee erhob wieder gegen ihn die sich ringelnden Schlangen, die ihm Beistand sein sollten, und er heulte. Am 15. Oktober, drei Wochen nach Aufnahme einer Serie von fünf halbstündigen TV Specials im Holiday Inn Dinner Theatre in Memphis, reiste Jerry Lee nach Nashville, um an der achtzehnten Jahrestagung der Diskjockeys teilzunehmen. Am Abend seiner Ankunft trat er als Gast in der im überregionalen Fernsehen gesendeten Preisverleihung der Country Music Awards im Ryman Auditorium auf. Er trug einen dunklen Nadelstreifenanzug mit Weste, eine Krawatte mit Regimentsstreifen und dazu weiße Halbschuhe. Nachdem die verschiedenen Preise verliehen worden waren, zuletzt der Preis an Johnny Cash als »Entertainer des Jahres«, hörte jemand mit, wie Jerry Lee sagte: »Keiner von diesen Jungs könnte mir auf der Bühne das Wasser reichen. Die könnten alle splitternackt raus auf die Bühne gehen, und ich könnt's spielend mit denen aufnehmen, indem ich das Klavier nur mit einem verdammten Fuß bearbeite. Teufel, Mann, ich finde, *ich* hätte den ›Entertainer of the Year‹ gewinnen müssen.«

Wenige Tage später, am 20. Oktober, als die D. J. Convention ihrem Ende zuging, nahm Jerry Lee acht Songs im Monument Studio auf. Einer dieser Songs, »Once More with Feeling«, den Kris Kristofferson und Shel Silverstein am Vortag über etlichen Flaschen Wein für ihn geschrieben hatten, wurde sein nächster Single-Hit. Nach der Aufnahme saß Jerry Lee im Studio, soff die ganze Nacht Scotch, spielte immer wieder das Band von »Once More with Feeling« ab und sprach dabei aus dem Mundwinkel mit einem Pentagon-Frisör, der Frau des Frisörs und dem Rolling Stone-Reporter John Grissim. Gegen ein Uhr nachmittags ging der Scotch aus, und Jerry Lee und John Grissim fuhren zum Continental Hotel, wo Jerry Lee untergebracht war. Der Reporter schaltete seinen Kassettenrecorder ein, als Jerry Lee durchs Foyer torkelte und eine Gruppe Zimmermädchen des Hotels anbrüllte, die in einer Nische Wäsche sortierten.

»Verschwindet hier!« brüllte er, torkelte weiter, schloß die Tür zu seinem Zimmer auf. »Ja, verdammt! Schafft sie alle aus dem Weg! Ich hab' schon mehr Leute wegen weniger umgebracht! Heute bin ich ein gewalttätiger Hurensohn! Keiner, aber wirklich *keiner,* darf mir heut dumm kommen, oder ich bring' ihn um!« Er fiel der Länge nach aufs Bett. »Yessir, so was mach' ich immerzu! Unbegrenzte Kraft. Teufel, dassis ein höllisch guter Titel, Strength Unlimited, Inc.!« Er lachte auf, dann brach sein Lachen ab. »Mensch, ich rauche Pot. Pillen, Dope, die Nadel, Ex-Lax. Ich trinke Whiskey, Scotch, Gin, Wodka, Pisse, Essig – na, wie findest du das?« Er schloß die Augen, öffnete sie wieder. »Schnapsdrosseln? Teufel, was machen die gerade? Würd' ich gern mal treffen. Die könn' doch nich alle hin und weg sein!« Wieder lachte er, hörte dann auf. »Naah, ich such' keine Stute. Ich brauch' keine Stute. Ich brauch' keine Pillen. Ich brauch gar nix. 'n paar gute Drinks, und mir geht's gut.«

Cecil Harrelson kam ins Zimmer und fragte Jerry Lee, wo zum Teufel er denn abgeblieben wäre, sagte, daß er sich Sorgen um ihn gemacht hätte.

»Cecil«, sagte Jerry Lee grinsend. »Ich hab' alle meine drei Frauen angerufen. Yup, direkt in Reihenfolge, sogar Dorothy. Sie ist verrückt, aber sie liebt mich. Sie lieben mich alle.« Dann sang er »Once More with

Feeling«, nahm den Hörer von der Gabel, um den Zimmerservice anzurufen, während Cecil und der Rolling Stone-Reporter eine Unterhaltung begannen und Cecil ihm erzählte, daß Jerry Lee noch nie einfach so verschwunden wäre wie heute.

»Schätzchen«, sagte Jerry Lee in den Hörer. »Ist das alles, was ich am Ende kriege? Ein Sandwich? Ich bin den ganzen Tag und die ganze Nacht aufgewesen und hab' gewirbelt. Yeah, ich mag ja ein Idiot sein, aber ich versuch' doch, zur Ruhe zu kommen. Mir ist ganz gleich, wie du aussiehst, aber ich liebe dich. Du kannst das machen, Mama. Yessir, gib dein Bestes. So ist's recht, Baby. Ich rede mit dem süßesten Ding der Welt. Ich will's dir nicht mit Worten sagen« – er fing an zu singen – »›Try it one more time with feelin, darlin', take it from the top.‹ Also schön, Baby, was sollen wir tun? Wann hast du Schluß? Na, dann komm doch hoch. Kann doch echt schön werden. Ich lieb' dich, ich lieb' dich. Na ja, Teufel auch, ein Clubsandwich und zwei große Gläser Milch. Mit 'ner Kirsche drin. Weil die so schwer zu kriegen sind. Wie? Also, ich such' keine X-beliebige. Nein, ich will *dich.* Na-ah, ich wollt' dich doch nich beleidigen! Hab' doch bloß Spaß gemacht. Also, ich dank' dir, Baby«, sagte er und legte den Hörer auf. Cecil schlug Jerry Lee vor, daß er sich ein bißchen schlafen legen sollte.

»Dieser Körper wird nie müde«, sagte Jerry Lee. »Ich bin nicht bereit, ins Bett zu gehen. Ich bin grad wieder beim Aufwärmen. Ich ess' mein Sandwich, und du besorgst mir noch 'n paar Drinks, und bei mir geht's wieder ab. Ich bleib' auch die nächste Nacht auf, rase hier durchs ganze Haus. *Arrgh*!«

So begann Jerry Lee Lewis sein fündunddreißigstes Lebensjahr.

4. Kapitel

Jimmy Lee Swaggart war weit gekommen seit seiner Zeit als Straßenprediger. Seit 1960 hatte er sieben Alben mit Gospelmusik herausgebracht (das zweite, »God Took Away My Yesterdays«, war mit Hilfe von Jerry Lee 1962 im Sun-Studio von Memphis aufgenommen worden). 1967 hatte er ein Haus in Baton Rouge gebaut, das ihm fortan als Hauptquartier seines Evangelisations-Kreuzzuges diente. Am 1. Januar 1969 hatte er seine über mehrere Radiostationen gesendete Predigtstunde aufgenommen, »The Camp Meeting Hour« – »Ich möchte, daß du zum Funk gehst«, hatte der Herr ihm befohlen –, und seine Zuhörerschaft wuchs stetig. Später im selben Jahr wurde er zum jüngsten Evangelisten, der jemals vor dem General Council der »Assemblies of God« predigen durfte. Die Leute daheim in Ferriday waren stolz auf Jimmy Lee, wie sie es auch auf Jerry Lee waren, doch mancher in seiner Verwandtschaft grollte ihm wegen der Art und Weise, wie er sich in seinen Predigten über sie ausließ.

Im Sommer 1968, als Jerry Lees Ruhm in voller Blüte stand, wurde Lee Calhoun von starkem Schüttelfrost befallen und wäre fast gestorben. Jimmy Lee predigte zu jener Zeit im Assembly Tabernacle in Atlanta, und seine jüngere Schwester Jeanette rief ihn an, um ihm mitzuteilen, daß Uncle Lee im Sterben liege. Ein Jahr später stand er vor Hunderten von Christen in der Oak Cliff Assembly of God Church in Dallas. In seiner Predigt sprach er davon, daß Uncle Lee, den er einen lasterhaften, ordinären, zotigen alten Mann nannte, während seiner Begegnung mit dem Tod, dem er nur knapp entronnen, eine Vision der Hölle gehabt hätte, so echt und eindringlich, daß er sich vorgestellt hätte, seine Füße im Fegefeuer hätten in Flammen gestanden. Die Verderbnis läge im Blut; das schien Swaggart sagen zu wollen. Sie sollten sich nur einmal »Jerry Lees Mutter« ansehen, so wandte er sich an die Versammelten. Sie wäre »verloren, Gott abtrünnig, denn sie geht in Rock 'n' Roll-Shows und trinkt ihre *Cock*tails, und dennoch war sie dereinst schon errettet und vom Heiligen Geist ganz erfüllt gewesen«. Und was Uncle Lee anbetraf, so prophezeite Swaggart: »Ich werde ihn nie wiedersehen, denn es wird beim nächstenmal keinen Aufschub des Urteils geben, keine Begnadigung in letzter Minute.«

Am 14. November 1969, nicht lange nachdem Jimmy Lee Swaggart sich hingestellt und gegen Uncle Lee gepredigt hatte, nahm der Astronaut Charles Conrad Jr. an Bord der Apollo 12 eine Neunzig-Minuten-Highlander-Cassette mit Jerry Lee Lewis-Musik mit zum Mond. Mamie erzählte Uncle Lee davon, und er lächelte und schüttelte den Kopf, still und erstaunt in sich hineinlachend. Er war aus einem anderen Jahrhundert. Als er noch ein Junge war, hatte es noch nicht einmal benzinbetriebene Autos gegeben. Und jetzt wurde sein Neffe, den er die ersten wilden Noten vor einem Vierteljahrhundert in seinem, Lee Calhouns, eigenen Wohnzimmer hatte anschlagen hören – dieser sein Neffe, der seinen Namen trug und in vielem nach ihm geraten war –, dieser sein Neffe wurde jetzt auf dem Mond gehört. Als er noch klein war, hatten er und sein Daddy abends am Cocodrie Frösche aufgescheucht, und sein Daddy hatte ihm alles über den Mond erzählt, daß er Millionen Meilen fern von ihnen wäre und daß da oben komische kleine Wesen lebten, eine Art Chinesen, und daß er ganz aus Perlmutt gemacht wäre. Sogar noch als kleiner Junge hatte er nichts davon geglaubt; doch er hatte die pechschwarze Nacht geliebt und die Stimme seines Daddy, die ihn wärmte. Das war in jenem anderen Jahrhundert gewesen.

Ungefähr eine Woche später rief Uncle Lee seine Frau Stella und ihre Schwester Mamie zu sich, und er ließ sich von ihnen aus dem Rollstuhl heben und zur Bank tragen. Er wollte in der Öffentlichkeit nicht in diesem Apparat gesehen werden. Er ging mit dem Bankdirektor in den Tresorraum, und dort blieben sie eine volle Stunde. Dann ließ er sich von Stella und Mamie wieder nach Haus tragen. In den Tagen darauf sprach er nur sehr wenig.

Wieder befiel ihn die fiebrige Erkältung, und er wurde ins Concordia Parish Hospital gebracht. Dort starb er in der kalten Nacht des 16. Dezember, doch er schrie nicht von Höllenfeuer und von Flammen.

Zwei Tage später, frühmorgens, stand der Prediger der Church of God in der Mississippi Avenue über seinem Sarg und sprach von großen Menschen und dem Lohn, der sie erwartete. Dann wurde der Sarg zum kleinen Friedhof bei Clayton gebracht, wo die Sargträger – seine Brüder, seine Schwäger und sein Lieblingsneffe Jerry Lee – ihn zu dem kleinen Fleckchen Erde trugen und Blumen in sein Grab warfen. Als Jerry Lee sich zum Gehen wenden wollte, kam ein alter Mann auf ihn zu und nahm ihn beim Arm.

»Sohn«, sprach er ihn an. »Eins will ich dir sagen, du klavierklimpernder Hundesohn. Hättest du doch bloß auf den alten Calhoun gehört.«

Das war alles, was der alte Mann zu sagen gehabt hatte. Dann war er in einen 62er Chevy gestiegen und davongefahren. Jerry Lee starrte dem Heck des Wagens nach, der sich langsam auf der Straße entfernte. Der alte Mann war H. L. Hunt gewesen.

»Der reichste Mann der Welt, und er fuhr einen 62er Chevrolet«, erinnerte sich Jerry Lee Jahre später. »Und er hatte noch nicht mal eine meiner Platten dabei. Richtet nicht, damit ihr nicht gerichtet werdet; aber dieser alte Mistkerl ist zur Hölle gefahren. Das kannst du mir glauben.«

Das ganze Jahr 1970 hindurch produzierte Jerry Lee Hit um Hit, und seine Konzertgage stieg schließlich auf zehntausend Dollar pro Abend. Er kaufte sich sein eigenes Flugzeug, eine DC-3, und er stellte einen Piloten ein. Im Mai flog er mit seiner Band und seinem Anhang nach Las Vegas,wo er im International Hotel ein Live-Album aufnahm, demselben Hotel, in dem Elvis im Jahr zuvor aufgetreten war. Jerry Lees Sohn, Jerry Lee Jr., der jetzt fünfzehn war, hatte seine Mutter Jane verlassen und sich dem Reisetroß seines Vaters angeschlossen. Im International stand er auf der Bühne, mitten in der Band, und schlug ein Tambourin. Später erzählte er seinem Daddy, daß er Schlagzeuger werden wollte, daß sein Daddy gut zwei Schlagzeuger in seiner Band gebrauchen könnte.

»Jerry Lee kam irgendwann zu mir«, erinnert sich Tarp Tarrant, der noch immer für ihn am Schlagzeug saß. »Das war im September 1970. Uns stand eine Show im Coliseum bevor. Wir hatten dafür noch acht Tage. Er sagte: ›Ich möchte, daß du Junior mit in dein Haus auf dem Land nimmst. Ich möchte, daß du ihm Unterricht gibst, bis er spielt wie du.‹ Ich nahm also Junior mit in mein Haus. Da sind wir ungefähr 'ne Woche geblieben. Und als wir hinkamen, habe ich dann spitzgekriegt, daß Junior auf Dope abgefahren war. Er schluckte Pillen und hat Gras geraucht, Bier getrunken, als würde es demnächst ausgehen. Ich hab' ihn ermuntert, das Zeugs sein zu lassen, weil ich sehen konnte, daß er das nicht im Griff hatte. Er war noch so jung und hing schon so tief drin. Aber ich hab' ihm beigebracht, Schlagzeug zu spielen, und wir haben ihn mit uns auf Tour genommen. Als Jerry dann endlich entdeckt hat, daß Junior ziemlich fertig war, hat er angefangen, mich zu beschuldigen, daß ich derjenige gewesen wäre, der ihn dazu verleitet hätte. Er hat mich verflucht und mir gesagt, er wüßte das ganz sicher, aber beweisen könnte er's mir nicht. Er sagte: ›Wenn ich es beweisen könnte, würde ich dich umbringen.‹ Also, es gab bestimmte Momente im Flugzeug, Mann, wo ich aufgewacht bin – Sie wissen ja, manchmal nach 'ner Show sind wir rein ins Flugzeug, ich hab' mir 'ne Handvoll Placidyl geschmissen, ein paar Bier getrunken und bin dann weggeschlafft –, also, da bin ich aufgewacht mit einem Messer direkt *hier*, Mann – genau da unten an meiner Kehle. Da habe ich gesagt: ›Hey, Mann, du bist am Drücker – also tu, was du nicht lassen kannst.‹

Sehen Sie, Jerry trieb es immer schlimmer. Kamen wir am Ende einer langen Tour nach Memphis zurück, sagte er etwa: ›Der erste von euch verdammten Mistkerlen, der jetzt geht, wird gefeuert! Wir machen jetzt fünf verdammte Tage lang 'ne Sause.‹ Dann schrie er Cecil an: ›Und du zahlst keinen von denen aus! Ich erwarte, daß ihr euch alle in meinem Büro trefft. Jeder, der dann nicht da ist, wird gefeuert, und er bekommt auch sein Geld nicht.‹ Das war vielleicht 'ne Tour, Mann. Wir mußten durch diese ganze Scheiße durch. Wir sind hingegangen, zwei oder drei Tage geblieben, aber keiner wollte eigentlich bleiben. Ich, ich wollte zu Hause bei meiner Familie sein. Ich hab' meine Frau oft zum Flugplatz kommen lassen, damit sie mich von da abholte. Dann mußte ich sie wieder nach Hause schicken, mit ihm ins Auto steigen und abfahren, bloß weil ich doch versuchen mußte, mein Geld zu bekommen. Wäre ich nach Haus gegangen, irgendwann zurückgekommen und hätte versucht, es mir zu holen, hätte er mir vielleicht das Gehirn weggepustet oder mich verprügelt oder sonstwas. Das waren so die Szenen, die sich da abgespielt haben.«

Nicht lange nach Jerry Lees fünfunddreißigstem Geburtstag beschlossen Myra Gale und er, daß es wohl die finanziell günstigste Regelung wäre, wenn er sie zur rechtmäßigen Eigentümerin ihres Hauses, 5042 East Shore Drive, machen würde. Am 21. Oktober unterzeichneten sie ein Schriftstück, daß Myra Gale die Hauswirtin und Jerry Lee der Mieter ihres Heims sei, wobei der unbefristete Eigentumstitel an diejenige Partei fallen sollte, die den anderen überlebte. Darauf brach Jerry Lee zu einer Tournee nach Australien auf.

Myra Gale hatte im vorausgegangenen Frühjahr zwei Privatdetektive beauftragt. Die Detektive, Peter Malito und Richard Bierer von der Firma Accredited Security Systems, hatten Beweise für Jerry Lees Sünden gesammelt.

Am 9. November, während sich Jerry Lee in Australien aufhielt, strengte Myra Gale die Scheidungsklage gegen ihn an. Ihre Klageschrift beschuldigte Jerry Lee der Untreue in mehreren Fällen, angefangen mit dem Sommer ihrer zweiten Eheschließung, als, wie sie behauptete, Jerry Lee von einer Kalifornienreise zurückgekommen wäre und Myra erzählt hätte, daß er sich in ein anderes Mädchen verliebt hätte. In ihrer Klageschrift wurde festgestellt, daß seit 1964 »die Klägerin jeder nur vorstellbaren Art von körperlichem und seelischem Zwang ausgesetzt gewesen« wäre. Sie behauptete, Jerry Lee hätte ihr gedroht, »Leute anzuheuern, um die Klägerin in den Fluß werfen und ihr Säure ins Gesicht schütten zu lassen«. Sie sagte, 1960 hätte Jerry Lee ihr eine Zigarette aus dem Mund gerissen, ihr damit gedroht, sie damit ins Auge zu stechen, und schließlich die Glut auf ihrem Arm ausgedrückt. »Und«, so stellte sie abschließend fest, »er trinkt ständig«.

Deputies vom Shelby County präsentierten Jerry Lee die Scheidungsunterlagen, als er ein paar Tage später aus dem Flugzeug stieg. Er starrte kurz auf den Inhalt der Schriftstücke, und er schüttelte den Kopf, und er fluchte traurig in sich hinein.

Er fuhr nach Hause, wo er Myra nicht antraf. Er trank, und er schloß die Augen, und er muß sich vorgestellt haben, wie damals, an jenem Abend vor langer Zeit, als sie aus England abgeflogen waren, sich ihr zimtbraunes Haar um ihre Ohren geringelt hatte; und er trank.

Am 25. November, einen Tag vor Thanksgiving, saß Jerry Lee allein in dem Haus am East Shore Drive. Er entschied bei sich, daß er bis an die Grenze gegangen war und es jetzt höchste Zeit war, sein Leben in Ordnung zu bringen. Er rief den Geistlichen in der Church of God an, und dann telefonierte er mit Cecil Harrelson. Darauf fuhr er nach Süden, nach Ferriday.

Zwei Wochen später, am 10. Dezember, verkündete Cecil der Presse, daß Jerry Lee nicht mehr in Nachtclubs auftreten würde. Der Grund dafür, so verlautbarte er, wäre der, daß an diesen Orten Alkohol ausgeschenkt würde.

Am darauffolgenden Nachmittag interviewte Jack Hurst, Redakteur beim Nashviller *Tennessean*, Jerry Lee im Büro der National Artists Attraction in Memphis, jener Firma, die die meisten Engagements für Jerry Lee abschloß. Hurst fragte ihn nach der Scheidung.

»Ich bin ein fairer Mensch, und ich habe für eine Menge Leute gesorgt«, erklärte ihm Jerry Lee. »Ich bin gut zu meiner Frau und zu meiner Mutter und zu meinem Vater und zu meinen Schwestern und meinen Kindern gewesen. Um genau zu sein, ich habe ihnen mein Leben gegeben. Ich habe ihnen alles gegeben, was ich verdient habe. Und ich glaube nicht, daß ich es verdient habe, so behandelt zu werden, wie meine Frau mich jetzt behandelt. Das stimmt mich doch etwas bitter.«

Dann fragte Hurst ihn nach seiner Hinwendung zur Kirche und nach seiner Entscheidung, fortan die Nachtclubs zu meiden.

»Ich habe vor Gott ein Gelübde abgelegt«, sagte Jerry Lee. »Ich möchte die Menschen nur ganz offen wissen lassen, daß ich zur Kirche zurückgekehrt bin und daß ich errettet bin und der Herr mir meine Sünden vergeben und sie getilgt und weggewischt hat.

Ich glaube, wenn meine Fans, die Menschen, die mir folgen und mich mögen, einen guten, sauberen, gottesfürchtigen Jerry Lee Lewis bekommen, werden sie ihn noch lieber haben.

Von nun an werde ich nur noch in Sportstadien und Messehallen spielen. Und am Ende einer jeden Show werde ich fünfzehn Minuten lang Gospelmusik spielen, und ich werde Zeugnis ablegen.

Genau weiß ich noch nicht, wie ich das handhaben werde, aber am wichtigsten ist, es wird kein Saufen und Fluchen und diese anderen Dinge mehr geben. Wilde Partys und alles andere.

Ich glaube, Gott wird mir genug Weisheit geben, diesen Entschluß durchzuführen. Ich werde nur beten und sehen, was geschieht.«

DIE GEHEIMEN WINKEL DER NACHT

Einen Tag nach Ostern 1971 gab sich Mamie Lewis der Dunkelheit anheim, und sie wurde ins Concordia Parish Hospital gebracht. Sie starb dort in der darauffolgenden Woche, am 21. April, Schlag Mitternacht. Jerry Lee ließ ihren Leichnam in das Haus zurückschaffen, das er ihr gekauft hatte. Wieder wurde es Mitternacht, und Jerry Lee rief Earl LeBouef an, den Besitzer des LeBouef Studio & Camera Center in Natchez; rief bei ihm zu Hause an und forderte ihn auf, über den Fluß herüber nach Ferriday zu kommen, um Aufnahmen vom Leichnam seiner Mutter zu machen; so geschah es auch. Als der Tag anbrach, wurde ihr Leichnam in die Church of God gebracht, dann auf den kleinen Friedhof bei Clayton.

Im Oktober 1969 hatte Jerry Lee ein Lied mit dem Titel »In Loving Memories« aufgenommen, geschrieben von seinem Manager Cecil und seiner Schwester Linda Gail. Es war ein trauriges Lied über das Begräbnis eines geliebten Menschen. Mamie Lewis war an jenem Tag mit Jerry Lee bei der Aufnahme gewesen, und er hatte sie zu sich gerufen, wo sie gemeinsam mit Linda Gail seinen Gesang begleiten sollte. Die Platte wurde im Februar und März 1971 ein bescheidener Country-Hit. Jetzt, an diesem Apriltag, sagte er dem Steinmetz, was er auf Mamies Grabstein meißeln sollte.

A MOTHER WHO WAS THE SUNSHINE
OF OUR WORLD
WILL REMAIN IN OUR LOVING MEMORIES

(Eine Mutter,
die die Sonne unserer Welt gewesen ist,
wird bleiben in unserer liebenden Erinnerung)

»Nach Mutters Tod hat er sich in seinem inneren Wesen verändert«, sagte Frankie Jean. »Er wurde damit nicht fertig. Er wollte nicht einmal kommen und Mama besuchen, als sie krank war. Er kam nur ganz selten. Er wurde einfach nicht damit fertig. Er konnte es nicht ertragen. Er konnte, er wollte seine Mutter nicht sterben sehen. Linda Gail landete danach für zwölf Monate im Krankenhaus. Sie mußte aufhören, für Jerry zu arbeiten. Sie war schwer krank, war abgemagert bis auf achtundneunzig Pfund. Ich glaube nicht, daß ihr Verstand sich verwirrt hatte. Ich glaube, sie hatte den Willen zu leben verloren. Und wohin soll man mit einem Menschen, der den Lebenswillen verloren hat? Man bringt ihn in ein Krankenhaus und macht ihn wieder gesund. Man braucht einen Psychiater, der einem dabei hilft. Ohne Dr. Sexton hätte sie es nie geschafft. Er ist in Memphis.«

In den ersten finsteren Stunden des 23. April, dem Tag, an dem Jerry Lee seine Mutter zur ewigen Ruhe gebettet hatte, fegte ein grimmiger Sturm durch Memphis. Jerry Lees Douglas DC-3 war auf Hi-Air, einem Privatflugplatz an der Democrat Road, abgestellt und festgezurrt. Der Hekate-Wind packte die DC-3, schleuderte sie über die Rollbahn auf die andere Seite, wo sie in eine geparkte Cessna krachte. Jerry Lee ging und kaufte sich ein größeres Flugzeug, ein besseres Flugzeug, einen Convair 640 Turbo-Jet mit sechsundzwanzig Sitzplätzen und einer Bar. Sie kostete ihn, mit einem Preisnachlaß für die in Zahlung genommene, vom Hekate-Sturm lädierte DC-3, 160 000 Dollar.

Drei Wochen später, am 12. Mai, wurde die Scheidung ausgesprochen. Richter Howard Brugge sprach Myra Gale das Haus am East Shore Drive, 175 000 Dollar (steuerfrei), zwei Lincoln Continentals Mark III und das alleinige Sorgerecht für ihre siebenjährige Tochter Phoebe zu. Myra räumte Jerry Lee das Recht ein, in ihrem Haus zu bleiben, denn sie hatte ein neues in 847 Candace bezogen.

Am 3. September, vier Monate nach der Scheidung, heiratete Myra Gale jenen Peter Malito, den Privatdetektiv, den sie angeheuert hatte, um ihrem Mann nachzuspüren. Sie wurden im Haus ihrer Eltern, J. W. und Lois Brown, getraut. Die kleine Phoebe streute dabei als Brautjungfer die Blumen.

Einen Monat später, am 1. Oktober, wurde Jerry Lee von einer Frau, Mrs. Ann McMahon, verklagt, die behauptete, daß er sie während seines kurz zurückliegenden Auftritts im El Capitan South Supper Club in Memphis verbal beleidigt und tätlich angegriffen hätte. In ihrer Klage brachte sie vor, er hätte sie beleidigt, die Beleidigungen in das Mikrofon gesprochen, ein leinengebundenes Buch nach ihr geworfen, ihr den

Arm verdreht und versucht, sie über die elektrische Orgel zu zerren, die er gerade gespielt hatte. Er bestritt die Klage in sämtlichen Punkten.

Am darauffolgenden Donnerstag, dem 7. Oktober, heiratete Jerry Lee eine neunundzwanzigjährige geschiedene Frau aus Memphis namens Jaren Elizabeth Gunn Pate. Zwei Wochen später gingen sie auseinander.

Am 14. Januar 1972 kam Jerry Lee ins Mercury Studio in Nashville stolziert. Er schenkte sich einen Drink ein, sah sich um und nickte dann beifällig, mit Herrschermiene. Im Studio drängten sich zehn Musiker, sechs Backgroundsänger und ein siebzehnköpfiges Orchester.

»Er wollte sie alle dabei haben«, erinnert sich Jerry Kennedy. »Er wollte nicht, daß etwas überspielt wurde. Es war ein Riesendurcheinander. Wir hatten einen Haufen Leute dabei – Vokalisten, Streicher, einfach alles. Und wie immer fing Jerry Lee gleich an, in die Tasten zu hauen, wechselte die Tonarten, und der Arrangeur rastete aus, weil er die Partien für die Streichinstrumente noch mal umschreiben mußte, weil die einfach nicht so rasant seinen Modulationen folgen konnten; sie brauchten Noten. Wir haben an diesem Tag nur drei Songs aufgenommen. Einer davon war ›Chantilly Lace‹, der alte Big Bopper-Song aus den Fünfzigern.«

Hello! you good-lookin' thing, you!

Nachdem er seine Begrüßung ins Mikrofon geheult hatte, atmete Jerry Lee hörbar lasziv, wie er es auf einer Schallplatte seit beinahe fünfzehn Jahren nicht getan hatte. Dann senkte er die Stimme, und er sagte:

Yeah-huh?
Now, this is the Killer speakin' –
Do I like what?
I sure do like it, baby.

Dann stürzten sich seine Finger aufs Klavier, und er hämmerte in die Tasten, wie nur er es vermochte. Und sang »Chantilly Lace«, sang es mit dieser wilden Schroffheit, die allein ihm damals in den Fünfzigern eigen gewesen war, und er wußte jetzt, daß sie auch nur ihm allein gehörte. Fast drei Minuten lang verlor er sich ganz in diesem Lied, heulte, brannte lichterloh, hämmerte, wechselte Tonarten und Taktmaß. Das Orchester konnte ihm nicht folgen. Plötzlich hörte Jerry Lee die Stimme des Arrangeurs etwas über »sechzehn Takte« sagen und wie er das Orchester beruhigte, sie sollten »jetzt nicht unruhig« werden, denn »beim nächstenmal bekommen wir es richtig hin«.

»Ich hör das noch wie damals«, schrie Jerry Lee. »Der Schweinekerl redet doch tatsächlich auf meiner Aufnahme! Zur Hölle damit! Ich steck' noch mittendrin wie Gunga Din! Yeow!« Dann bearbeitete er wieder die Tasten, rasend, heulend.

Jerry Kennedy schnitt die letzten Minuten der Aufnahme mit, ließ sie nach zwei Minuten fünfzig Sekunden enden. Mercury (seit 1970 hatte die Firma aufgehört, das Smash-Zeichen weiter zu benutzen) brachte die Platte sechs Wochen später heraus. Am 4. März machte sie es in die Pop-Charts; dann, eine Woche darauf, war sie in den Country-Charts. Bevor sie ihre Umlaufbahn beendet hatte, stieg »Chantilly Lace« auf Platz Nummer 1 in den Country-Charts und Platz 43 in den Pop-Charts (sie schaffte es sogar bis auf Platz 23 in den Easy Listening-Charts). *The »Killer« Rocks On,* das Album, in das diese Single mit aufgenommen wurde, verkaufte sich mehr als jedes andere Album, das er je gemacht hatte.

Am 21. April brach Jerry Lee zu einer langen Europatournee auf. Seine Frau Jaren, mit der er sich ausgesöhnt hatte, ging am selben Tag ins Baptist Hospital in Memphis, da bei ihrer Schwangerschaft Komplikationen eingetreten waren. Sechs Tage später, am 27. April, gebar sie eine Tochter, und sie gab ihr den Namen Lori Leigh Lewis.

Als Jerry Lee nach Memphis zurückkehrte, mußte er feststellen, daß Myra Gale, die mit ihrem neuen Ehemann nach Stone Mountain, Georgia, gezogen war, ihn auf 19700 Dollar ausstehende Alimentenzahlungen verklagt hatte. Sein Erscheinen vor Gericht wurde für den 3. August angeordnet, doch er flog statt dessen nach London, wo er am 5. des Monats im Wembley Stadion auftreten sollte. Sein Anwalt vertrat ihn vor Richter Brugge am Circuit Court und gab die Erklärung ab, daß der Scheck bereits auf dem Postweg sei.

»Mr. Lewis hat die Schlüssel zum Gefängnis in der Tasche«, warnte der Richter. »Ich möchte nicht, daß er das Gericht auch nur noch ein weiteres Mal in dieser Angelegenheit behelligt.«

Gegen Ende 1972 gründete Jerry Lee seine eigene Firma, die Jerry Lee Lewis Enterprises Inc., die ihren Sitz in einer Flucht von Büros in 3003 Airways Boulevard in Memphis hatte. Zusätzlich zu seinem Manager Cecil Harrelson (der jetzt mit Linda Gail verheiratet war) sicherte Jerry Lee sich die Dienste Roy Deans als Agent für seine Engagements und diejenigen Eddie Kilroys als künstlerischer Leiter.

Am 6. Januar 1973 trafen Jerry Lee, Cecil, Kilroy, Ken Lovelace, Jerry Lee Jr. und Judd Phillips (der inzwischen als Jerry Lees Berater und Saufkumpan wieder aufgetaucht war) in London ein, um vier Tage lang in den Advision Studios aufzunehmen. Es war Mercurys Idee, Jerry Lee zusammen mit verschiedenen englischen Rockstars ein Album machen zu lassen: Alvin Lee, Tony Ashton, Peter Frampton, Rory Gallagher, Chas Hodges und anderen. Das Album, das in dieser Woche in London entstand, zwei Platten unter dem Titel »The Session«, erschien im März. Es kam in die Top Fourty sowohl der Pop-LP wie der Country-LP-Charts, und eine Single aus diesem Album, eine laute, trunkene Fassung von »Drinkin' Wine, Spo-Dee-O-Dee«, dem Song, mit dem er die Menge auf dem Ford-Ausstellungsgelände damals, 1949, in einen Taumel versetzt hatte, stieg in den Pop-Charts auf Platz 41 und in den Country-Charts auf Platz 20.

Aber jene Woche in London umgab etwas Geisterhaftes, zumindest was Eddie Kilroy anging. Jerry Lee Jr. hatte sich seit längerem seltsam verhalten, und auf dieser Reise war er Kilroy anvertraut worden, der sich mit ihm im Royal Lancaster Hotel in der Nähe des Hyde Park ein Zimmer teilte.

»Junior ging rastlos im Zimmer auf und ab«, erinnert sich Kilroy. »Er ging auf und ab, machte dabei seinen Daddy nach. ›Ich bin der Killer! Ich bin der Killer! Ich bin der große Jerry Lee Lewis!‹ Eines Abends badete er wohl zehn- oder zwölfmal, behauptete, daß er nicht schlafen könnte. Dann erzählte er mir, er hätte das Gefühl, daß ein kleiner Junge und ein kleines Mädchen aus Ferriday in seinem Bauch lebten. Er sagte, er könnte sie fühlen. Und daß es ihnen schlecht gehe. Das war schon schwer zu verkraften – erst achtzehn Jahre alt und schon völlig hinüber.«

Wieder daheim, arrangierte Eddie Kilroy für Jerry Lee dessen Debüt in »The Grand Ole Opry«. »Sie wollten ihn da gar nicht reinlassen«, sagte Eddie. »Ich mußte ihnen versprechen, daß er nicht fluchen, daß er nicht besoffen dort aufkreuzen würde. Daß er einzig und allein Country-Songs bringen würde. Er taucht also an diesem Abend auf, geht auf die Bühne und setzt sich total über die hinweg. Da waren Ernest Tubb, Hank Snow, Roy Acuff, und sie schielten durch die Vorhänge auf den wildgewordenen Kerl da draußen.«

Jerry Lee sagte kein einziges Wort, als er sich an diesem Abend des 20. Januar ans Klavier setzte. Er machte sich sofort an »Another Place, Another Time«, jenes Lied, mit dem er vor fünf Jahren wieder ganz an die Spitze gelangt war. Dann, fast ohne Pause dazwischen, fing er an, eine manische Version von »What'd I Say« herunterzuhämmern. Fast eine halbe Stunde lang wechselten sich Country-Songs mit Rock 'n' Roll ab, und er weigerte sich, für die Einschaltung der vorgesehenen Werbespots zu unterbrechen. Er rief Del Wood zu sich heraus, die Frau, die sich auf seiner Reise 1954 nach Nashville mit ihm angefreundet hatte, und sie saßen gemeinsam am Klavier, schmetterten ihren alten Hit, »Down Yonder«. Da fraß ihm die Menge aus der Hand, wild, aufgeputscht wie kein »Opry«-Publikum seit Hank Williams' Debüt 1949. Er wechselte über zu Chuck Berrys »Johnny B. Goode«, dann zu »Great Balls of Fire« und schließlich »Whole Lotta Shakin' Goin' On«.

»Wißt ihr was, Nachbarn«, sagte er, noch immer den Holy Ghost-Rhythmus seines ersten großen Hits herunterhämmernd. »Dieses Lied, ›Whole Lotta Shakin' Goin' On‹, war eine Country-and-Western-Nummer 1, die Nummer 1 im Rock 'n' Roll und die Nummer 1 auch bei Rhythm-and-Blues. Aber darauf kommt es ja eigentlich gar nicht an. Man ist das, was man ist. Man kann tun, was man will. Und ich danke Gott dafür, daß Jerry Lee Lewis es tun kann.«

Die Menge brüllte und stampfte und pfiff, und als sie das tat, begann Jerry Lee »Workin' Man Blues« von Merle Haggard, und als die Menge wieder anfing, zu brüllen und zu stampfen und zu pfeifen, brach er den Song in der Mitte ab, und er machte sich her über »Rock Around the Clock« und nahm dann »Whole Lotta Shakin' Goin' On« wieder auf. Er stand auf und heulte »Cantilly Lace« heraus, spielte das Klavier mit dem Absatz seines Stiefels; und dann wartete er, bis der wilde Jubel der Menge verebbte, und er suchte ihren Blick.

»Lassen Sie mich Ihnen was über Jerry Lee Lewis erzählen, Ladies und Gentlemen«, sagte er. »Ich bin ein Rock 'n' Roll, Country & Western, Rhythm & Blues-singender Motherfucker.«

Die entsetzt gestikulierenden Manager von »Opry« geflissentlich übersehend, machte er sich wieder über das Klavier her und sang »Good Golly, Miss Molly«. Dann verstummte er unvermittelt, schloß die Augen und brachte die wohl vollkommenste, traurigste Version des Hank Williams-Liedes, »I'm So Lonesome I Could Cry«, die je einer gehört hatte; und er ging ab von der Bühne und flog heim nach Memphis.

In diesem Frühjahr kaufte er sich ein zweites Flugzeug, eine Cessna 340, und ein neues Heim, eine Dreißig-Morgen-Ranch in der Gegend von Nesbit, Mississippi, wenige Meilen von Hernando entfernt, wo er und Myra Gale vor fünfzehn Jahren getraut worden waren. Das Nesbit-Haus, am westlichen Ende der Malone Road gelegen, war 1966 vom Direktor eines Bauunternehmens in Memphis gebaut worden, und es umfaßte sechs Schlafzimmer, sechs Bäder, drei Wohnzimmer, eine Küche, ein Eßzimmer und eine Scheune. Der Preis der Ranch, zu der noch fünf Morgen See gehörten, belief sich auf 190 000 Dollar. Dort wohnten jetzt Jerry Lee und Elmo, manchmal auch deren Frauen, Schatten zumeist derjenigen, die vor ihnen gewesen waren.

»Es ist damit geendet, daß er alles verschleudert hat«, sagte Eddie Kilroy in Erinnerung an jenen Frühling von 1973. »Er hat keinen Penny gespart, nichts ist auf geschäftlicher Basis betrieben worden. Wir hatten eine Menge Geld, doch er weigerte sich, die Rechnungen für Gulf Oil zu bezahlen. Sie haben uns die Kreditkarten abgenommen. Folglich war für uns die einzige Möglichkeit, Benzin für das Flugzeug zu bekommen, immer bar zu bezahlen. Es kam so weit, daß wir mit fünfzigtausend oder sechzigtausend Dollar in einem Aktenköfferchen rumgelaufen sind. Es gab keine Rechnungen, keinerlei Unterlagen. Es war wirklich bizarr. Einmal standen ungefähr achtzehn oder zwanzig Leute auf seiner Lohnliste, nicht gerechnet die Verwandten, die er von Zeit zu Zeit auch noch durchschleppte.

Er wurde immer unberechenbarer – schlimmer noch als früher. Er fing an, Termine platzen zu lassen, Proben zu schmeißen. Ich schätze, das Geld rann ihm nur so durch die Finger. Ungefähr um diese Zeit, so um Mitte '73, hab' ich aufgehört.«

Die Country-Hits wurden kleiner und kümmerlicher, und keiner schaffte es bis in die Pop-Charts. Engagements für zehntausend Dollar pro Abend wurden seltener und seltener. Und die Nacht nahm den Geruch von Schwefel an.

»Ein Mann hat nur die Wahl zwischen zweierlei Dingen, Himmel oder Hölle«, hörte er sich sagen. Das war vielleicht gar nicht seine Stimme. Doch, sie war es. Er schlug die Augen auf und sah, zu wem er da sprach. Seit nun fast zwanzig Jahren hatte er jeden Abend in einer anderen Bar in immer einer anderen Stadt gesessen. Er war einer Menge solcher Leute begegnet. Sie tranken mit ihm, und dann hatten sie etwas, worüber sie sechs Monate oder ein Jahr oder wie lange auch immer reden konnten, bis sie das nächste Mal wieder seinen Weg kreuzten. Sie waren ein Haufen verdammter Idioten, und das war wieder einer von ihnen.

»Himmel oder Hölle«, hörte er sich wiederholen. »Der Mensch hat eine Seele. Er ist ja kein Tier. Der Mensch hat 'ne Seele, und diese Seele hat nur zwei Orte, wohin sie gehen kann. Himmel oder Hölle. Ich weiß das. Aber es scheint, irgendwie kann ich nicht ... Ich weiß nicht, was mit mir nicht stimmt. Gott sagt: ›Ich bin das Alpha und das Omega, ich bin der Anfang und das Ende.‹ Der reiche Mann bittet Abraham, nach Lazarus zu schicken. ›Tauche deinen Finger in diesen Teich und netze die verdorrten Lippen.‹

Gott hat mir ein Talent gegeben, ein *grenzenloses* Talent. Ich kann mich da nicht irren, sonst würd' es mich nicht Tag und Nacht peinigen. Wonach such' ich denn? *Glück*?«

»Du suchst Hilfe«, sagte der verdammte Idiot.

»Was ist Glück?«

»Das hast du in dir selbst.«

»Mensch, davon hab' ich kein Stück gefunden. Ich weiß, wie es ist, wenn man in sich geht, wenn man auf'm Bett liegt, seine Augen schließt und weiß, daß nix stimmt.«

»Das hast du also erlebt.«

»Also trinkst du. Schluckst 'ne Pille. Rockst, versuchst, Befriedigung zu finden. Ich kenn' die ganze Geschichte, ich hab's erlebt.«

»Du hast es erlebt.«

Jerry Lee hörte eine Frauenstimme sagen: »Wir müssen jetzt aber gleich rauf.« Er blickte um sich. Er war hinter der Bühne. Bachelors III, ja, das war's – Fort Lauderdale. Er leerte sein Glas, füllte nach.

»Ich hab' meine Frau verloren«, sagte er. »Das« – er schnippte mit den Fingern – »das hat mir manches klar gemacht. Aber mir scheint, irgendwie kann ich nicht ... Jimmy Lee Swaggart, der hat's geschafft. Das ist was, was mich ganz verrückt macht. Wir haben auf demselben Klavier gelernt. Bin ihm gestern zufällig über den Weg gelaufen. Junge, hat der mich ins Gebet genommen. Dieser Mann ist 'n richtiges Kraftwerk Gottes. Das sind wir früher beide mal gewesen. Aber man kann nicht zwei Herren dienen, weil, das endet dann damit, daß man den einen haßt und den anderen liebt. ›Du sollst sein heiß oder kalt, denn so du lau bist, will ich dich ausspeien aus meinem Munde.‹ Du kommst in den Himmel, oder du fährst zur Hölle. Dazwischen gibt's nichts.«

»Mann, ich bin wirklich glänzender Laune.«

Linda Gail betrat den Raum und zwitscherte Jerry Lee etwas zu.

»Was bringt einen Mann zum Trinken?« fragte er. »Was bringt einen Mann dazu, einen *Narren* aus sich zu machen? *Er ist ein Schwächling!* Oh, du kannst jemand schlagen, kannst ihn stoßen, ihm den Arm verdrehen und all so was. Trotzdem bleibst du schwach, so weich wie Knete. Wirklich ein starker Mann zu sein – ha! Das sind zwei Paar Stiefel. *Aus dieser Tür* gehen und dann tun, was von einem *erwartet* wird.«

»Trinken, das kann ich nicht«, sagte Linda Gail kichernd.

»Na, aber ich kann trinken«, sagte er, zu seiner Schwester gewandt. Der verdammte Idiot schien sich in Luft aufgelöst zu haben. Vielleicht war er auch überhaupt nicht da gewesen. Scheiß drauf. »Ich kann trinken. Ist das nicht großartig, was? Das macht mich echt großartig. Jerry Lee Lewis kann mit seinem Schnaps umgehen. Ist ja großartig. Whoau, du bist ja ein Held! Ein blöder Idiot, das bist du.«

Dann wieder die Stimme der Frau, und dann saß er draußen am Klavier, hörte sich selbst singen. Und dann war er wieder hinter der Bühne, nur daß es diesmal ganz neue Leute waren, nicht nur dieser eine verdammte Idiot von vorhin. Da war irgendein hageres Mädchen und ein langhaariger Junge von irgendeinem Rock 'n' Roll-Blättchen. Und Elmo – auch er war dabei (Pappy hatte sich Anfang vergangenen Jahres wieder verheiratet, nur wenige Wochen nach seinem siebzigsten Geburtstag; geheiratet hatte er eine siebenundvierzig Jahre alte Dame aus Memphis, eine gewisse Lila May. Aber Pappy hatte wenig Lust, mit Miss Lila zu Hause zu sitzen. Er flog gern von Stadt zu Stadt, von Bar zu Bar, mit seinem Sohn saufend, geschichtenerzählend, hinter jedem Rock herjagend). Eben jetzt versuchte Pappy einen Witz zu erzählen, einen wirklich guten. Aber Jerry Lee wollte nicht von dieser Geschichte mit Himmel und Hölle lassen.

»Gibt's denn noch irgendwas, was ich nicht mitgemacht habe?« fragte sich Jerry Lee laut. »Wie viele Wege gibt es noch, die ich gehen könnte? Erleb' ich jetzt endgültig mein letztes Stündlein?«

»›I'm just a hundred yards from Mary Ann . . .‹« begann Elmo zu trällern.

»Dr. Jekyll und Mr. Hyde! So hat mich diese Kuh immer genannt«, schnaubte Jerry Lee. Dann wandte er sich zu dem Jungen mit dem langen Haar und sagte: »Weißt du, was Armadillas sind, Junge?«

»Amarillo, Texas?«

»Also, Teufel auch! In Louisiana gibt's davon mehr als in Texas. Gürteltiere. Grabräuber, diese Biester. Die knacken diese Billigsärge, fangen an zu kauen, fressen alles auf.«

»Die haben kurze Beine, einen Panzer und 'ne spitze Nase«, sagte Elmo, dem Jungen mit dem langen Haar zu Hilfe kommend.

»Genau wie Myra«, sagte Jerry Lee, warf den Kopf zurück und lachte rauh. Dann fiel sein Kopf nach vorne, und er murmelte: »Ich wär' besser dran gewesen, wenn ich ein verdammtes Gürteltier geheiratet hätte. Na, das nehm' ich zurück.«

»Weißt du noch, der Abend damals, als Jane schwanger war«, sagte

Elmo unter brüllendem Lachen zu seinem Sohn. »Da hast du den Zahnstocher durch diese Olive gesteckt und gesagt: ›Da hast du's, Jane. Sieht ganz genau wie du aus.‹«

»Ich glaube, das war Myra.«

»Könnte auch sein. Ich dachte, das war Jane.«

»Mit Jane bin ich nie so gut ausgekommen.«

»Du hast Myra immer 'n Äffchen genannt«, lachte Elmo. »Mama nannte mich immer 'ne Giraffe, weißt du noch? Und ich hab' sie Elefant genannt.«

»Yeah«, stöhnte Jerry Lee. »Die Tage waren noch *gut. Lustige* Tage.«

»Yup. Wir haben damals richtigen Spaß gehabt, wie?«

»Das, das waren gute Tage.«

»Da war dies Preisausschreiben vom Zoo in *Mon*roe«, erzählte jetzt Elmo dem Jungen mit dem langen Haar. »So'n Preisausschreiben, wo man 'n Namen für die Giraffe finden sollte. Also –«

»Myra, die hab' ich geheiratet.«

»Ich sollte das einschicken, hat meine Frau gesagt, und –«

»Die dreizehn Jahre alte Cousine. *Kindsbraut.*«

»– und sie *Elmo* nennen. Das wär' doch 'n guter Name für die Giraffe.«

»Sie hat sich ihr Bett selbst bereitet; jetzt soll sie auch drin liegen.«

»Yessir, 'n guter Name für 'ne Giraffe«, lachte Elmo, goß sich ein, trank.

»Aber ich hab' von ihr eine Tochter. Ein Sohn liegt im Grab. Das hat was zu *bedeuten.* Aber ich weiß nicht . . . Wenn sie jetzt reinkäme, hören würde, daß ich sie ein Gürteltier genannt hab', könntst du mal was erleben, das sag' ich dir.«

»Ist heute Karfreitag?« fragte das Mädchen mit der sanften, schüchternen Art in die eingetretene Stille hinein.

»Kar . . .was?« wandte sich Jerry Lee zu ihr.

»Karfreitag«, sagte sie, jetzt mit noch sanfterer, leiserer Stimme.

»Was heißt das denn?«

»Das ist der Tag, an dem Christus gekreuzigt worden ist«, sagte sie.

»Also, woher willst du das denn wissen? Bist du Katholikin? Du redest von 'nem anderen Paar Stiefel. Nein, nein, gegen Katholiken hab' ich nix – bin nur nicht so erzogen worden.«

»Ostersonntag, ist das nicht jetzt?« fragte Elmo das Mädchen.

»Nächsten Sonntag«, sagte Jerry Lee.

»Dann ist auch nicht Karfreitag«, sagte der Junge mit dem langen Haar.

»Ich bin erst mit sechzehn Katholikin geworden«, brachte das Mädchen zaghaft vor.

»Ostern«, sagte Jerry Lee und trank darauf. Dann wandte er sich zu dem langhaarigen Jungen und sagte: »Warum trägst du eigentlich dein Haar so? Du weißt doch, daß in der Bibel steht, daß es für einen Mann eine Sünde ist, das Haar lang zu tragen.«

»Ich habe immer geglaubt, daß Jesus langes Haar gehabt hat«, sagte der Junge.

»Du hast *geglaubt*! Nirgendwo steht in der Bibel geschrieben, daß Jesus lange Haare gehabt hat. Überhaupt weiß keiner, wie Christus ausgesehen hat. Es steht nichts darüber, daß er langes Haar gehabt hat, und es steht auch nichts über einen Bart drin.«

»Ich glaube nicht, daß die Leute damals schon Scheren gekannt haben.«

»He, was? Was haben sie nicht? Wo hast du denn den Scheiß her?«

»Ich weiß nicht, wann Scheren erfunden worden sind, aber . . .«

»Diese Römer sind ziemliche Schlauköpfe gewesen.«

»Moses hat vermutlich einen Bart gehabt.«

»Jetzt gehste aber weit zurück, Söhnchen. Ganz weit zurück! Dieser Moses ist ein ziemlich alter Knabe gewesen. Dem kann man schon das Recht zugestehen, sich mal zu irren. Aber wir reden ja hier nicht über Moses, oder? Wir reden über *dich.* Warum eigentlich willst du dein Haar wie eine Frau tragen? Fühlst du dich damit wohl? Was willst du damit beweisen?«

»Ich will damit gar nichts beweisen.«

»Doch, das tust du! Ich meine, wir haben ja schließlich Mädchen. Wir brauchen keine verdammten Kerle, die wie Mädchen aussehen. Wir brauchen verdammt noch mal *Männer,* die wie *Männer* aussehen. Also, Mensch, kämm dir dein Haar zurück, mach dir eine richtige Frisur, mach *irgendwas* damit! Du mußt so aussehen, wie du aussehen sollst. Ich versteh das einfach nicht. Wonach suchst du eigentlich? Du bist doch ein gutaussehender junger Mann, hast ein helles Köpfchen, 'n freundliches Herz. Das erkenn ich doch. Offensichtlich bist du aus guter Familie. Da mußt du doch nicht . . . *das Haar lang hängen lassen wie ein verdammtes Mädchen!* Warum ziehst du dir nicht gleich 'n *Kleid* an? Also, jetzt hör mal gut zu. Ich erzähl dir was zu deinem eigenen Besten. Du bist 'n guter Mensch. Ich kann einfach nicht . . . Schau mal, darum bin ich in diesem Geschäft so erfolgreich. Ich muß nicht das Haar runterhängen lassen wie ein verdammtes Mädchen. Teufel, ich bin fast achtunddreißig Jahre alt, doch ich bin noch immer dabei, mittendrin. Ich hab' Köpfchen, Junge. Ich versteh' einfach nicht ... *warum* denn, *zum Teufel,* willst du wie 'ne *Frau* aussehen? *Das gefällt mir nicht, Mensch.* Aber was ich nicht ... Du hast noch immer meine Frage nicht beantwortet: Warum ist es dir so wichtig, dein Haar so lang zu tragen?«

»Warum ist es Ihnen denn wichtig, mit den Füßen Klavier zu spielen?«

»Du weichst aus. Du weichst mir aus, Jungchen. Es gibt nicht viel Jerry Lee Lewises auf dieser Welt. Es gibt nur einen einzigen. Also, noch mal zurück zum Haar. Findest du, daß das gut aussieht?«

»Ja, ich mag's, wie ich aussehe.«

»Du siehst wie Scheiße aus.«

»Wenn mein Haar so lang wär' wie Ihrs, dann –«

»Jungchen, du könntest nie Haar haben wie ich. Dazu bist du einfach nicht geboren. Du hast 'n ganz hübschen Haarschopf. Du bist 'n nett aussehender junger Mann. Laß dir verdammt noch mal die Haare schneiden, Mensch. Kämm dein Haar richtig. Sei ein Mann. Leute wie ihr, ihr sucht irgendwas, würd' gerne rausfinden, was. *Diese Langhaarscheiße bei 'nem Mann is'n Haufen verfluchter Dreck, und jeder verdammte Dreckskerl, der sein Haar wie 'ne Frau trägt, zeigt 'ne Schwäche, die der besser loswerden sollte!* Das ist der Niedergang.«

»Das glaube ich nicht.«

»Ich geb'n Scheiß drum, was du glaubst, Junge. *Schreib das in dein verdammtes schwarzes Buch!*«

Dann brach die Dämmerung an.

Es war der 26. August, und Jerry Lee und seine Band waren gerade von einer Show in New York heimgeflogen. Sie waren gegen ein Uhr morgens gelandet. Jerry Lee war noch auf Radau aus.

»Wir waren total aufgedreht und haben die Stadt auf den Kopf gestellt«, erinnert sich Tarp Tarrant. »Wir waren schon in verschiedenen Kneipen gewesen, und in jeder hätte der Killer fast eine Schlägerei angefangen. Wir sind dann schließlich runter zum Overton Square, ins TGI Friday's. Wir hatten uns gerade hingesetzt, und über die Lautsprecher kamen Platten von Jerry Lee Lewis. Am Nachbartisch saßen zwei Paare aus Arkansas. Die beiden Männer waren Riesen und ihre Weiber schlicht Kühe. Nach einiger Zeit sind die Männer aufgestanden und auf die Toilette gegangen. Gerade in dem Augenblick sagt doch die eine der Frauen: ›Ich hasse diese Jerry Lee Lewis-Scheiße, die sie dauernd spielen.‹ Der Killer hat sich bloß umgedreht und gesagt: ›Fick dich ins Knie, du alte Pennernutte!‹ und sich dann wieder zu uns gewandt.

Ungefähr zwei Minuten später tippt ein Mann Jerry auf die Schulter und sagt: ›Sind Sie Jerry Lee Lewis?‹ Der Killer sagt: ›Der und kein anderer.‹ Da schlägt der Mann zu und bricht ihm die Nase. Wir sind alle so hinüber gewesen, daß wir nicht geglaubt haben, daß sie gebrochen war. Ich hab' zu Jerry gesagt, ich würde mit ihm zum Arzt gehn, aber er hat nur gemeint: ›Mensch, den Teufel tun wir! Ich bin grad voll in Schwung! Übrigens kann nichts dem Killer was anhaben – ich bin ganz in Ordnung.‹

So sind die nächsten neun Stunden rumgegangen, und wir waren noch in etlichen anderen Clubs gewesen. Inzwischen war Jerrys Nase echt dick angeschwollen, und er hat dann eingewilligt, daß wir ihn ins Baptist Hospital bringen. Und er hat immer bloß gelacht und gesagt: ›Eine Narbe mehr von einem Kampf, das macht überhaupt nichts.‹ Er hat dann eine Woche im Krankenhaus gelegen.«

An einem dunklen kalten Morgen des 17. Oktober um ein Uhr fünfundvierzig regelten zwei Streifenpolizisten aus Memphis, J. P. Barker und L. L. Howeth, den Verkehr am Schauplatz eines Unfalls an der Kreuzung Democrat Road und Airways Boulevard, unweit den Büros von Jerry Lee Lewis Enterprises, Inc.

Sie sahen einen Lincoln Continental auf sich zukommen, der von einer Straßenseite auf die andere schlingerte, und sie hielten ihn an. Der Killer kurbelte das Fenster herunter und versuchte, die beiden Polizisten anzusprechen, doch es kam nur unverständliches Gemurmel heraus. Er wurde mitgenommen und dann aufgefordert, in einen Intoximeter zu blasen. Er zeigte 15 an. Die Polizisten auf dem Revier waren beeindruckt, denn viele von ihnen wußten gar nicht, daß das Gerät mehr als 10 anzeigen konnte.

Jerry Lee hatte Junior zum neunzehnten Geburtstag den Jeep geschenkt. Jetzt, elf Tage später, am 13. November, machte Junior ein Schleppseil hinten am Jeep fest und fuhr von Memphis in den DeSoto County, Mississippi, um einen anderen Wagen, einen Ford XL, aus einer Reparaturwerkstatt abzuholen. Er fuhr auf der Holly Springs Road zurück. Es war in der Nähe von Hernando, abends gegen zwanzig Uhr dreißig. Er nahm eine Kurve. Der Ford, den er schleppte, schleuderte und prallte gegen die Streben einer Brücke. Der Jeep wurde zurückgerissen und stürzte um. Als Todeszeit wurde 21 Uhr 24 angegeben.

Der Leichnam seines Sohnes wurde Jerry Lee freigegeben, und er bat das Krankenhauspersonal, ihn in einen Gummisack zu tun. Er nahm den Sack mit zu seinem Flugzeug, legte ihn in den Mittelgang der Maschine, und er befahl seinem Piloten, nach Süden zu fliegen, nach Ferriday.

»Als Junior starb«, erinnert sich Eddie Kilroy, »schickte Jerry das Flugzeug nach Nashville, um meine Frau, Maria, und mich abzuholen und nach Ferriday zu bringen. Im Flugzeug wurde Maria ganz unheimlich. Sie glaubte wegen Jerry Lee, dem Flugzeug hafte etwas Böses an. Dann sind wir beim Runterkommen mit einem Bussard zusammengeprallt. Da wurde uns beiden ganz gespenstisch. Wir waren im Landeanflug, und da schlug dieser große schwarze Bussard direkt durch die Scheibe ins Cockpit. Wäre das in größerer Höhe passiert, wären wir ganz schön in Schwierigkeiten gekommen.«

Der Gedenkgottesdienst wurde am 15. November in der Church of God abgehalten. Der Prediger sprach davon, daß die Ankunft des Herrn nahe sei, und eine ältere Frau stand auf und verkündete eine Botschaft, in Zungen redend. Dann wurde Jerry Lee Lewis Jr. zu seinem Fleckchen Erde auf dem kleinen Friedhof in der Nähe von Clayton gebracht. Jerry Lee trug dem Mann auf, einen herzförmigen Gedenkstein über dem Grab aufzustellen. Und auf jenes steinerne Herz wollte er eine Trommel und stolze Worte gemeißelt haben.

HIS LIFE WAS GENTLE,
AND THE ELEMENTS SO MIX'D IN HIM,
THAT NATURE MIGHT STAND UP
AND SAY TO ALL THE WORLD, »THIS WAS A MAN!«

(Sein Leben war sanft,
und die Elemente vereinten sich so in ihm,
daß die Natur hintreten
und aller Welt verkünden könnte: »Dieser war ein Mann!«)

So waren ihm beide Söhne genommen worden. Er allein war jetzt der allerletzte Sohn, der letzte Lewis in dieser Legende, die vor fast zweihundert Jahren begonnen ward, und ihm war vom Schicksal zugeteilt, die Legende zu enden, ohne männlichen Nachkommen, sie fortzuführen oder gar nachzuerzählen. Mit ihm würde der gute Name seiner unbesiegbaren Vorfahren erlöschen.

Doch wie dem auch sei, er würde die Legende enden, und das Ende würde gut sein, und er würde diesem Ende entgegenbrennen, mit all dem umdüsterten Glanz all der Lewises, die gelebt hatten in all den Legenden, die sein Daddy ihm je erzählt; und lange Zeit später blieb niemand mehr, sich zu erinnern an Judge Lewis oder Old Man Lewis oder Leroy oder Elmo, lange, nachdem das Gedenken jener Männer Teil der Erde und des Himmels und der Fluten und der Traurigkeit geworden war – lange danach noch aber würde der Name des allerletzten wilden Sohnes weiterleben; das hatte er geschworen.

Am 3. Dezember, drei Wochen nachdem Jerry Lee seinen Sohn zur letzten Ruhe gebettet hatte, strengte seine Frau Jaren vor dem Circuit Court einen Prozeß gegen ihn an auf Zahlung von Alimenten für sich und Unterhalt für ihr Kind. Sie bezichtigte Jerry Lee, sie grausam und unmenschlich behandelt zu haben, und behauptete, daß sie und er sich erst vor kurzem wieder getrennt hätten.

Einen Monat später, am 7. Januar 1974, verließen ihn sein Mann am Baß, Hawk Hawkins, und sein Steel-Gitarrist, Charlie Owens, und verklagten ihn auf Zahlung von 8000 Dollar ausstehender Gagen.

Die Jerry Lee Lewis Enterprises, Inc., die Firma, die er vor kaum mehr als einen Jahr gegründet hatte, zerfiel und verschuldete sich hoch. Die Büroflucht am Airways Boulevard wurde zwangsgeräumt, und der Hauseigentümer strengte eine Klage gegen ihn an.

Im vorausgegangenen Frühjahr hatte er über ein zweistündiges Konzert an der University of Virginia abgeschlossen, die Bühne jedoch nach nur zwanzig Minuten verlassen. Jetzt, ein Jahr später, am 3. Mai, erklärte ihn ein Richter des Vertragsbruchs für schuldig und verurteilte ihn dazu, der Universität 10625 Dollar Schadenersatz zu zahlen.

Er drehte sein Autoradio auf, und er hörte Mickey Gilleys Namen – nicht mehr so ausgesprochen wie dereinst in Ferriday mit einem weichen G, sondern jetzt mit einem harten G –, und dann hörte er seinen Cousin »Room Full of Roses« singen, und er hörte den Diskjockey sagen, daß Mickey Gilley sich doch sehr nach Jerry Lee Lewis anhörte, und das käme daher, daß Mickey und Jerry Lee Vettern ersten Grades und zusammen aufgewachsen wären, ihr Klavierspiel auf demselben Klavier gelernt hätten; da schaltete er das Radio aus.

Mickey Gilleys Platte »Room Full of Roses« landete im Juni 1974 auf Platz Nummer 1 der Country-Charts. Die Platte war von Eddie Kilroy produziert worden, der später sagte: »In unserer Öffentlichkeitsarbeit haben wir immer groß herausgestellt, daß Mickey gar nicht anders konnte, als genau so zu spielen wie Jerry Lee, weil sie eben beide in Ferriday großgeworden wären. So 'n Scheiß eben. Mickey hat sich mächtig angestrengt, ganz so zu klingen wie Jerry Lee.«

Nach »Room Full of Roses« hatte Mickey einen weiteren Country-Hit Nummer 1, »I Overlooked an Orchid«; und dann wieder Platz 1 mit dem Country-Hit »City Lights«. Drei Platten auf Platz Nummer 1 in einem einzigen Jahr, das war etwas, das Jerry Lee nie geschafft hatte. Er hatte seit mehr als zwei Jahren nicht einmal mit einer Platte Platz Nummer 1 belegt. 1974 war er viermal zu Aufnahmen ins Studio gegangen, und das höchste, wozu eine seiner Platten in den Country-Charts aufgestiegen war, war Platz Nummer 8. Auch seine LPs schafften es nicht. Jimmy Lee Swaggarts Gospelalben verkauften sich besser als seine eigenen Platten.

Im Oktober verklagte die Cappaert Investment Corporation Jerry Lee wegen 100838 Dollar, die beim Kauf des Convair Turbo-Jet vor drei Jahren offengeblieben waren.

Umgeben von Chaos und von stockfinstrer Nacht, schlug er die Bibel auf und las dort von den Dämonen und wie sie in Schweine verwandelt wurden und wie sie einen steilen Abhang zum Meer hinuntergerannt und elendiglich im Wasser umgekommen waren.

Es war das Jahr 1975. Ebensogut hätte es 1965 sein können. Er nahm einen Drink zur Hand und betrachtete sich im Spiegel. Es hatten sich Linien in sein Gesicht gegraben, wie er sie noch nie zuvor gesehen hatte. Er schaute, suchte den Blick des Falken, doch was er sah, das waren nur die eigenen Augen, rosa und trüb vom unreinen, wüsten Wandel. Das Haar aber, das Haar – der Haarschopf war noch immer majestätisch.

Die Convair hob in Vancouver ab und landete am Morgen des 25. Februar in Denver. Als die Maschine ausrollte, schaute Jerry Lee durch das Plastikbullauge und erblickte zahlreiche Männer in Regierungsuniformen. Sie waren bewaffnet, und zwei von ihnen führten merkwürdig aussehende schwarze Hunde an Leinen. Dann waren da noch drei andere Männer, die dunkelblaue Anzüge, weiße Hemden und blutrote Krawatten trugen.

Die Hunde und die Männer in den Anzügen entdeckten die meisten der Drogen, die sich im Flugzeug befanden. Jerry Lee und die zwölf anderen seiner Begleitung, die im Flugzeug gewesen waren, wurden zum

Gerichtsgebäude in der Innenstadt von Denver verbracht, wo sie einzeln zu einem internationalen Drogenring verhört wurden, von dem keiner etwas wußte.

In jener Nacht umstand bewaffnete Polizei die Bühne des Clubs in Denver, wo Jerry Lee das Klavier bearbeitete und heulte. Und sie umstanden ihn jeden Abend, eine Woche lang, bis Jerry Lee und seine Jungs die Stadt verließen.

Am 11. März trat er in der Bad Bob's Lounge in Memphis auf. Er zettelte Streit mit einem der Girls im Club an, der schließlich damit endete, daß er mit einem Geigenbogen auf sie losging. Das Mädchen, das behauptete, »brutal und wild angegriffen worden« zu sein, erhob Klage gegen ihn und forderte 100 000 Dollar Schmerzensgeld. Das endete so, daß ein Richter ihn zu einer Geldstrafe von fünfundzwanzig Dollar verurteilte, weil er nach der Klägerin geschlagen hatte, und dann belegte er die Klägerin mit einer Geldstrafe von fünfzehn Dollar, weil die den Bogen zerbrochen hatte.

Einen Monat später, am 11. April, reichte Jaren die Scheidungsklage ein mit der Behauptung, daß Jerry Lee gedroht hätte, physische Gewalt gegen sie anzuwenden.

Am Samstag, den 19. Juni, kam Jerry Lee in das Mercury Studio in Nashville und machte mit einer qualvoll matten Stimme Probeaufnahmen für einen Song, der unlängst von Donnie Fritts, einem Mitglied von Kris Kristoffersens Band, für ihn geschrieben worden war. Es hatte den Titel »A Damn Good Country Song«.

Well, I took enough pills for the whole damn town;
Jerry Lee Lewis drank enough whiskey to lift any ship off the ground.
I'll be the first to admit it;
I sure wish that these people would quit it,
'Cause it's tough enough to straighten up when they won't leave you alone.
My life would make a damn good country song.

In Las Vegas kreuzte er den Weg von Elvis, und er sagte zu Elvis: »Du weißt ja gar nicht, was du tust. Du spielst doch nur das Hündchen für diesen Colonel Parker.«

»Na ja«, entgegnete ihm Elvis. »Wenn ich so blöd bin und du so schlau, wie kommt's dann, daß ich im Salon spiele und du in der Besenkammer?«

Es hatte für ihn den Anschein, daß jeder und noch jedermanns Mutter ihn verklagt hatte. Er hatte sich inzwischen daran gewöhnt. Aber er hätte nie erwartet, daß ihn auch noch ein Toter verklagen konnte.

Am Abend des 3. November 1968 war er in Atlanta aufgetreten, als irgendein verdammter Idiot sich abfällig über einen seiner Songs ausließ. Da hatte er sich den Mikrofonständer geschnappt und dem Idioten damit genau eins ins Gesicht verpaßt. Jetzt, sieben Jahre später, im Dezember 1975, wurde er von der Erbengemeinschaft dieses Idioten verklagt, der 1970 verstorben war. Die Klage lautete auf 30000 Dollar Schmerzensgeld zur Deckung von Arztkosten, die dem verstorbenen Idioten entstanden waren, um eine Verletzung am linken Auge zu behandeln, die man ihm mit jenem Mikroständer des Zorns zugefügt hatte. Für den Killer war das irgendwie Neuland, und für einen kurzen Moment amüsierte es ihn, bevor er die ganze Geschichte wieder vergaß.

Aus »A Damn Good Country Song« war kein Hit geworden. Es war nur ganz knapp in die Country-Charts gekommen. Am 15. Dezember tauchte er im Studio auf und nahm fünf Songs auf. Einer davon war eine langsame Fassung von Billy Swans Hit aus dem Jahre 1974, »I Can Help«. Mittendrin in einer überleitenden Klavierpassage grummelte er: »Denk mal drüber nach, Elvis.« Die Probe endete damit, daß er die Musiker anschrie, gefälligst aus dem Studio zu verschwinden. Nichts, was er an jenem Tag aufnahm, erschien Mercury geeignet, es als Platte herauszubringen.

Am Abend des 27. Dezember, als er im Executive Inn in Evansville, Indiana, auftrat, machte er eine Pause zwischen zwei Liedern, um etwas zu trinken, und sagte: »Leute, ihr seht hier vor euch eine lebende Legende.« Und fuhr dann nach einer Schweigeminute fort: »Also wißt ihr, das gibt mir wirklich zu denken. Ich hab' immer geglaubt, eine Legende, das ist einer, der tot ist.« Und dann nahm er sein Spiel wieder auf, diesen teuflischen Boogie.

Blue-and-gold, blue-and-gold, blue-and-gold.

Am 10. Februar 1976 ließ Jerry Lee sich ins St. Joseph Hospital in Memphis aufnehmen, um sich wegen eines »grippalen Infekts und Entzündungen der Nasenscheidewand« behandeln zu lassen. Zwei Wochen später, am 28. desselben Monats, wurde er entlassen.

Fünf Tage nachdem Jerry Lee ins Krankenhaus aufgenommen worden war, bestieg Tarp Tarrant, sein Drummer, sein 1966er Cutlass Oldsmobile und machte eine Fahrt.

»Ich bin nur so rumgefahren. Ich war alle, ich war kaputt, ich bin high gewesen. Frau und Kinder hatten nichts mehr zum Leben. Wir hatten kein Propangas mehr zum Kochen. Ein paar Tage bevor Jerry Lee ins Krankenhaus mußte, hatte ich ihn um ein paar Dollar angehauen. Er schuldete mir fünf oder sechs Riesen. Er hat nur gesagt, er hätte die Kohle nicht.

Ich war ganz schlimm drauf. Was ich genommen hab', das waren Placidyl und Amphetamine, Biphetamine, Dexedrine, und obendrauf hab ich noch Kokain geschnupft, die ganze Woche durch Wein und Jack Daniel's gesoffen. An dem bewußten Abend hatte ich sieben oder acht Black Widows geschmissen, und ich hab' die ganze Zeit Bier getrunken.

Die Waffe in meinem Auto hab' ich immer dabeigehabt. Das war ein kleiner alter 22er-Scheiben-Revolver, neun Schüsse. Dann bin ich an diesem Laden vorbeigekommen, dem Seven-Eleven an der Highland. Ich hab' gesehen, daß das Mädel da ganz allein war hinter dem Tresen. Irgendwas in mir hat *Klick* gemacht – einfach so; das war einfach so, ich brauchte Geld und hatte grad eine Waffe im Auto. Also bin ich da vorgefahren, wissen Sie. Das war wirklich verdammt echt blöd, weil ich high gewesen bin, und obendrein hatte ich auch noch einen Stetson-Cowboyhut auf, trug einen Anzug aus schwarzem Leder, schwarze Stiefel mit Sporen dran. Ich hatte meine Waffe umgeschnallt, die ganze Scheiße wie sie im Buch steht. Ich hab' den Wagen hinten genau da geparkt, wo sie das Nummernschild lesen konnte. Den Motor hab' ich laufen lassen. Dann bin ich rein, von oben bis unten wie Lash LaRue. Das war eine echt verrückte Szene. Ich hab' nicht mal drüber nachgedacht, was zum Teufel ich da überhaupt mache. Menschenskind, denn wenn ich das getan hätte, hätte ich es nicht gemacht.

Erbeutet habe ich fünfundachtzig Dollar.

Ich bin dann zurück in den Wagen, bin kurz hinter Highland links abgebogen, kam die Central hoch, rein nach Memphis mit bestimmt hundertdreißig Sachen in einer Gegend, in der man nur sechzig fahren durfte. Dann kam ein Streifenwagen an mir vorbei. Später hat sich herausgestellt, daß die Fahndung nach mir schon auf vollen Touren lief und daß weiter unten auf der Central eine Straßensperre errichtet worden war. Ich bin da voll reingebrettert. Die haben mir acht oder neun Schrotflinten in die Fresse gehalten und gebrüllt: ›Los, raus aus dem Wagen! Aussteigen!‹ Ich hab' mit meiner Pistole rumgewedelt. Irgend so ein Grünschnabel hat sich von der Seite rangepirscht und mich dann am Kragen gepackt – den Revolver hatte ich noch immer in der Hand –, und dann hat er mir mit dem Schaft seiner Schrotflinte eins über den Schädel gezogen.

Ich bin dann verurteilt worden zu acht bis zehn Jahren.«

Jerry Lee drehte das TV an, und da sah er Jimmy Lee Swaggart, der mit einem Taschentuch in der Hand auf und ab lief, zeterte, über die Sünden des Fleisches predigte, sich Fragen vorlegte, die er gleich selbst beantwortete.

»Sie glauben also, es ist falsch, wenn eine Dame Shorts anzieht?«

»Ja! Ja! Ja! Ja!

Meine Dame, Ihr Leib ist der Tempel des Heiligen Geistes!«

Die Bibel nennt viele Dämonen beim Namen, aber wie viele gab es noch, die namenlos waren? Wie viele andere gab es noch, die in jeder Schattierung von Dunkel in jedem Augenblick, jeder Nacht seit Anbeginn der Zeit, herumgeisterten? Er bespritzte sich das Gesicht mit Wasser. Und er dachte dabei an Dorothy, die Tochter des Predigers, und an ihren Hals.

Am 12. April erreichte Jerry Lee eine Klage der Franklin Development and Investment Company, in der von ihm 8108 Dollar an ausstehenden Mietzahlungen für zwei Stadthäuser gefordert wurden, die er im vergangenen Sommer angemietet hatte.

Jimmy Lee hatte den Einfall gehabt, ihm regelmäßig Exemplare seiner Zeitschrift *The Evangelist* zuzuschicken. In jeder Ausgabe, unter der Rubrik »Bruder Swaggart, das ist meine Frage«, bezog Jimmy Lee Stellung zu einem moralischen Problem, das ihm von einem seiner Leser gestellt wurde.

Frage: Wird oral-genitaler Sex zwischen Mann und Frau von der Heiligen Schrift gutgeheißen?

Antwort: Nein, ich glaube nicht. In der Bibel heißt es zwar, daß es im ehelichen Beilager keine Unzucht gibt (Hebräer 13.4), aber es steht wohl fest, daß der Heilige Geist damit nicht Unkeuschheit oder Perversion gemeint hat.

Am 20. Mai, und dann noch einmal am 28. Mai, setzte er seinen Fuß in das Studio in Nashville: Das waren in diesem Jahr seine einzigen Proben für Schallplattenaufnahmen – acht Songs insgesamt. In all den Jahren seit 1957 hatte er nie so wenige aufgenommen. Sein Vertrag mit Mercury sollte im nächsten Jahr auslaufen, und er fing an, sich Gedanken zu machen.

Mit seinem Ruf war es innerhalb der letzten Jahre so steil bergab gegangen, daß der Herausgeber des Mitteilungsblatts seines Fan-Clubs, *The Rebel*, sich gedrängt sah zu schreiben:

> Jerry Lee hat sich über etliche Jahre mehr als reichlich unseren schuldigen Respekt verdient. Für diese Achtung hat wohl niemand einen höheren Preis gezahlt als er. Wenn jemand damit beauftragt ist oder es freiwillig übernommen hat, Jerry Lee zu vertreten, dann sollte er Würde und Anständigkeit beweisen und Treue wahren!
> Ich glaube ganz fest daran, daß die Welt ein weitaus besserer Ort wäre, würden manche Leute es lernen, ihr Mundwerk im Zaum zu halten, anstatt sich den billigen Spaß zu gönnen, immer wieder das Messer in vermeintlichen Wunden umzudrehen.

»Es sind nur noch ganz wenige Talente übrig«, sagte er zu Todd Everett, der ihn an diesem heißen Abend des 17. August hinter der Bühne des Palomino Clubs in North Hollywood für Earth News Radio interviewte. »Da sind einmal Elvis Presley, Chuck Berry, Charlie Rich, B. B. King. Ich sage nicht, daß ich einer von denen bin – ich sag' nur, *ich bin der wichtigste.*«

Der Interviewer fragte ihn nach Vorbildern, Einflüssen.

»Fehlanzeige. Sie werden nie jemanden finden, von dem Jerry Lee Lewis geborgt, geklaut hat, Bruder. Ich bin ein *Stilist*, genauso wie Jimmie Rodgers – der verstorbene, große Jimmie Rodgers –, genauso wie Hank Williams – der verstorbene, große Hank Williams –, genauso wie Al Jolson – der verstorbene, große Al Jolson. Es gibt nur vier ganz große Stilisten, und das sind Jerry Lee Lewis, Hank Williams, Al Jolson und Jimmie Rodgers. Der Rest, das sind einfach nur . . . *Imitatoren.*«

Der Interviewer befragte ihn nach seinem Privatleben.

»Privatleben? Ich habe kein Privatleben. Mein Leben ist ein offenes Buch, ist es immer schon gewesen.«

»Welche von Ihren Platten ist die beste, die Sie je gemacht haben?«

»Nein, bleiben wir noch ein bißchen beim Privatleben. Ich habe kein Privatleben. Ich vertusche nichts, verstecke nichts. In vielem liege ich schief – ich *weiß* sogar, daß ich was falsch mache –, aber ich bin der erste, der das zugeben würde. Und das eine möchte ich den Leuten da draußen in Radioland sagen: Jerry Lee Lewis ist ein *Sünder*, verloren und verkommen, ohne Gott oder seinen eingeborenen Sohn. Ich bin der erste, der das zugeben würde.«

»Ich habe gehört, daß Jimmy Lee Swaggart Ihr Cousin ist.«

»Vetter ersten Grades, und das gleich zweifach. Sein Daddy ist der Neffe meines Daddy. Seine Mutter war die Schwester meiner Mutter. Wir haben auf demselben Klavier spielen gelernt. Ja, Mickey auch.«

»Um auf meine Frage von vorhin zurückzukommen, welches ist die beste Platte, die Sie je gemacht haben?«

»Kommen wir noch mal auf Mickey zurück. Ich glaube, der hat's. Er und Jimmy, die haben beide nicht so viel Tiefe, wie ich sie habe, bei Gott, nein, die haben sie nicht. Ich hab's denen bei der Beerdigung meiner Großmutter gesagt. Ich hab' gesagt: ›Jungs, ihr beide habt 'ne Menge Talent, aber mich hat Gott mit dem großen Talent gesegnet; für euch sind nur ein paar Reste abgefallen.‹ Mickey war deswegen ein bißchen beleidigt. Jimmy Lee hat sich bloß gebogen vor Lachen. Er ist ein gestandener Christ, 'n großartiger Prediger auf dem Heilig-Geist-Gebiet. O Mann, der ist vielleicht 'ne Nummer. Hat sich nie kein bißchen geändert, seit er fünfzehn war.«

»Kommen Sie noch oft nach Ferriday zurück?«

»Nein, jetzt nicht mehr. Da unten sind noch ein paar Leute, aber keine mehr wie meine Mama, die hingeschieden ist, wie meine beiden Söhne, die hingeschieden sind. Da ist eigentlich nichts mehr für mich übriggeblieben; da sind nur noch ein paar schlimme Erinnerungen. Irgendwann werde ich da mal begraben sein, wenn Gott so will.«

»Sind Sie ein eifriger Kirchgänger?«

»Bin ich mal gewesen.«

»Was hat Sie denn davon abgebracht?«

»Satan, könnt' ich mir vorstellen, der sich die Schwäche von Jerry Lee Lewis zunutze gemacht hat. Wo es um die Sache der Religion geht, bin ich einer der schwächsten Menschen der Welt. Übrigens meine ich gar nicht Religion. Die Bibel spricht noch nicht mal von Religion – es geht um *Erlösung*. Ich bin mal geweiht und geheiligt gewesen, ein zutiefst christlicher Mensch. Ich werd's schon mal schaffen, dahin zurückzufinden, werd's schaffen, dieses Geschäft aufzugeben, mein Junge, werd' dahin zurückfinden, dem Herrn zu dienen. Falls mir das nicht gelingt, ist es aus mit mir. Ich muß mein Leben Gott weihen, muß zurückfinden zum Predigerberuf. Das ist für mich der einzige Weg. Gott sagt, er will dich lieber heiß oder kalt, denn wenn du lau bist, wird er dich ausspeien aus seinem Munde. Denk mal darüber nach, Schätzchen. Früher bin ich mal ein großer Prediger gewesen.«

»Sie sind heute noch ein großer Prediger.«

»Aber was für ein Versager! Einundvierzig Jahre alt. Das ist zu traurig. Hat mich zwei Söhne und meine Mutter gekostet.«

»Wie kann das denn Ihre Schuld gewesen sein?«

»Der starrköpfige Lewis. Ich bin der starrköpfigste Hund, den es je gegeben hat. Es ist schon eine Schande. Ich weiß nicht, *warum, warum* ich so bin. Es reißt mir das Herz aus dem Leib. Ich begreif's nicht. Ich weiß auch nicht, warum ich nicht Manns genug bin, durch diese Tür zu verschwinden und das zu tun, was ich tun muß, denn wenn ich das nicht mach, heißt es für mich, ab in die Hölle. Ich *weiß* es wirklich nicht, Mensch, was mit mir nicht stimmt. Was habe ich denn hier zu suchen, in einem *Nachtclub*? Ich kann hier nicht die Leute nach vorn zum Altar rufen. Das hier bringt mich nicht in den Himmel. Wenn ich mal vor Gott stehe – und sie *werden* vor ihm stehen, groß und klein, und sie werden Rechenschaft ablegen müssen über ihre Taten; sie werden sagen, Herr, in deinem Namen habe ich Teufel ausgetrieben, habe viele Werke vollbracht, viele Wunder, in deinem Namen. Und er wird sagen: ›Weicht von mir, ihr schändlichen Frevler! Ich habe euch nie gekannt!‹

Jesus ist für uns gestorben. Gott erwartet – ich rede von Gott, nicht von Jesus –, Gott erwartet von uns *Treue*. Und wenn er die nicht bekommt, dann geh mit dem, dem du auf Erden gedient hast, welcher ist jener Mann, der Macht hat gleich Gott, welcher ist *Satan*, der mehr Macht hat denn Jesus. Er hat ihn vierzig Tage und vierzig Nächte lang versucht, *und fast hat er ihn überwältigt.*«

»Sind Sie zur Zeit verheiratet?«

»Ich lebe grade in Scheidung. Das war's dann für mich. Es gibt keine andere Frau mehr. Heiraten, nee, das kann ich nicht noch mal. Ist für mich aus und vorbei. *Ich werde nicht* ... Und ich glaube auch, wenn ich zurück ins Predigeramt gehe, dann hat Gott mit mir vor, daß ich ganz für mich allein stehe.«

»Die Reaktionen, die Ihnen die Massen entgegenbringen, verschaffen die Ihnen nicht ein bißchen Glück?«

»Satan. Seine Macht gleicht der des Herrn, unseres Gottes. Er wird dich zerren . . . in die . . . Tiefen der . . . Todesqual.«

»Wie kann Satan denn von Leuten aus der Unterhaltungsbranche wie Ihnen seinen Nutzen ziehen?«

»Weil ich mein Publikum mit mir in die Hölle zerre. Wie kann ich sie denn in den Himmel schaffen mit einer Sache wie ›Whole Lotta Shakin' Goin' On‹? Man kann nicht zween Herren dienen; man wird den einen hassen und den anderen lieben.«

Kaum einen Monat später, am Nachmittag des 29. September, dem Tag von Jerry Lees einundvierzigstem Geburtstag, kam Norman »Butch« Owens, seit drei Jahren sein Mann am Schlagbaß, zu Jerry Lee und Jaren in die 435 Cardinal, wo Jaren unlängst Wohnung bezogen hatte. Er brachte Jerry Lees neues Album, »Country Class«, mit, das erst vor wenigen Tagen ausgeliefert worden war.

Die beiden Männer saßen da, tranken und redeten, während Jaren im Wohnzimmer vor dem Fernseher saß. Jerry Lee zog einen 357er Magnum heraus und richtete ihn auf Owens.

»Hier, guck mal in diesen Lauf rein«, sagte er. Dann zielte er mit dem Revolver auf eine Stelle rechts von Owens und sagte: »Ich werd' jetzt diese Coca-Cola-Flasche da drüben zerschießen, oder ich will nicht Jerry Lee Lewis heißen.«

Dann krachte der Revolver.

Owens preßte die Hände auf die zwei Löcher in seiner Brust und torkelte ins Wohnzimmer hinüber. Jaren geiferte ihn an, weil er auf ihren neuen weißen Teppich blutete.

Owens wurde ins St. Joseph Hospital gebracht, wo er in die Unfallchirurgie kam und notoperiert wurde. Jerry Lee wurde des Vergehens angeklagt, innerhalb der Stadtgrenzen eine Schußwaffe abgefeuert zu haben.

Zwei Wochen später, am Abend des 12. Oktober, wurde Jerry Lee in Jarens Haus verhaftet und wegen ungebührlichen Verhaltens angeklagt. Er hatte draußen vor der Tür gestanden und Jarens Nachbarn Obszönitäten zugerufen. Die Geldstrafe über fünfzig Dollar zahlte er per Post, kehrte heim und trank weiter.

Gegen neun Uhr am Morgen des 22. November bog er mit seinem Rolls-Royce für 46 000 Dollar in die Powell Road, und er legte sich schwungvoll in die Kurve, als wäre es nichts, und der Rolls überschlug sich und landete im Graben. Er kam herausgekrabbelt, und sie brachten ihn ins

Gefängnis. Das Intoximeter zeigte 0 an, doch Polizeichef H. A. Goforth verlautbarte gegenüber der Presse: »Er hatte eine schwere Zunge. Seine Augen waren blutunterlaufen, und er konnte sich nicht gerade auf den Füßen halten.«

Weniger als zwölf Stunden später wurde Elmo unweit Robinsonville, Mississippi, verhaftet und wegen Fahrens mit überhöhter Geschwindigkeit und in betrunkenem Zustand angeklagt. Er hatte sich geweigert, einen Alkoholtest durchführen zu lassen, und wurde ins Tunica County Jail gesteckt.

Zehn Stunden nachdem Jerry Lee aus dem Gefängnis entlassen worden war, fuhr er nach Graceland, dem Haus mit der zweiblättrigen Toreinfahrt davor. Er fuchtelte mit seiner Pistole herum und erfüllte die Nacht mit seinen Flüchen.

Das war seine zweite Verhaftung innerhalb von zwei Tagen. Nachdem man ihn freigelassen hatte, ließ er sich am Abend des 25. November im Doctor's Hospital aufnehmen. Laut Krankenblatt wurde er wegen einer Grippe und eines übersäuerten Magens behandelt. Seine Frau Jaren begab sich am selben Tag ins St. Joseph Hospital, wegen einer »Nervensache«.

Am Sonntag morgen, den 5. Dezember, hielt Jimmy Lee Swaggart vor den Kameras des Fernsehens einen Bittgottesdienst zur Rettung der Seele seines Cousins ab.

»Diesen nächsten Choral«, so sagte er, »möchte ich einem nahen Verwandten widmen, der in Not ist. Ich möchte ihn nicht verlegen machen, aber sie alle kennen ihn. Es ist Jerry Lee Lewis.

Jerry und ich stehen einander sehr nahe. Er steht zur Zeit große Nöte durch, und ich hoffe nur, daß ich ihm hiermit irgendwie helfen kann. Das Lied trägt den Titel ›Now I Have Everything‹.«

Wenige Tage später vertraute Swaggart einem Kommentator des *Banner* an: »Ich hasse es manchmal geradezu, ans Telefon zu gehen, weil ich weiß, daß da jemand sein wird, der mir mitteilen will, daß Jerry tot ist.«

Im darauffolgenden Monat, am 17. Januar, ließ sich Jerry Lee wieder ins Doctor's Hospital aufnehmen. Zwei Tage später wurde ihm die Gallenblase entfernt. Eine Europa-Tournee, deren Beginn für den 10. Februar vorgesehen war, mußte abgesagt werden.

Am 2. Mai strengte das St. Joseph Hospital Klage gegen ihn an und forderte 3425 Dollar für Behandlungskosten.

Er legte sich Rechtschaffenheit wie einen Brustpanzer an, und er führte die Flasche an die Lippen, und er erzählte der schwindenden Schar seiner Myrmidonen ein weiteres Mal von der schweren Faust des Old Man Lewis, die ein Pferd in die Knie zwingen konnte. Die schwindende Schar der Myrmidonen lobhudelte und vergötterte ihn und brachte seinen Lippen Erfrischung – blaugoldene Pillen und bernsteinfarbenen Whiskey.

Jimmy Lee Swaggart betupfte seine Schläfe mit dem Taschentuch, und er schloß die Augen und rief:

»Die Antwort ist nicht Psychiatrie!
Die Antwort ist nicht Psychologie!
Die Antwort ist nicht Therapie!
Der Geist Gottes, das ist die Antwort!«

Am Nachmittag des 22. Juni wurde Jerry Lee von der Polizei aufgegriffen, als er in einem weißen Rolls-Royce mit überhöhter Geschwindigkeit und bedenklich schleudernd über den Highway 72 fuhr. Er wurde in Haft genommen, und man erhob Anklage gegen ihn, weil er unter dem Einfluß von Betäubungsmitteln zu schnell gefahren war.

Es war der 16. August, und Elvis war tot, mit dem Gesicht nach unten auf den Fliesen seines Badezimmers. Wenn er doch in jener Nacht bloß zugehört hätte; zugehört und die Botschaft vernommen hätte von den zwei Schwertführern des Geistes, dem jegliche Hurerei verhaßt war.

An jenem Nachmittag fegte ein Gewitter über Tennessee. Zwei Tage später säumten feierlich aufgereiht Polizisten den Elvis Presley Boulevard und erwiesen mit zackigem Gruß dem weißen Cadillac-Leichenwagen, der langsam an ihnen vorbeirollte, die letzte Ehre. Es waren eben jene, die den Killer verfolgten, die jetzt die Hand zur Mütze führten und grüßten.

Sie saßen in einem Motelzimmer in Nashville. Es war Herbst, doch die Hitze hielt noch an.

»Wie haben Sie auf den Tod von Elvis Presley reagiert?« fragte ihn der Mann von der Country-Musikzeitschrift.

»Ich bin froh gewesen. Einer mehr, der aus dem Weg ist. Ich meine, du siehst doch immer Elvis hier und Elvis da. Man hat gar nichts anderes mehr gehört als Elvis. Scheiße, was hat Elvis denn anderes gemacht, als Drogen in sich reinpumpen, an die ich nicht rankam? Wissen Sie, das ist ziemlich entmutigend, daß da einer ist, der so viel Macht hat, an jede Menge Dope ranzukommen. Ich hab' immer nur Whiskey getrunken.

Was erwarten Sie denn jetzt? Etwa, daß ich hier sitze und Ihnen Lügen auftische? Sehen Sie mal, wir können nur ein einziges Leben leben. Wir haben nicht mal die Garantie für den nächsten Atemzug. Ich weiß, wer ich bin. Ich bin ein liederlicher, lästerlicher, lauter Klavierschinder, ein Mistkerl. Das meine ich echt so. Ein gemeiner *Mistkerl.* Aber ein großartiger Mistkerl. Ein guter Mensch. Ich tu' keinem weh, solange er mir nicht in die Quere kommt. Ich hab' schon 'n paar Gemeinheiten in mir. Die hatte Elvis auch. Er hat sie versteckt. Ich hab' meine nie versteckt. Manchmal hab' ich sie ganz offengelegt.

Elvis. Der Mistkerl ist an Dope draufgegangen. Sein Herz, das war zweimal größer als normal. Das war, weil er so viel Pillen geschluckt hat. Ich sag's Ihnen, was er gewesen ist: ein Süchtiger, das war er. Ich bin Alkoholiker.«

»Gibt's noch irgendwas, das Sie Ihren Fans sagen möchten?« fragte ihn der Mann von der Country-Musikzeitschrift.

»Yeah. Leckt mich am Arsch. Wenn sie meine Platten nicht kaufen wollen, sollen sie mein Arschloch ankläffen. Und wenn sie meine Alben nicht kaufen, können Sie meinen Schwanz als Spazierstock haben. O Gott, das war schrecklich. Löschen Sie das. Na-ah, jetzt sage ich Ihnen mal, was ich von meinen Fans halte. Ich halte von denen genau das, was die von mir halten.«

Im September reichte Butch Owens, der Mann am Schlagbaß, dem Jerry Lee im Jahr zuvor in die Brust geschossen hatte, Klage ein und forderte vom Killer und seiner von ihm getrennt lebenden Frau Jaren 400000 Dollar Schmerzensgeld. Jerry Lee weigerte sich, vor Gericht zu erscheinen. Am 8. Dezember gab der zermürbte Staatsanwalt, Warner Hodges III, den Fall ab, und man genehmigte ihm seinen Wunsch.

Am 14.–15. Dezember ging er ins Studio, und es wurden fünfzehn Songs aufgenommen. Es waren seine letzten Platten bei Mercury. Bald würden seine Platten bei einem neuen Label erscheinen, bei Elektra. Das war ihm auch gleich. Hauptsache, der Vorschuß stimmte.

Gegen ein Uhr nachmittags am 23. Februar wurde Jerry Lee in die

Notaufnahme des Baptist Hospital geschaffte, da er an Atemnot litt.

Kaum daß er ins Krankenhaus eingeliefert worden war, berichteten die Zeitungen und die TV-Stationen, daß Jerry Lee Lewis, so die einhellig lautenden Berichte, verstorben wäre. Am 1. April desselben Jahres betrat er die Bühne des Old South Jamboree in Walker, Louisiana, und er faßte die ins Auge, die sich vor ihm versammelt hatten: Hurenknechte und Götzenanbeter, Saduzäer und Freidenker, schwanzlutschende Blondinen und Sklaven des Mammon – alle Arten von Unflat, geboren aus dem Schoß des Weibes. Er setzte sich unsicher schwankend ans Klavier, doch er machte keine Musik. Als die Menge unruhig wurde, stand er auf und trat seinen Schemel in ihre Mitte.

»Ihr habt hierfür bezahlt«, tönte er ins Mikrofon. Der Unrat stieß Rufe des Unwillens und des Erstaunens aus. Er war ihr Gott, und jetzt ließ er sie im Stich! Ohne ihn, der ihnen stellvertretend Glanz verlieh, waren sie verdammt zu der Unbedeutendheit und Einerleiheit eines Lebens in diesem kastrierten, assimilierten Süden, den sie in ihrer schnöden und erbärmlichen Gier aus der tapferen Neuen Welt ihrer Vorfahren gemacht hatten.

»Leckt mich am Arsch!« befahl er und genoß den ohmächtigen Aufschrei, mit dem sie seinen Worten begegneten. »Ihr Scheißkerle glaubt also, euch würde jetzt was geboten werden, bloß weil ihr ein paar Dollar für eure verdammte Eintrittskarte bezahlt habt? Scheiße. Ich will singen, wenn's mir gutgeht und ich verdammt dazu bereit bin. Wem das nicht paßt, nun, die Türen gehen nach beiden Seiten auf.«

Die Menge erhob sich und schien kurz davor, einen Aufstand zu machen, doch ihr Gott, der sie verraten, brach besinnungslos zusammen und wurde von der Bühne getragen, und sie, sie wurden, wie sie es befürchtet hatten, allein gelassen.

James Hodges, der Promoter der Show, strengte Klage gegen Jerry Lee an, und schließlich, am 21. Februar 1980, wurde der Killer dazu verurteilt, 8220 Dollar Schadenersatz zu zahlen.

Am 3. Mai bekam er eine Geldstrafe über zweihundert Dollar und dazu eine ausgesetzte Haftstrafe von dreißig Tagen für seine jüngste Festnahme, weil er sich wieder einmal unter dem Einfluß von Betäubungsmitteln ans Steuer gesetzt hatte. Nachdem ihm ein Jahr Bewährung zugebilligt worden war, sagte Richter William H. Williams vom Criminal Court: »Sie haben ein gottgegebenes Talent, und Sie sollten genauer auf die Drogen achten, die Sie einnehmen. Als Presley starb, hatte er dreizehn verschiedene Drogen im Körper.

Sie, Jerry Lee Lewis, sind jemand besonderes. Doch die einzige Möglichkeit, Ihr Talent zu schützen, ist, einmal zurückzutreten und einen Blick auf Ihr Leben zu werfen und auf das, was Sie damit tun.

Das ist Ihre dritte Verurteilung nach einer Klage wegen Fahrens unter dem Einfluß von Alkohol oder Drogen. Falls Sie sich besinnen und zusammenreißen, könnten Sie noch immer der großartige internationale Künstler sein, der Sie stets gewesen sind.«

An seinem dreiundvierzigsten Geburtstag träumte er von jener Stille vor langer Zeit. Das kleine Steinlamm sprach und blökte.

Die Bundesfinanzbehörde der Vereinigten Staaten von Amerika hatte seit jenem schicksalhaften Mai 1958 Steuerpfändungsbeschlüsse gegen Jerry Lee erwirkt. »In all den Jahren, die er bei Mercury gewesen ist, hat er nie Tantiemen aus seinen Plattenverkäufen eingenommen«, erinnert sich Jerry Kennedy. »Er hat nur von Auftritten gelebt. Alle Tantiemen, die reinkamen, wurden direkt vom Fiskus kassiert. So wird das wohl noch immer sein, schätze ich, obwohl er hier keine Einnahmen mehr hatte, als er zu Elektra überwechselte.«

Die Steuerschuld war größer und größer geworden. Am 12. Mai, neun Tage nachdem Jerry Lee von Richter Williams die Strafe zur Bewährung ausgesetzt bekommen hatte, setzte die Regierung eine Zwangsvollstreckung in Höhe von 80328 Dollar und 25 Cents fest; dann knapp sechs Monate später, am 14. November, wurde seine Steuerschuld erneut auf 84764 Dollar 87 Cents festgesetzt. Die Gesamtsumme der verschiedenen Steuerforderungen der Bundesbehörde belief sich auf über 274000 Dollar.

Am 26. Februar 1979 erwirkten Fahnder des Internal Revenue Service beim United States District Court in Oxford, Mississippi, einen Durchsuchungsbefehl für die Ranch des Killers. Am folgenden Tag tauchten die Agenten bei seiner Adresse in der Malone Road mit einer Flotte von acht Abschleppwagen auf, die sie von Newt's Wrecker Service im nahe gelegenen Hernando vorübergehend beschlagnahmt hatten. Die Agenten nahmen Jerry Lees fünf Motorräder, zwei Lincoln Continentals und eine Corvett Stingray; seinen 1935er Ford Sedan, sein 1941er Ford Cabrio und seinen schwarz-goldenen Cadillac, Baujahr 1954; seinen Jeep und sogar seinen Traktor. Sie beschlagnahmten auch noch einen Rolls-Royce für 68000 Dollar, doch es stellte sich heraus, daß der Rolls-Royce-Händler in Memphis wegen Nichtbezahlung des Kaufpreises Anspruch auf sein Eigentum erhoben hatte.

Als die Abschleppwagen die Fahrzeuge wegschafften, betraten die Männer der Bundesfinanzbehörde das Haus des Killers und sammelten vor seinen flackernden Augen langsam seine weltlichen Besitztümer zusammen: sein Arsenal von zweiundzwanzig Gewehren und Handfeuerwaffen; seine Diamantringe, die goldenen Uhren und Silberketten; seltene Münzen aus Zeiten der Legende; Stereo-Anlage und Fernsehgeräte; Musikinstrumente und Möbel. Diese Dinge wurden zusammen mit den Fahrzeugen von den Agenten über die Staatsgrenze geschafft und im Aero Customs Bonded Warehouse in Memphis eingelagert.

»Sie haben mich wie einen Hund behandelt«, erzählte er einem Reporter der *United Press International.* »Sie sind einfach in mein Haus gekommen, haben nicht mal angeklopft, haben all meine Wagen weggenommen, mir nicht einen einzigen gelassen. Das hätten sie nicht tun sollen. Sie hätten wie Männer vor mich hintreten und sagen müssen: ›Jerry Lee, du schuldest uns einiges Geld.‹ Dann hätten wir uns gemeinsam was ausdenken können.«

Er stand in seinem Vorgarten unter dem kalten grauen Himmel, und er schaute hinaus über sein Land, atmete langsam, bedächtig und schüttelte den Kopf. Wie vor ihm Old Man Lewis blieben ihm jetzt nichts mehr als die Erde und der Mut.

»Ich glaube nicht, daß sie mir mein Zeugs je zurückbringen werden«, sagte er, und er hörte dabei nicht so sehr seine eigenen Worte als vielmehr den Atem im Wind jenes anderen umdüsterten Jahrhunderts – jenen Hauch, der sich im sinnlosen Grau mit seinem eigenen mischte. »Und mir ist auch gleich, ob sie's tun oder nicht. Ich geh' einfach und beschaff' mir wieder was.«

Am 13. März brach er zu einem zweiwöchigen Engagement in Las Vegas auf. Nicht lange nach seiner Ankunft dort war nicht mehr zu übersehen, daß er nicht in der Verfassung war aufzutreten, und er mußte in ein Krankenhaus.

Am Sonntag, den 25. März, war er wieder in Mississippi. Zwei Hilfs-Sheriffs des DeSoto County fuhren an jenem Morgen die Pleasant Hill Road entlang, als Jerry Lee mit hoher Geschwindigkeit in einer weißen 1979er Corvett an ihnen vorbeirauschte, die seine letzte Frau für ihn gemietet hatte. Wenige Minuten später fanden die Sheriffs die Corvett auf der rechten Seite einer Linkskurve im Straßengraben, etwa drei Kilometer von Jerry Lees Ranch entfernt. Die Deputys schauten sich die fünfzig Meter lange Bremsspur an, die die Corvett in den Straßenbelag gebrannt hatte, und dann richteten sie ihren Blick durch die zerschmetterte Windschutzscheibe ins Innere des Wagens; doch es war niemand drin.

Er blätterte in den vielgelesenen, vertrauten Seiten des Buches Hiob, bis er zu der Stelle kam: »Die Güter, die er verschlungen hat, muß er wieder ausspeien; und Gott wird sie aus seinem Bauch stoßen.« (Hiob 20.15)

In jenem Frühjahr erhob er Scheidungsklage gegen Jaren, beschuldigte sie der »fortgesetzten grausamen und unmenschlichen Behandlung« und behauptete, daß er und sie »seit dem 21. Oktober 1971 nicht als Mann und Frau einander beigewohnt« hätten.

Am 8. Juni erhob Jaren Gegenklage, bezichtigte ihn der »grausamen und unmenschlichen Behandlung, des Ehebruchs, des gewohnheitsmäßigen Trinkens und des gewohnheitsmäßigen Einnehmens von Drogen«.

Stimmte es denn nicht doch, daß Frauen davon träumten, mit dem Teufel geschlechtlich zu verkehren?

Elmo Kidd Lewis war siebenundsiebzig Jahre alt und grinste noch immer, als er am 11. Juni 1979 ins Doctor's Hospital in Memphis aufgenommen wurde. Es war ein heißer Tag, und er sprach darüber mit den Krankenschwestern und den farbigen Pflegern.

Eine Woche später, am 18. Juni, saß Jerry Lee im Palomino Club in North Hollywood auf der Bühne, und er faßte sein Publikum ins Auge und sagte: »Elvis hat sich wegen seiner Frau umgebracht. Es hat fünf von der Sorte gebraucht, um mich in die Verfassung zu bringen, in der ich heute bin.«

Nach der Show saß er in seiner Garderobe, im Schoß eine halbgetrunkene Literflasche Seagram's wie das glanzlose Zepter eines uralten verblassenden Königtums. Er zog an seiner Zigarre und gestikulierte zu dem Tonbandgerät hin, das ein Journalist vor ihm aufgebaut hatte.

»Wissen Sie, mit einem von den Dingern kann man einen Mann umbringen«, sagte er. »Ein Mann trinkt, sagt irgendwas, irgendwer nimmt das Band und verwendet es gegen ihn, bringt ihn damit unter die Erde.«

»Die Zeit ist nahe«, sagte er, die Augen weit, wie vor Entsetzen, betrachtete jedes Stäubchen, das in der schalen abgestandenen Luft der Garderobe trieb, als berge sie zahllose Dämonen. »Wir haben keine Garantie auf den nächsten Atemzug. Feuer und Schwefel. Das Feuer erstirbt nie, das Brennen erstirbt nie; nie erlöscht das Feuer für die, die weinen, heulen, mit den Zähnen klappern.«

»Wird überhaupt jemand in den Himmel kommen?« fragte der Journalist ihn.

»Sehr wenige, sehr wenige. Es ist schwer, an diesen Ort zu gelangen, Junge. Durch den Palomino Club gelange ich nicht dorthin, das steht mal fest. Auch die Kirche bringt einen nicht in den Himmel. Die Religion bringt dich nicht in den Himmel.« Dann nahm er einen kräftigen, langen Zug, und er wechselte das Thema. »Wissen Sie, mein Sohn«, sagte er. »Es gibt nur uns vier: Al Jolson, Jimmie Rodgers, Hank Williams und Jerry Lee Lewis. Das sind Ihre einzigen vier echten Stilisten, die je gelebt haben. Wir konnten schreiben, singen, jodeln, tanzen, ficken oder was auch immer – ganz gleich, was. Es kam nicht drauf an. Der Rest dieser Idioten reitet entweder auf einem blöden Pferd, zupft 'ne Gitarre oder erschießt jemanden in irgendeinem saublöden Film.« Dann nahm er einen neuen Schluck und schrie: »Weiter!«

»Wie denken Sie über Leute, die Musik und Politik vermischen?«

»Eine Bande blöder Idioten.«

»Sie haben also nicht vor, in nächster Zukunft auf irgendeiner Protestveranstaltung gegen die Kernkraft aufzutreten?«

»Teufel, nein. Die können mich alle mal. Scheiß auf die! Die sollen gleich zur Hölle fahren. Scheiße, bringen wir es schnell hinter uns. Man soll bloß in Louisiana keine Alligatoren mehr umbringen. Ich war mit ein paar von denen verheiratet.«

»Sie sind jetzt fünfmal verheiratet gewesen. Würden Sie –«

»Das ist meine ureigenste Angelegenheit.«

»Wissen Sie inzwischen mehr über Frauen als damals beim erstenmal, als Sie geheiratet haben?«

»Yeah. Fotze ist Fotze.«

»Warum sind Sie so von der Hölle besessen?«

»Weil Satan Macht hat, die Gott gleichkommt. Wenn man Gott nicht treu ist, muß man Satan die Treue halten. Es gibt kein Dazwischen. Man kann nicht zween Göttern dienen. Ich bin ein Sünder, ich weiß. Ich werd' wohl bald mit der kalten Hand des Todes rechnen müssen.«

Die Sommertage vergingen, und Elmo spürte, wie seine Kräfte schwanden. Er fing an zu argwöhnen, daß er das Krankenhaus wohl nicht mehr lebend verlassen würde; doch im selben Augenblick, in dem er dieses argwöhnte, gestattete er sich diesen Argwohn nicht mehr, nicht etwa, weil er ein Narr oder ein Feigling war, nein, sondern weil er Elmo Kidd Lewis war, der größte, härteste, unverschämt grinsende, schuftende Hundesohn, den Snake Ridge, Louisiana, je gesehen hatte.

Leute kamen ihn besuchen, und allen erzählte er, was er in diesem Jahr anpflanzen würde. Und wenn sie herausfinden wollten, wie eine gute echte englische Erbse wirklich schmeckte, dann sollten sie doch mal so um die zweite Septemberwoche bei ihm vorbeischauen, und sie sollten auch den Krug nicht vergessen. Und dann blinzelte er ihnen zu.

Doch er schwand dahin, und er brauchte keinen Jungmediziner, ihm zu sagen, daß das, was damals, 1937, den Magen seines Daddy weggefressen hatte, jetzt seinen Magen wegfraß. Er dachte an all die Überschwemmungen und an das seltene Glück und an all die unnennbaren Wunder und an die seufzende bernsteingelbe Traurigkeit am Saum des Turtle Lake und an die Reiher, die es dort gab. Und als von ihm fast nichts mehr übrig war, ließ er los. Es war der 21. Juli, und es war noch immer heiß.

Jerry Lee nahm die sterblichen Überreste mit nach Ferriday zur Church of God und dann auf das stille Fleckchen Erde nahe Clayton. Leute traten auf ihn zu und legten ihre Arme um Jerry Lee, doch er erkannte diese Menschen nicht mehr. Nicht einmal Johnny Littlejohn aus den schönen wilden Tagen auf der anderen Seite des Flusses – nicht einmal seine eigene Schwester, Frankie Jean. Johnny und Frankie schauten einander traurig an.

»Weißt du, auf wessen Beerdigung wir beim nächstenmal gehen werden?« flüsterte Johnny.

»Ja«, antwortete ihm Frankie Jean und sah dabei aus, als würde sie gleich weinen.

Jerry Lee stand nur da, schaute auf die Grabsteine und auf die Erde. Sie waren jetzt alle da unten, all die, denen er entstammte. Sie alle – sogar der alte Calhoun. Und jetzt Pappy. Alles, was er im Leben gekannt, lag jetzt da unten. Er fühlte sich jetzt nicht mehr als Teil von Legenden. Er fühlte sich wie ein Nichts; schlimmer noch, wie jemand, den man zurückgelassen hatte.

Am 11. September, nachdem Jerry Lee es wiederholt verabsäumt hatte, vor Gericht zu erscheinen, ordnete Richter Robert M. McRae Jr. vom United States District Court in Memphis in Abwesenheit des für schuldig befundenen Beklagten und dessen in Trennung von ihm lebender Frau Jaren an, daß sie dem Mann, der vor drei Septembern von seinem Arbeitgeber aufgefordert worden war, doch mal »hier in diesen Lauf zu gucken«, 125 000 Dollar Schmerzensgeld zu zahlen hätten.

Sieben Tage später kehrten Fahnder des Internal Revenue Service auf die Ranch des Killers in Nesbit zurück, um noch mehr von seinen weltlichen Besitztümern zu beschlagnahmen. Nachdem sie die Ranch verlassen hatten, berichteten die Agenten Sheriff Denver »Dink« Sowell vom DeSoto County, daß seine Häscher apothekenpflichtige Substanzen an einer bestimmten Stelle im Haus des Killers finden könnten.

Am Nachmittag des folgenden Tages wurde er verhaftet. Es wurde angeordnet, daß er am kommenden Nachmittag zu einer vorläufigen Anhörung im DeSoto County Court House zu erscheinen hätte, und gegen dreitausend Dollar Kaution ließ man ihn frei.

Angetan mit einem Seidenschal, an einer Maiskolbenpfeife ziehend, erzählte er einem Reporter von *Associated Press*, die Razzia wäre eine abgekartete Sache gewesen. Befragt nach den Aussichten seiner Karriere in nächster Zeit, erzählte der Killer dem Reporter, daß er bald zu einer Konzerttournee nach Saudi-Arabien aufbrechen wollte.

Er trank, und er lag in Finsternis wie jene, die schon lange tot waren. Er wurde ins Krankenhaus in Memphis gebracht, und hier überschritt er die Schwelle zu seinem vierundvierzigsten Lebensjahr. Seine Anverwandten machten sich Sorgen um sein Leben. Sie redeten davon, ihn in ein Heim einzuweisen. Doch keiner von ihnen, weder Frankie Jean noch Linda Gail, Jimmy Lee oder Mickey, hatte den Mut, die dazu notwendigen Papiere zu unterschreiben.

Am 1. Oktober flog Mickey Gilley mit seiner Cessna 210 von Pasadena, Texas, nach Memphis. Seine Frau Vivian hatte versucht, ihm von diesem Flug abzuraten. »Du hast nur zwei Tage frei«, so hatte sie gesagt. »Und da fliegst du jetzt los, drei Stunden, um hinzukommen, vier Stunden, um zurückzukommen – du bist dann den ganzen Tag und die ganze Nacht weg.«

»Ich will sagen können, daß ich es zumindest versucht habe«, sagte Mickey zu seiner Frau. »Ich möchte nicht irgendwann dasitzen und mir sagen müssen, wäre ich hingegangen, könnte er jetzt vielleicht noch am Leben sein.«

Die Augen, die jetzt an jenem Nachmittag in Memphis zurück in Mickeys Augen starrten, waren Augen, wie er sie noch nie gesehen, Augen, die das Unaussprechliche heraufbeschworen.

»Jerry«, sagte er zu diesen Augen. »Was machst du, was versuchst du? Versuchst du, dich zu zerstören? Ist es das, was du willst? Willst du sterben? Denn genau das wird passieren. Du wirst dich umbringen. Du kannst dir nicht weiter zumuten, was du dir da antust, und erwarten, daß du weiterleben wirst. Das wird nicht sein. Es kommt noch so weit, daß wir dich genau wie Elvis beerdigen müssen, falls du nicht davon loskommst. Du wirst sterben.«

»Teufel, nein«, sagte der Killer. »Ich will leben, Mickey. Ich will leben.«

Jimmy Lee Swaggart umklammerte seine Bibel, wischte sich den Nacken mit seinem weißen Taschentuch und starrte in die TV-Kamera.

»›Jerry‹, hab' ich gesagt, ›warum trinkst du? Warum nimmst du Pillen? Warum, Jerry, warum?‹ Und er hat mich angeschaut, und in seinen Augen lag Schmerz und Schuld, und er sagte zu mir: ›Diese Särge ziehen ständig an mir vorbei.‹ Hört ihr das, Leute? ›Diese Särge ziehen ständig an mir vorbei.‹«

Am Samstag abend, den 24. November, schloß sich der Killer in seiner Garderobe hinter der Bühne des Orpheum Theatre in Memphis ein, wo er um zwanzig Uhr auftreten sollte. Draußen vor der Tür forderten Marshalls der United States, bewaffnet mit einem Pfändungsbeschluß, ihn auf, die Tür zu entriegeln. Die Marshalls hatten Anweisung, alles Geld einzuziehen, das der Killer bei sich hatte oder das dritte Personen für ihn aufbewahrten, ferner jegliche Schmuckgegenstände und Musikinstrumente, die in seinem Besitz wären. Und das, um einer gerichtlichen Forderung von 125 000 Dollar nachzukommen, dem Schmerzensgeld, das im Owens-Fall gegen ihn verhängt worden war; wann immer die Marshalls durch die Tür mit ihm sprachen, fing er an zu singen. »Just rollin' along with the tumlin' tumbleweeds . . .« Um 22 Uhr 20 zogen sich die Marshalls endlich zurück, und Jerry Lee stolzierte auf die Bühne, der jubelnden, wildgewordenen Menge angekündigt als »Der Mann, den das FBI sucht, den der IRS sucht und den die U.S.-Marshalls suchen – aber ihr, ihr habt ihn! The Killer!«

Am 15. Januar 1980 saß Dr. George Nichopoulos vor einem berufsständischen Ehrengericht der Ärztekammer von Tennessee in den City Council Chambers von Memphis und verteidigte sich gegen Anklagen, die von der Gesundheitsbehörde gegen ihn vorgebracht wurden, daß er nämlich Rezepte für hohe Dosierungen suchterzeugender Betäubungsmittel für den verstorbenen Elvis Presley und zahlreiche andere Patienten ausgestellt hätte. Unter diesen anderen Patienten war auch Jerry Lee aufgelistet.

Der weißhaarige Dr. Nichopoulos klärte das Gremium darüber auf, daß Jerry Lee Lewis ein Drogensüchtiger wäre und daß er wegen seiner Sucht bei drei verschiedenen Gelegenheiten seit 1977 zwangseingewiesen worden war. Er erklärte, Jerry Lee nähme gewöhnlich vor jedem Auftritt acht oder zehn Kapseln Amphetamine.

»Er hat sie von der Straße bekommen«, sagte der Arzt. »Ich habe versucht, unter Kontrolle zu halten, was er da einnahm – habe versucht, die Menge dessen, was er einnahm, zu reduzieren, bis wir ihn ganz von den Pillen weggebracht hätten und ihm beweisen könnten, daß er auch ohne deren Hilfe auftreten konnte.«

Wenige Tage später befand das Gremium nach fünfzigminütiger Beratung Dr. Nichopoulos für schuldig im Sinne der Anklage.

Alles wird wie ein Traum.

Das kleine Steinlamm drängte ihn, seine Sünden herzuzählen, weil er, wenn er sie nur laut zugab, vielleicht von ihnen losgesprochen würde. Er ging in sich und hub zu sprechen an. Doch plötzlich erinnerte er sich, daß die Dämonen mit Vorliebe Formen des Guten annehmen. Also verschloß er gegenüber dem Lamm seinen Mund und seine Augen. Als er die Augen wieder öffnete, fing er an zu lachen. Ruhig durchsuchte er seinen Raum nach Anhaltspunkten dafür, wo er sich befand. Er brauchte nicht lange, herauszufinden, daß er in Holland war, einem Ort, der berühmt war für seine Holzpantinen und die Tulpen und die Windmühlen.

Als er am ersten Junitag in Oklahoma City ankam, wurde er verhaftet. Die Männer mit den Handschellen teilten ihm mit, daß er in Gewahrsam genommen werde nach Maßgabe eines alten Haftbefehls, der ausgestellt worden war, nachdem er verabsäumt hatte, eine Konventionalstrafe von 450 000 Dollar zu zahlen, die 1978 ein einheimischer Nachtclubbesitzer namens Cunningham gegen ihn erwirkt hatte.

Jeder Narr hätte sagen können, daß es gar keinen Cunningham gab und daß die Männer mit den Handschellen keine irdischen Vertreter des Gesetzes waren.

Als der Reporter von *Associated Press* ihn befragte – und was eigentlich, wenn man mal scharf darüber nachdachte, war denn diese *Associated Press*, diese ungreifbare und dennoch allgegenwärtige Instanz, deren Inquisitoren jahrein, jahraus, als hätten sie Vorahnungen, stets genau im Augenblick jeder Verfolgung einer strafbaren Handlung auf den Plan zu treten schienen? –, sagte Jerry Lee nicht, daß er genau wüßte, daß er sich jetzt in jener uralten Stadt befände, die die Mutter aller Hurerei und jeglichen irdischen Frevels war. »Mir gefällt's hier in Oklahoma«, war alles, was er sagte. »Es gibt hier 'ne Menge gutaussehender Frauen.«

Er rief Myra Gale in ihrem Haus in Stone Mountain, Georgia, an. Er erzählte ihr, daß er sie liebte und daß er sie ein zweites Mal heiraten wollte. Er saß im Dunkel und trank Bier und mußte an Isebel denken, daran, wie sie von Hunden zerrissen worden war, und daran, wie sehr es dem Herrn gefallen hatte. Er warf einen Blick auf die Uhr. Er war fünfundvierzig Jahre alt.

Es war in Cleveland oder in Toledo. Wo immer es sein mochte, es war jedenfalls dunkel, und es regnete stark. Er wählte den Zimmerservice, um sich eine Flasche heraufbringen zu lassen. Doch es kam keine Antwort. Er drehte den Fernseher an, doch er fand nur statisches Flimmern. Das statische Geflimmer nahm eine seltsame traumartige Klarheit an, und dann sah er einen Schwarm ekler Insekten. Das waren die Erzdämonen, die dem Messinggefäß Salomons entfleucht waren.

Er las in der Zeitung, daß der IRS gestern all seine weltliche Habe versteigert hatte – Autos und Feuerwaffen und Gold und Juwelen –, die man ihm genommen hatte. Er las, daß das Geld, das diese Versteigerung erbracht hatte, seine Schuld nicht deckte und daß der IRS mehr von ihm wollte.

Die Schlange, die sich aus ihrem Winterlager am Rand des Sees erhoben hatte, kroch an diesem Weihnachtsmorgen bis wenige Meter vor seine Tür. An der weißen Zeichnung zu beiden Seiten ihres schwarzen Kopfes erkannte er, daß es eine Moccasin-Schlange war, eine sehr alte. Sie war so lang, wie er groß war, und ihr dicker dreieckiger Kopf war so groß wie seine Faust.

Hätte man ihm nicht all seine Waffen entwendet, dann hätte er das große schwarze Ding da, wo es lag, mit einer Garbe aus seiner Maschinenpistole zerfetzt, doch alles, worüber er verfügte, war eine Gärtnerhacke.

Die Viper hob ihren häßlichen Kopf und öffnete weit ihr Maul, zeigte ihm die großen Fangzähne, die aus ihrem weißlichen Rachen ragten. Er schaute auf dieses Maul, auf diese Fangzähne, und er schwang die Hacke danach. Sein Schlag ging fehl. Die Schlange spuckte ihn an, ließ dann von ihm ab und kroch zurück, auf den See zu, totengleichem Winterschlaf entgegen.

Jede männliche Nachkommenschaft soll getötet werden. Taucht jede Wiege in Blut. Wenn die Mutter ihren Jungen an die Brust nimmt, ihn zu säugen, dann soll sich von seinem männlichen Blut die Klinge röten und Blut fließen. So soll es sein.

Er stand am Fenster mit dem Blick nach Westen, ließ sich von der flirrenden grellen Helligkeit blenden, die der winterlichen Abenddämmerung im Flachland des Mississippi vorangeht. Er wandte sich ab und durchwanderte seine vielen leeren Zimmer. Jetzt war Zwielicht, dann schwarze Nacht. Doch dennoch wollten sie sich nicht einstellen: nicht Elmo, nicht Uncle Lee, nicht der Old Man, nicht der Richter oder irgendeiner von ihnen – nicht einmal Mamies geliebter falkenäugiger Junge.

Sie alle hatten ihn im Stich gelassen, hatten ihn bis zu diesem dunklen Dickicht geführt, wo Satan und der Heilige Geist das Blut derer ausspuckten, die sie verschlungen – hierhin hatten sie ihn geführt und ihn im Stich gelassen. Er versuchte, die Geschichten zu erzählen – »Old Man Lewis«, so begann er schwächlich, zaghaft, »war ein Teufelskerl!«, – doch es war kein Sohn da, diese Worte anzuhören, und er zog keine Kraft daraus, sie auszusprechen; also verstummte sein Mund, und es war kein Laut als der des Hekate-Windes, der durch den DeSoto County auf den steigenden Fluß zufegte.

Nachwort

»Es ist dem Menschen gut, daß er kein Weib berühre«, sagt der Apostel Paulus (Korinther 7.1). »So sie aber sich nicht enthalten, so laß sie freien; es ist besser freien, denn Brunst leiden (Korinther 7.9).«

Jerry Lee Lewis, der diese Worte aus dem Neuen Testament sehr wohl kannte, fand indessen, daß diese Lösung nicht ganz so einfach war. Jerry Lee hatte fast sein ganzes Leben lang gefreit und Brunst gelitten, Brunst gelitten und gefreit.

In Erwartung ihres Scheidungsurteils hatte Jaren Lewis, Jerry Lees vierte Frau, zu Protokoll gegeben, er hätte, als sie am Telefon mit ihm über Geld sprechen wollte, zu ihr gesagt, sie solle unbesorgt sein, weil »du sowieso nicht mehr lange unter uns weilen wirst.« Die endgültige Regelung der Scheidungsangelegenheit kam nie zustande – jedenfalls nicht in der Form, wie sie sie sich vom Gericht erhofft hatte. Am 8. Juni 1982 wurde sie in einem Swimmingpool im Garten eines Hauses in Memphis tot aufgefunden.

Knapp ein Jahr später, am 7. Juni 1983, heiratete Jerry Lee eine fünfundzwanzigjährige Cocktail-Kellnerin namens Shawn Michelle Stephens aus Garden City, Michigan. Die Ehe währte genau achtundsiebzig Tage. Am 24. August erhielt Shawns Mutter einen Anruf von einem der Lakaien Jerry Lees: »Shawn ist heute morgen nicht wieder aufgewacht«, teilte ihr der Anrufer mit.

Shawn hatte an einer ihrer Hände Blut, es fand sich welches in ihrem Haar, an ihrem Büstenhalter, an einer Lampe, auf dem Teppich; an den Armen und in der Hüftgegend hatte sie Blutergüsse. Es sah ganz so aus, als hätte sie getrocknetes Blut unter ihren Fingernägeln gehabt; und die Männer von der Ambulanz entdeckten an jenem Morgen hellrote

Kratzspuren auf Jerry Lees Handrücken. Doch im Autopsiebericht, in dem weder das Blut noch die Blutergüsse erwähnt wurden, wurde Shawns Tod auf eine Überdosis Methadon zurückgeführt, eine der diversen Drogen, die sich reichlich in Lewis' Haus fanden. Jerry Lee erklärte, ja, doch, er und Shawn hätten sich gezankt, doch es wäre nichts Ernsthaftes gewesen. »Ich bin nicht in der Stimmung gewesen, mich zu streiten. Ich wollte mir bloß ›Twilight Zone‹ ansehen«, äußerte er gegenüber dem *Enquirer.*

Am Abend des Tages, an dem man Shawns Leichnam gefunden hatte, rief ihre Schwester Denise aus Michigan Jerry Lee an.

»Deine Schwester ist tot«, sagte er mit schwerer, schleppender Stimme. »Deine Schwester ist tot, und sie ist ein böses Mädchen gewesen.«

Am Abend dieses Trauertages noch rief Jerry Lee auf der dringenden Suche nach Injektionsnadeln eine Bar in der Nachbarschaft an. »Die verdammten Cops haben mich leergeräumt«, grollte er.

Shawns sterbliche Überreste wurden auf dem Familienfriedhof der Lewises beerdigt. Acht Monate später, am 24. April 1984, verheiratete Jerry Lee sich zum siebten Mal. Er war jetzt bald neunundvierzig Jahre alt. Seine neue Braut, Kerrie McCarver, war zweiundzwanzig. »JERRY LEE LEWIS' BRAUT WEIGERT SICH, IM TOTENHAUS ZU LEBEN«, lautete die Schlagzeile in der Ausgabe von Rupert Murdochs *Star* vom 8. Mai. Jerry Lees Schwester, Frankie Jean, wurde zitiert, die angeblich erklärt hatte, daß Linda Gail, die jüngste der Lewis-Schwestern, »mir erzählt hat, daß sie böse Geister am Haus gesehen hat«. Frankie Jean sagte einem Reporter des *Star*: »Irgendwas stimmt da nicht. Ich werd' mal mit einem katholischen Priester hingehen – ich glaube, daß Gott alles vermag.«

Im selben Jahr witterte auch Jerry Lee die Nähe von etwas Satanischem. So wie er es sah, war Devon Gosnel, die U.S.-Staatsanwältin, die ihn im Auftrag der Bundesfinanzbehörde wegen Steuerhinterziehung anklagte, »eine Dame, die von Dämonen besessen ist«.

Denn immerhin hatte es sein ganzes Leben lang Dämonen gegeben. Stets und überall Dämonen. Mit Trunksucht und Drogen und Friedhofsdunkel schien er es darauf anzulegen, sich dem zu überantworten, was er »die eiskalte Hand des Todes« nannte. Doch es war, als hafte an ihm jener Fluch, auf den in der Offenbarung des Johannes angespielt wird: »Und in denselbigen Tagen werden die Menschen den Tod suchen, und nicht finden; werden begehren zu sterben, und der Tod wird vor ihnen fliehen.« (Offenb. Johannes 9.6) Also schuf er sich mehr und mehr selbst die Hölle auf Erden, und seine Musik und sein Leben, oder was von beiden noch übrig war, wurde zur Klage *de profundis* – Verlassensein und Schuld, lustvolle Selbstverdammung und Gejammer –, aus jenem Feuer, das in ihm war.

Als das Jahr 1986 seinem Ende zuging, ließ Jerry Lee sich in die Betty Ford Clinic in Palm Springs aufnehmen. Es wäre dies, so sagte er, ein letzter entschlossener Versuch, sich selbst zu retten. Dann, kaum mehr als einen Tag später, war zu erfahren, daß er die Klinik fluchtartig verlassen hatte. Wohin seine Flucht ihn getrieben hatte, so jedenfalls ließ sich mit Sicherheit sagen, kümmerte die amerikanische Plattenindustrie nicht allzusehr. In den Jahren 1979 und 1980 hatte er für Elektra drei Alben aufgenommen. Doch dann hatte Elektra eine Klage in Millionenhöhe gegen ihn angestrengt, in dem Versuch, sich aus dem Vertrag zu lösen, an den die Firma noch gebunden war. Am 8. Juli 1981 hatte Jerry Lee, dem Tode nah in einem Krankenhaus in Memphis liegend, Gegenklage mit einer Forderung in Höhe von fünf Millionen Dollar erhoben, wobei er geltend machte, daß Elektra »absichtlich und böswillig« den Vertrag mit ihm verletzt hätte. Als sich der Rauch verzogen hatte, fand Jerry Lee, dem es keineswegs gutging, vorübergehend seinen Weg zu MCA; doch es kam nichts dabei heraus. Nach dreißig Jahren im Musikgeschäft hatte der glanzvollste Überlebende seiner Generation, den man für allzu unkontrolliert erachtete, um mit ihm zusammenzuarbeiten, nicht einmal mehr einen Plattenvertrag. Er war ein Gespenst. Einst hatte er erklärt, es bereitete ihm tiefes Unbehagen, eine Legende genannt zu werden, da er immer gedacht hätte, um zu einer Legende aufzusteigen, müsse man tot sein. Natürlich hatte er recht gehabt; und mit Sicherheit war er jetzt eine Legende.

Unterdessen war das Jahr 1986 für Jerry Lees Hölle und Feuer predigenden Cousin Jimmy Lee Swaggart das üppigste und einträglichste, das er je erlebt hatte. Doch auch er sollte bald schon tief fallen.

Debra Ann Arlene Murphree, der Engel jenes Sturzes, war eine sechsundzwanzigjährige Frau, die für Geld Schwänze lutschte. Eine abtrünnige Methodistin, nach dem zehnten Jahr vorzeitig von der Schule abgegangen und aus Patoka, Indiana, stammend, wo sie 1982 zwei Kinder zurückgelassen hatte, war die Murphree unterwegs nach Nirgendwo über Nashville nach New Orleans verschlagen worden, wo sie ihr Mundwerk erlernt hatte, und dann nach Tampa, wo sie deswegen von der Polizei hochgenommen worden war.

Vor dem Verbot im Jahre 1917 hatte die Prostitution einst in New Orleans, im berühmten Redlight-District Storyville, geblüht, und das auf Grund und Boden, der der Erzdiözese von New Orleans, der Society of

Jesus und der Tulane University gehörte. Noch siebzig Jahre später stand sie, in die Außenbezirke der Stadt abgewandert und nun nicht mehr legal und auch nicht vielgerühmt, im Vorort Metairie längs dem anrüchig-lasterhaften Tingel-Tangel-Strich am Highway 61, genannt Airline-Highway, in hoher Blüte. Und dort war es, wo Debra Murphree an einem warmen Oktobertag 1986 draußen vor dem Starlight Motel gestanden hatte, als eine braune Lincoln-Limousine herangefahren war und der Fahrer sie aufgefordert hatte, zu ihm einzusteigen.

Er sagte: »Ich will mir nur kurz einen abreißen.« Er trug ein rotes Stirnband, ein T-Shirt und ausgebeulte graue Jogginghosen. Ein weißes Taschentuch bedeckte seine Genitalgegend. Als er es beiseite zog, konnte sie sehen, daß seine Trainingshose weit aufgeknöpft war.

Wenige Wochen später war der hellbraune Lincoln zurück. Im darauffolgenden Jahr trafen sich sein Fahrer und die Murphree regelmäßig etwa zweimal im Monat. Schließlich nahm sie ihn mit auf ein Zimmer, das sie sich im Travel Inn Motel, 1131 Airline Highway, hielt.

»Er wollte, daß ich mit mir selbst rumspiele, die Höschen runterziehe. Er hat gesagt: ›Es macht mich ganz geil, wenn ich deine Möse sehe!‹« Immer hatte er eine blaue Packung Trojans-Kondome mit Feuchtfilm dabei. »Wenn er gewußt hat, daß ich ihn nicht anfassen würde, hat er sich keinen Gummi übergezogen, ist einfach in sein Taschentuch gekommen. Aber wenn er gewollt hat, daß ich ihm einen blasen sollte, hat er immer gesagt ›wo ist denn der Gummi‹ und hat ihn sich dann übergestreift. Und dann hat er gesagt: ›Schließ deinen Mund darüber, so fest zu kannst . . . Ich will es so eng wie du nur kannst, so als würd' ich 'ne Jungfer vögeln.‹« Er gab nie Trinkgeld. »Der ist so geizig gewesen, daß er mich manchmal angerufen hat, damit ich ihn am Telefon aufgeile und er sich einen abwichsen konnte.« Er redete wenig, und wenn, dann ausschließlich von Sex, und er ging weg in düsterer Hast, sobald er seinen Samen verschüttet hatte. Ihre Zusammenkünfte dauerten für gewöhnlich weniger als fünfzehn Minuten. Wie sie es formulierte: »Er war stinkgeizig, aber schnell.«

»Wissen Sie, wem Sie ähnlich sehen?« hatte sie ihn einmal gefragt.

»Wem denn?«

»Jimmy Swaggart.«

»Eine Menge Leute sagen das«, erwiderte er.

Nur einmal ließ er sich dazu herab, in sie einzudringen. »Ich will meinen Schwengel reinstecken«, hatte er an jenem Tag zu ihr gesagt, als sie für ihn auf dem Bett, Gesicht nach unten und mit hochgestrecktem Hinterteil posiert hatte. »Er hat ihn reingesteckt, ein paarmal gepumpt und ihn dann rausgezogen«, erinnert sich die Murphree. »O Gott«, hatte sie ihn stöhnen hören.

Der Mann, der Swaggart auf die Schliche kam, war Marvin Gorman, ein Amtsbruder, der auch den Priesterrock trug. Gorman, ebenfalls Prediger bei den »Assemblies of God«, war der Star seiner eigenen wachsenden Fernsehgemeinde gewesen, die ihren Standort in Metairie gehabt hatte. Zwei Jahre zuvor hatte er den Fehler begangen, Reverend Swaggart eine Liaison mit einem seiner Schäfchen aus dem Jahre 1979 zu beichten, der darauf keine Zeit verlor und Gorman an den Ältestenrat der »Assemblies of God« verriet, der ihn im Sommer 1986 erwartungsgemäß seines Amtes entkleidete. Mit einem Privatdetektiv zusammenarbeitend, heftete sich Gormans Sohn Randy, ein Hilfssheriff aus dem Jefferson Parish, an die Fersen von Swaggart, und im Oktober 1987 ging ihm die Beute in die Falle. Am 8. April 1988, nachdem er ein Dekret der Ältesten der »Assemblies of God« mißachtet hatte, für mindestens ein Jahr seine Predigertätigkeit auszusetzen, wurde Jimmy Lee Swaggart gezwungen, den Priesterrock abzulegen. Am 50. Tag nach Ostern, Pfingstsonntag, den 22. Mai, nahm er seine Missionierungsarbeit im Fernsehen wieder auf, bekannte weinend seine Scham und betete um Vergebung; doch Jimmy Swaggart, der Befleckte, erlebte einen langsamen Abstieg.

Er war ein Mann, der Teufel auf die Welt losgelassen hatte und der jetzt am Ende selbst von ihnen vernichtet wurde. Wie ein Echo jenes alten Wortes von Salvianus – *Ubique daemon* (der Teufel ist überall) – hatte er lange und unerbittlich die Musik seines Cousins verdammt. »Jeder einzelne, der ihr zuhört«, so hatte er verkündet, »macht sich gemein mit einer Verruchtheit und dem Bösen, die der Hölle entstammen.«

»Den . . . Hurern«, so heißt es in der Offenbarung (Offenb. Johannes 21.8) »(wird) Theil sein in dem Pfuhl, der mit Feuer und Schwefel brennet.« Swaggart war zu Ruhm aufgestiegen, indem er von jenem Pfuhl gepredigt hatte; jetzt ging er selbst darin unter.

In einem anderen Vers, einem solchen, den die eifernden Prediger selbst kaum je zitieren, verdammt die Bibel jene Priester, die »um schnöden Lohn lehren«, Propheten, »die es nach dem Gelde giert«. Brandopfer, nicht aber Gebete oder bares Geld waren das, was der Herr Moses darzubringen befahl. Jerry Lees Brandopfer – er selbst – mag ihn am Ende dem Himmel um vieles näherbringen, als er oder die auf jener anderen, geheiligten Seite des Flusses es wagen mögen, sich vorzustellen. Anders als der Schatten seines frommen Cousins hat der seinige überdauert.